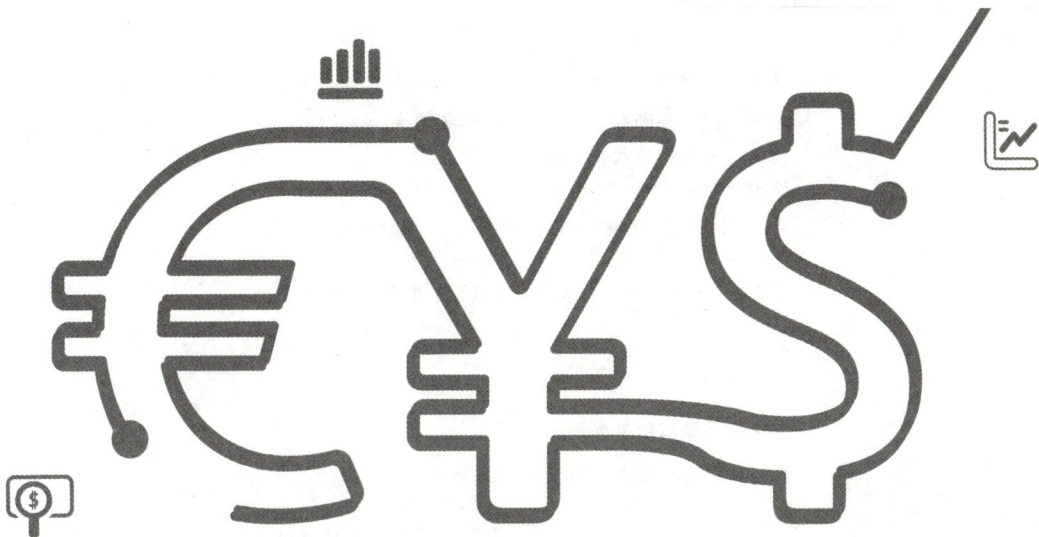

小学**财商课程**的开发与实施

XIAOXUE CAISHANG KECHENG DE KAIFA YU SHISHI

黄伟 柳舒 刘燕 游文秀 ◎ 编著

西南交通大学出版社
·成都·

图书在版编目（ＣＩＰ）数据

小学财商课程的开发与实施 / 黄伟等编著. —成都：
西南交通大学出版社，2017.8
ISBN 978-7-5643-5690-3

Ⅰ.①小… Ⅱ.①黄… Ⅲ.①财务管理－教学研究－
小学 Ⅳ.①G623.92

中国版本图书馆 CIP 数据核字（2017）第 208944 号

小学财商课程的开发与实施

黄伟　柳舒　刘燕　游文秀　编著

责 任 编 辑	梁　红
助 理 编 辑	郑丽娟
封 面 设 计	严春艳

出 版 发 行	西南交通大学出版社 （四川省成都市二环路北一段 111 号 西南交通大学创新大厦 21 楼）
发 行 部 电 话	028-87600564　028-87600533
邮 政 编 码	610031
网　　　　址	http://www.xnjdcbs.com
印　　　　刷	四川煤田地质制图印刷厂
成 品 尺 寸	170 mm×230 mm
印　　　　张	25
字　　　　数	448 千
版　　　　次	2017 年 8 月第 1 版
印　　　　次	2017 年 8 月第 1 次
书　　　　号	ISBN 978-7-5643-5690-3
定　　　　价	80.00 元

编委会

主　任：　黄　伟

副主任：　柳　舒　刘　燕　游文秀

成　员：　蔡敏洁　杨紫伶　周　霞　童若男　陈星迪

　　　　　龚　科　秦　煜　谢雪娇　张海燕　吴　茜

当前，基础教育课程改革进入深水区，人们已经不再满足于基本理念的普及与推广，不再止步于对某一宏大教育理念的践行，也不再追逐于国外"先进"实践方式的移植，而将关注焦点转向学校自身的特色彰显与内涵发展。

何谓学校的特色？不少学者将学校特色理解为学校的文化环境、建筑风格，也有学者将此理解为学校所在地区的文化特色。实际上，文化环境和建筑风格只是学校特色的表现而非其实质，学校所在地区的文化特色也未必一定适合融入学校成为其育人特色。不同于这两种理解，似可认为，学校特色的根基在于学生的思想和行为倾向。正是由于多数学生能够秉持同一种观念，具有大致相同的思维和实践取向，因此学校才在某一方面形成鲜明的特色。显然，无论是学生的观念、思维还是其实践取向，又都需要借助教育的力量加以规范、引导与建构。通过特色课程的实施为学生树立共同的信念追求、思维方式以及实践行动，有助于学校凝聚和彰显自身特色。或可认为，学校的特色最终实现于特色课程广泛持续的实施开展。

如何理解学校的内涵发展？"内涵"本是一个逻辑学范畴，意指概念所反映的事物的本质属性的总和。此处借用"内涵"主要表达的是关乎学校的本质属性的发展，而非诸如师生数量、占地面积、设施设备等学校规模与基础建设的发展，后者或可称为"外延发展"。然而问题在于，学校的"外延发展"尚有明确的可以量化的指标体系，而"内涵发展"究竟如何体现、所指为何等一系列问题，至今仍不甚了了。诚如已言，内涵发展关注的是学校的本质属性，而学校的本质属性可确定为"促进学生身心发展"这一教育性质。根据这一推论，内涵发展实质便为学校所造就的学生发展。此处十分强调"学校造就"，原因有二：一是部分发展乃是自然而为，非学校之功；二是学校即使不作为也能促进学生发展，所以最能体现内涵发展的不是学校的基本职能，而是"刻意"的"造就"之功。

上述分析，无论"学校特色"还是"内涵发展"，最终都指向校本课程的建设和实施。一方面，校本课程无疑是最具有个性的学校课程，故有助于彰显学校特色；另一方面，校本课程也正是不同于国家课程的学校"刻意"打造的育人模式。近年来，校本课程的开发方兴未艾，课程主题名目繁多，似已成为改革的亮点。就笔者目力所及，现有校本课程多从学校文化中提炼几点要素加以展开，鲜有能契合时代和学生的需要。四川师范大学附属实验学校黄伟等编著的《小学财商课程的开发与实施》，便是近年少有的既着眼于学生所处时代的特点又能满足学生需要的一项校本课程研究的重要成果。

检阅这一成果，以为下述几个特点值得推荐。其一，该成果具有扎实的理论基础。该著立足于对"财商课程"的理论研究，较为细致地梳理了中西方财商课程的发展历程，并从"内涵""特征"以及"意义"等方面探讨了财商课程的教育价值，从而使研究成果具有较高的理论起点。其二，该成果对财商课程活动设计的探索多有创新。根据小学生各阶段的思维水平和学习特点，探讨了具有不同难度的阶梯性财商课程，实施起来必定更具有针对性和实效性。其三，该成果对财商课程的实施进行了理论反思。该著没有一味夸大财商课程实施的成效，而是从经费投入、师资队伍、家庭作用等方面反思了财商课程实施的"限制"，从而对该课程的发展方向进行了合理的分析。其四，该成果附有丰富的课程实施案例。该著鲜活地呈现了财商课程实施的过程性材料，大量的教学方案设计、教学观察记录、教学反思材料等，可供读者借鉴。

财商、智商、情商并列现代社会能力三大不可缺的素质。在人的一生中，三商形成的最佳时间段是青少年阶段。教育不可复制，不可重来，更不能作秀。黄伟领衔的课题研究团队希望通过财商课程将三商教育融为一体，五育培养润物无声。我们相信，假以时日，他们一定给出很好的解答。

是为序。

四川师范大学教授

吴定初　　雷云

2017 年 7 月

目　录
Contents

第一章　财商课程的历史探源

一、西方财商课程的历史进程

财商课程的开发和实施并不是今天才提出，经济是一个国家发展的基础，公民的财商素养决定着人们对社会经济发展的适应力。我们在研究的过程中不难发现，国家重视公民的财商素养，但是在对财商课程的探究上，西方发达国家远早于我国。无论是家庭财商启蒙教育，还是学校财商课程开发与实施，很多国家的公民财商教育水平已经处于领先水平。我们的研究并不是一定要研究出什么新的理论、新的观点，而是在于能够创造性地利用前人的研究，在教学实践中去创新。我们认为这就是一种有意义的创新。因而，了解西方财商课程的发展，可以将我们的研究放在更广阔的教育背景中，有更长远的眼光、更广阔的视野。

（一）财商课程的萌芽阶段（20世纪30年代至60年代）

财商课程萌芽于20世纪30年代的保险业。1929年10月美国股票暴跌，保险业的"社会稳定器"功能促使保险公司的地位得到了空前的提高。同时，大危机使得人们开始有了对个人生活的综合设计和资产运用设计方面的需求。在这种背景下，一些保险推销员在推销保险商品的同时，也提供一些生活规划和资产运用的咨询服务。这些保险营销员也被称为"经济理财员"，尽管不成熟，但已显现出很强的生命力。基于此，美国国家经济教育特别工作组于1961年发表了改进中学经济学教育的建议报告，对美国中学经济学教育产生了重大的影响。保险业的发展折射到学校工作中就表现为对经济学教育的重视，这就是财商课程的萌芽时期。这一时期并没有财商教育的概念，而是称为"经济学教育"，当时学校经济学教育状况为：① 仅在很少的几所高中开展；② 经济学课程还没有作为一门独立的学科开设，仅包含于其他一些社会科学的课程中；③ 很少有人意识到大部分中学毕业生将不能进入高等学校学习，而他们即将开始的工作生涯中确实需要经济学知识；④ 经济学家对中学经济学教育不感兴趣，大学经济学教授们也不把中学经济学教育看成是一个值得重视的领域；⑤ 中学经济学知识的讲授是描述性的，缺乏真正的经济分析；⑥ 缺乏相关的师资力量；⑦ 缺乏经济学教材，同时整个中学经济学教育缺乏经济学家和相关教育组织的指导。

此阶段的财商课程没有相对独立的课程模式，主要还是借助经济学来宣扬自己的思想，所以其理论零散、不成系统，主要散布在经济学的教学过程中，加上当时经济学课程并不受重视，财商课程在萌芽阶段发展也比较缓慢。

（二）财商课程的独立形态形成阶段（20 世纪 70 年代）

1972 年，美国创立了财商教育机构，并制定了理财师认证制度，这也是财商课程独立形态形成的标志。1973 年，该组织的首批 42 名毕业生获得了国际金融理财师（Certified Financial Planner）资格证书，并且该批毕业生成立了旨在建立和维护理财专业权威性的推广理财资格活动的重要团体。此时，个人财产的管理也发生了重大变化，如个人金融资产膨胀、金融自由化浪潮兴起、老龄化社会来临等，这些因素促使人们对理财的需求急剧增加，作为金融自由化改革的结果，金融商品迅速增加、金融风险加大，人们迫切需求理财师的帮助，如此也就推动了理财业的空前发展，理财师的地位不断提升，人们也由此开始关注财商课程在社区和学校的开展。

此时，学校中的财商课程已经被设置为独立的课程。与此同时，财商课程的专门书籍也陆续出现。

美国学者尼尔·古德弗雷专门为学生们写了一本书——《钱不是长在树上的》，当时十分畅销。书中明确提出了 12 岁以前儿童的财商培养目标：8 岁时知道可以通过双手劳动挣钱，知道把钱存到储蓄账户里；9 岁时能够制订简单的开销计划，购物时知道比价；10 岁时懂得每周节省一点钱，以备大笔开销使用；11 岁时知道从电视广告中发现事实，而不盲目相信广告；12 岁时能够制订并执行稍长时间的开支计划，懂得正确使用银行术语，并逐步树立起正确的金钱观。古德费雷指出，学生们应该有三个存钱罐：第一个罐子里的钱用于日常开销；第二个用于短期储蓄，为购买较贵重的物品积攒资金；第三个为长期存款，攒到一定数额后立刻存入银行，为日后昂贵的学费做准备，这才是理性的财商教育。[①]这些指导性的建议均被广泛运用于学校的财商教育中，使得财商课程更具特色，并具有很强的可操作性。

各种理财机构的成立，推动了学校的财商课程也被设置为独立的课程。

---

① [美]尼尔·古德弗雷. 钱不是长在树上的[M]. 北京：机械工业出版社，1998：89.

随着财商课程独立形态的进一步形成，其理论和实践也逐渐复杂化，社会各界的关注逐渐增多，相关学者从不同角度对其进行研究，推动了财商课程系统化。

（三）财商课程的进一步深化阶段（20世纪80年代）

这一时期的财商课程在理论、政策、实践等方面都有了飞跃发展。

20世纪80年代初，美国学者罗伯特·清崎（Robert Kiyosaki）提出了财商的概念。他认为，财商是一个人在财务方面的智力，是理财的智慧，其主要包括两方面的能力：① 正确认识金钱及其规律的能力；② 正确使用金钱的能力。[①]财商概念的提出促进了财商课程的进一步深化，也为财商课程的发展提供了理论基础。

1983年4月26日，里根政府委任蓝带委员会 （Blue-ribbon Commission）制订了教育报告《国家处在危机之中》。报告指出，当时教育机构正被一股不断增长的平庸之流慢慢侵蚀，并威胁着整个国家和人民的未来。学生学业成绩不断下降，学校对学生的要求越来越低，西方的学校在同行的竞争中越来越落后。"自助餐"式的课程结构既不协调也不连贯，大量时髦、烦琐、肤浅、毫无实质性的知识充斥课程。国家为了改变这种状况进行了基于标准的改革，而财商课程作为数学和阅读标准及评价的一部分，进一步确保了它在课程中的地位。

有了相关理论和政府工作报告的支撑，财商课程的发展了有了更大的保障。同时，大量社会组织的参与也为财商课程的发展提供了一定的空间，如国家经济教育委员会等。它们不仅在资金上给予了财商课程极大的支持，同时在社会宣传方面也做了大量工作，一定程度上推动了财商课程的进一步发展。但此时的理财组织是彼此孤立的，组织之间几乎没有联系，更没有合作。

（四）财商课程的多样化发展阶段 （20世纪90年代至今）

历经半个多世纪的发展演变，财商课程理论和实践在不断成熟，教育模式也呈现出多样化的趋势。形成了以学校财商课程为主，财商组织、社区、家庭为辅的教育模式。

1. 学校财商课程

学校作为财商课程的主要阵地，探索出了以下四种教育模式。

---

① Lucy Harr，If financial literacy is so important，surely it's taught in school January [J].Financial and managerial economics，2000，25（6）：32-35.

（1）与其他学科相分离的财商课程。

财商课程与其他学科课程处于同等地位，同时列入学生的课程计划。如此一来，将能够保持财商课程内容的连贯，使之与其他科目具有平等的地位，使学生对消费问题有宽阔的视野。但由于增加了学校课时安排的压力，部分学生被排除在外，并缺乏实践方面的训练。

（2）整合进入某个学科中的财商课程。

根据各地区情况的不同，部分财商课程融入到数学或经济学等课程中。该模式缓解了学校课程时间安排的压力，学生能接触到高水平的教师，内容也更加丰富。然而，这种做法丧失了财商课程在学科中的独立地位，与其他学科相比位于边缘位置；同时，由于课程选择的不同，部分学生无法接受财商课程。

（3）整合进入几个学科中的财商课程。

该模式的特点是缓解学校课程时间安排的压力，教师水平得到保证，教学内容更加丰富，学生的视野更宽泛，但同样存在难以监控学生成绩等不足。

（4）以主干课程（capstone course）的形式整合进入学科中的财商课程。

这种模式类似于我国课程类型中的核心课程。在整合之后的课程中，财商课程内容占很大比例，同时其他学科内容完全是为解决财商课程问题而安排的。这种财商课程的特点是针对问题进行学习，使学生学会发现问题、分析问题和解决问题。但如果事先没有很好的计划，将很难推行，同时对教师素质也有相当高的要求。

上述几种课程模式共存于目前的美国中小学财商课程中，它们彼此取长补短，为学生提供了更多的选择。

2. 家庭财商教育

西方的家庭很注重学生的财商教育，他们根据学生的特点和年龄阶段由浅入深地培养学生的财商观。家长会定期给学生一定的零花钱，以让他们学会管理。

（1）零花钱的使用。

教学生使用零花钱是让学生学会如何预算、节约和自己做出消费决定的重要教育手段。家长尽可能将学生的零花钱数量控制在与他的同伴大致相当的水平上。至于零花钱的使用，则由学生全权负责，家长不直接干预。在学生因使用不当而犯错时，家长不会轻易帮助他们解决。因为只有如此，学生才能懂得过度消费所带来的严重后果，从而学会为自己的消费行为付费。

（2）鼓励学生在业余时间打工。

工作是学生自信心的激发器，西方国家的家长一般都鼓励学生靠打工挣零花钱。但家长的这种态度引起了一些人的担忧。美国一位大学教授指出，家长不能让学生过度从事这种业余的打工活动，因为长时间的业余打工会干扰学生的学业，剥夺他们参与重要的家庭和社交活动的机会。这种担心并非多余，因此应在打工过程中注重对其实际能力的培养。

（3）教会学生如何存钱。

通过减少送给学生昂贵物品的方法来激发学生的兴趣，并向学生解释，如果将来想拥有更有价值的东西，他们现在就不得不放弃一些价值相对较小的东西，存钱的习惯会使学生珍视自己的劳动所得。

（4）提供模拟成人生活开支的训练。

为了帮助学生为未来生活做好准备，一些西方国家家庭还让青少年为自己的电话费和车费以及一部分家庭开支付账。学生成熟后，家长经常告诉他们家中的收支状况，以帮助学生了解该如何掌管家庭的"财政"。

3. 相关组织对财商课程的支持

20 世纪 90 年代以来，美国大量的社会组织和金融机构开始致力于财商课程，他们通过各自不同的方式为财商课程提供服务。

国家信用贷款联盟成立于 1908 年，是一个致力提升民众财商能力的教育机构，该机构主要通过一些免费的研讨会来进行购买汽车、个人钱财的管理等方面的咨询建议工作。从 20 世纪 70 年代开始，该联盟逐渐把工作重点转向年轻人，为他们提供财商服务。同时，该联盟于 2002 年开始在学校设立分支机构直接服务于学生，12 岁以下的学生只要花费 2 美元就可以开一个账户，最少可存款 10 美分，稍大一些的学生也可以参与。21 世纪初，国家信用卡联盟委员会与财商教育捐赠组织联手向高中学生赠送财商教育材料，用多种语言来传授财商知识，以满足更多学生的需要。目前美国共有 74 家类似的联盟，分布在 25 个州的 238 所学校里，它们已经形成了一个有机的组织，定期开展活动，为美国中小学财商课程的开展提供了极大的支持。

二、我国财商课程的探索

前面叙述了，我国的财商课程与西方发达国家相比起步较晚，但也是由理财活动发展而来的。20 世纪 90 年代以来，随着市场经济的发展和国外财商教育思想的传播，财商课程日益为我国教育理论和实践领域所关注，并从理念走进了学校实践。

随着经济社会的发展，财商课程开始逐步进入公众视野，有关财商课程的研究成果也愈发丰富。我国学术界以"财商课程"为主题的研究可追溯到20世纪80年代。但直到1998年，以"财商课程"为篇名的文章才正式出现。可见，在21世纪以前，关于财商课程的相关研究都属于零星状态，之后随着社会发展需要和人才培养要求，财商课程的研究才呈现整体稳步上升趋势。通过对财商课程的研究成果进行梳理与分析，有助于我们及时发现研究中存在的问题与不足，为今后的财商课程研究提供一定的参考与借鉴，从而更好地推动国内财商课程发展。

我国自推行素质教育以来进行了新课程改革，将财商教育渗透到中小学课本中。在小学《品德与社会》新课标中有一个专题为《花钱的学问》，重点介绍钱是怎样得来的、如何花钱的一些基础知识和技能以及如何在消费时维护自己的合法权益等问题，让学生掌握财商中最基本的知识，培养最基本的素质。作为国际金融城市的上海，在青少年财商教育方面也已经领先发展。在当地中小学教材中分别设有储蓄、保险、消费、财商等内容，一些学校还通过实践教学开展财商课程。另外，一些电视台、广播台、报社和网站也相继开设了青少年财商课程专栏，响应财商教育。可以说，在我国作为国家或地方教育政府层面，财商课程也已经成为一个教育领域渗透到学生平时的课堂学习之中了，下一步我们需要做的是将其中一些零散的资源进行相应的整合，以更好地发挥它们的效用。

近几年来，随着《富爸爸穷爸爸》这本书在中国的畅销，国内学者也开始了对财商教育的研究探索。我们不能像梳理西方财商课程发展那样去梳理我国的财商课程发展，因为从我国各机构或个人对财商课程的探究历程来看，整体都比较零散，甚至有交叉重复，没有一条清晰的发展线路。所以在阐述我国财商课程情况时，我们从学者们探究的重点方面来进行梳理。从总体上来说，我国关于财商课程的研究主要包括以下几个方面：

（一）对财商课程概念的解读

1. 对"财商"概念的解读

前面阐述到我国的财商教育也是萌芽于一些社会理财活动，因而在"财商"这个概念出现前，人们多用"理财"这个概念。人们普遍认为，所谓"理财"就是与"钱"有关。国内学者在对"财商"概念进行理解时，也在参照财商教育走在前沿的一些国家标准。比如，美国教育部在制定美国个人财商教育的标准（2015年版）时对财商的理解是："运用知识和技能去有效的管理个人财富资源，实现终生财富安全。知识和技能的运用还包括了有效信息，以及自身资源。提高财商的最终目的是通过财商实现自身良好的财富状况。"而在民间被普遍接受的另外一种理解是罗伯特·清崎在《富爸爸穷爸爸》中的观点："财商是指财商能力，特别是投资收益能力。财商是一个人认识金钱和驾驭金钱的能力，是一个人在财务方面的智力，是财商的智慧。它包括两方面的能力：一是正确认识金钱及金钱规律的能力；二是正确应用金钱及金钱规律的能力。"

中国财商教育的先行者，也是《富爸爸穷爸爸》一书在中国的推行者——汤小明先生解释，财商，即财富智商，是指一个人认识和驾驭金钱运动规律的能力，它包括观念、知识、行为三个层次的东西，决定一个人一生受金钱左右的程度和他的富裕程度。北京师范大学的闫巩固教授的研究认为财商有广义和狭义两种解释：狭义的财商是衡量人们理财的指标；广义的财商包括任何投入产出方面的能力，例如感情、社会关系、时间等，人们在这些方面的投入、产出的能力也可以用财商来衡量。因为从经济学的角度看，任何东西都是资源，有资源就存在着经济意义上的考量。中国青年研究杂志社的刘俊彦社长认为财商包括这么几个要素：对金钱的认识、如何发现并把握商机或者说是如何创造财富、日常理财能力及消费素质等。我国著名的策划家、企业学者王志纲在其书《财智时代：王志纲的观点》中提出了"财智时代"的观点，认为这四个词是对西方知识经济时代的中国式解读。他认为，我们现今所处的时代，西方人称为知识经济时代，中国则处在农业文明、工业文明、后工业文明并存时期，它有个更加贴切的说法——财智时代。它不同于纯粹的知识经济时代，也不同于以往以财为主、以智为辅的财富时代，而是一个"财智平等、以财求智、以智生财、财智相融的特别时期"。[①]熊开辉教授在其论著《FQ财商：如何提高驾驭金钱的能力》中将财商观念的内容分为金钱观、价值观、学习观、职业观、风险观、未来观、成功观等。还有学者从金融和教育两个角度对财商概念进行解读，发现二者的主要差别体现在对财商的专业性认识上，他们认为从教育角度来看，中小学的财商是指符合时代、社会发展的要求以及中小学生身心发展的特点，中小学生在学校主导，家庭、社会密切配合中形成的正确的消费观和价值观，以及基础性的财商知识、初步的财商能力和良好的财商习惯。中国教育学会副秘书长兼中国教育学会财商教育中心理事长马建华在《未来教育家》中说："财商是'财富智力商数'的简称，是人对钱币或财富的逻辑性思考和运营技巧，简单说就是一个人与钱币打交道的能力，是一个人认识、把握和处理经济生活的能力。复杂一点说

---

① 王志纲. 财智时代：王志纲的观点[M]. 广州：广东人民出版社，2001：10.

则是一个人认识、管理和运用财富的能力，更是衡量一个人财富素养高与低的标尺。"

此外，还有一些学者在探究财商概念时，进一步分析了财商与智商、情商之间的关系。一些学者十分强调财商对于青少年成长的重要价值，并将其与智商、情商相提并论。但有部分学者持反对意见。有学者认为智商和情商是基于人的意识结构一分为二的并列概念，二者交互作用，其成果反映在不同的应用领域，财商便是智商和情商交互作用的成果之一，是智商和情商的下位概念。还有学者指出儿童财商教育中普遍存在的误区之一便是将财商与智商、情商提到同一高度，并且认为财商与智商、情商不是一个逻辑层次上的概念，财商并不是一个经过科学论证的概念，且财商是理财领域的一个概念，明显是针对成人的。[①]综观国内外财商教育所取得的成就，其重要性毋庸置疑，但是否应该将财商与智商、情商提到同一高度有待商讨。不过，将财商归为成人理财领域的说法，难免有"理财即成人之事"之嫌疑。随着终身教育理念的推进，国际财商教育愈发年轻化，甚至有些国家或地区认为在儿童 3 岁时便应及时开展财商教育。因而，有关财商所指群体的界定问题尚待进一步研究。

综合分析各学者对财商的理解，我们不难发现，他们对财商的认识关注点大都在对"财"的正确决策和有效管理与操控。本研究对"财商"概念的认识更加宽泛，财商强调财富管理，包括对金钱的管理、投资、规划能力，还应包括对财务评估的风险意识，在做财务决策时还应当担当的社会责任意识。不仅包括财商知识和技能，还应包括正确的财富观念和价值观、人生观教育。

2. 对"财商教育"概念的理解

如对"财商"概念的解读历程一样，对于"财商教育"概念的认识，在我国学术界也有许多不同的观点和侧重。其中有几个使用频率比较高的称谓。[②]一是"金钱教育"，所涉及的多位观念层面的解读，亦称为"金钱观教育"。比如王瑛在《加强对中小学生的金钱观教育》一文中指出："金钱观教育是教育者有目的地使受教育者形成对金钱的正确认识和态度，从而帮助他们正确处理物质需要与精神需要的关系，学会合理消费，做金钱的主人的教育。面对市场经济带来的人们伦理观、道德观、人生观、价值观的变化，教育者应及时地向中小学生进行金钱观教育。"[③]二是"财富教育"，涉猎比金钱教育广，

① 洪明. 当前儿童理财教育中普遍存在的几个误区[J]. 教育探索，2011（5）.
② 李真. 美国中小学理财教育及课程研究[D]. 上海：华东师范大学，2008.
③ 王瑛. 加强对中小学生的金钱观教育[J]. 教育科学研究，1998（1）.

亦多称为"财富观教育"。尤其注重培养创造财富的观念及素质。三是"消费教育",在一定意义上说是如何合理花钱的教育。国民消费教育指"有组织、有计划地向全体国民传授消费知识和技能,培养科学、文明的消费观念和维权意识,提高消费者自身素质的一种社会教育活动"。四是"经济学教育",2002 年美国国家经济教育理事会给经济学教育的定义是:具有一种评价问题,制定选择,理解其他消费者(包括工人、本地市民)在当地、全国、全球经济中的选择能力,即是有经验的教师提升学生理解经济学和消费原则的过程,以使学生在复杂的社会经济环境中成为有责任的消费者。综合分析这几种观点,我们可以发现:"金钱教育"侧重的是对金钱本身的认识,这个概念的使用主要涉及观念层面的内容,有点类似道德教育,没有技能层面的训练。如果从对那些即将走上社会的青年人或者已经进入社会的独立经济人角度,使用"财富教育"和"财富观教育"是贴切的,因为他们需要有正确的财富观,在社会生产中去创造财富,这对他们实现创业目标将颇有裨益。然而对广大中小学生而言,尽管创造财富是对其进行与钱有关的教育终极目标之一,但毕竟离他们还远,从小学开始的财商教育也并非财富教育所能涵盖。因而后来就出现了"理财教育"的概念,即包括理财观念、理财常识、理财能力等因素。有学者对"理财教育"的认识是:根据时代和社会发展的要求以及中小学生身心发展的特点,由浅入深地确定不同的教学目标和内容,由学校主导,家庭、社会密切配合所进行的培养中小学生正确的消费观和价值观,促使中小学生掌握基础性的理财知识,形成初步的理财能力和良好的理财习惯的影响活动,其最终目的是促进中小学生个性能力的全面发展。从这种理解来看,理财教育不再是一般的思想品德教育,而是从观念到行为贯穿日常生活许多领域之中的对中小学生全方位的教育。这个理解扩大了中小学财商教育的内涵和外延,但是还是没有脱离"财"的局限。

本书研究的是学校的财商课程开发与实施,财商课程施行的是一种"财商教育",因而,本研究采用"财商教育"概念。关于财商教育概念的界定首先要明确主体是学生还是其他社会人士,其次要贴合学生的认知发展需要,最终落实到育人的目标上。从国内外有代表性的观点中我们能看出,财商强调财富管理、投资、规划能力,以及对财务的风险意识。但如果财商教育仅仅围绕着"财"在开展,财商的界定就太过于狭隘。故此,本书认为,科学的财商教育,不仅是解决处理财务问题,它旨在培养儿童树立正确的财富观和价值观,了解一些基本的财务知识,掌握合理消费的技能,锻炼学生简单的创业能力,培养勤劳节俭的美德,懂得奉献的意义,正确处理个人与他人以及集体、国家的关系,养成行事有计划、有条理的习惯,是儿童德育教育、素质教育和公民教育的重要内容。

总之，从财商教育的概念发展来看，财商教育的内涵渐趋明晰，视角愈加丰富，内容愈发全面。

（二）对财商课程内容的认识

对财商教育的认识不同，也就影响着研究者们财商课程开发时的框架和内容选择。那么，学者们认为教育者在财商课程中实施财商教育应该包括哪些内容呢？

比如上述强调"金钱教育"的学者，认为"金钱教育"主要包括关于"钱"的正确的伦理观、道德观、人生观、价值观教育内容。[①]赵骏曾在《论青少年健康财富观的培育》中强调"财富观教育"不但要教育他们财富是什么，金钱是什么，应该怎样使用，更应该教育他们怎样创造财富，怎样合理地、光明正大地创造财富。只有支配这样的财富，这样的金钱，才是最合理的、光荣的。他们也才会真正懂得创造财富的不易和真正珍惜自己创造来的财富。"消费教育"的内容简单地说就是指导受教育者如何合理花钱。李真强调"理财教育"的主要内容设计三个层面：在观念层面，教导中小学生怎么做人。在日常生活中与钱打交道的细节中培育他们正确的金钱观、财富观、消费观，引导他们树立正确的世界观、人生观、价值观。在知识层面，对中小学生进行有关钱的启蒙教育，帮助他们认识钱的本质、钱的来源、钱的重要性、钱的功能，了解合法获得金钱、合理利用金钱、科学支配金钱，以及在经济活动中如何维护自身合法权益、如何创造财富等基本常识。在行为层面，包括对中小学生良好习惯的培养和理财能力的训练。在管理零花钱、存钱、投资保险、家庭支出安排等与中小学生密切相关的活动中，给他们参与决策和实践的机会，以提高智慧水平，训练他们的驾驭能力、管理能力、辨别能力、选择能力。枣庄学院的何芳教授从哲学角度提出了青少年财商培养的全新方法，她认为一个人财商开发的关键是具有健康和谐的财富观。它的题中应有之意是：指导青少年遵循对立统一原则，正确科学地认识财富；坚持实践的观点，合理合法地创造财富；把握"适度"原则，有节有制地支配财富。成都大学的吴文前教授针对目前大学普遍缺乏专门财商课程的现状，提出了新的视角，将财商知识融入国学课程，在提升学生道德的基础上培养其财商素养。泉州师范学院的林永乐老师在《试论财商》一文中提出了"财商"的理论价值和实践价值，他比较了财商和智商的联系和区别。它们的区别在于：

---

① 赵骏. 论青少年健康财富观的培育[J]. 当代青年研究，2003（5）.

首先，它们属于不同的范畴；其次，财商不是商而智商才是商；最后，财商无法测量而智商已经可以测量。同时，它们也有共同点。首先，智力和财商都是一种能力，智力是财商形成和发展的基础，财商也会促进智力的发展；其次，财商和智商都是在遗传和环境两大因素支配下由成熟和学习交互作用的结果，实践活动和个性品质在财商和智商的发展中具有重要的促进作用。最后，财商是智商的一种类型，财商是指一个人的理财智力。

上海交通大学姚俭建教授指出我国青少年财商课程应包括财商价值观的教育、财商基本知识的传授以及理财基本技能的培养。有学者认为，财商教育的内容主要涉及三个层面：在观念层面，财商教育是对未成年人如何做人的教育；在知识层面，财商教育是对未成年人进行有关钱的启蒙教育；在行为层面，财商教育着力于未成年人良好行为习惯的培养和财商能力的训练。[①] 还有学者也认为小学生财商教育内容应包括理财价值观的教育，涉及对金钱、人生意义的理解和价值认同；财商基本知识的传授，包括经济金融常识及个人理财技能和方式；财商基本技能的培养，包括财商情景教育、实际操作训练和财商氛围的营造等。有学者指出青少年金钱教育的内容包括金钱观教育、消费教育和财商教育。[②] 有学者以人教版教科书和青岛版教科书为例，描述了小学教科书中的财商内容现状，发现关于财商知识的内容最多，而有关财商能力和财商意识的内容却很少。[③] 此外，有一些学者还针对思想品德与数学教科书中有关财商内容的合理性问题进行研究。从上述的研究中不难发现，学者们在关于财商教育内容的论述上有一定的共识，均包括认知、情感和行为三个方面，只是侧重点不同。综合上述观点，本研究认为财商课程的培养重点包含以下三个方面内容：

1. 培养健康的财富观

"观"就是我们对事物的认识、看法，财富观就是我们对财富问题的认识和看法。财富观是价值观的重要组成部分，是财商教育的基础。它包括人们获取、使用财富的方式及与此相关的生产观念、交换观念和分配观念等。总而言之，它是人们对于财富的态度以及为了获取财富而采取的途径和方法的观念指导。财富观既然是关于财富的观念指导，因此，研究好财富这一概念是前提。

《说文解字》将"财"解释为"人之宝也"。《辞海》将"财富"解释为"具有价值的东西"，包括自然财富、物质财富、精神财富等。这是人们对于财富

---

① 关颖. 城市未成年人理财教育略论[J]. 当代青年研究，2005（1）.

② 陈翠薇. 当代青少年的金钱教育[D]. 长沙：湖南师范大学，2011.

③ 刘洋. 小学教科书中的理财内容研究[D]. 聊城：聊城大学，2014.

的初级认识。

《不列颠百科全书》对财富的解释尤其详细，它区分了一般意义上的财富与经济学意义上的财富。一般意义上的财富是指"富裕的个人、团体或国家，他或他们在拥有物质财富上的'富裕'或'有钱'"。[①]经济学意义上的财富"最初指安宁、幸福的状态，但后来更加倾向指能够增进安宁幸福的东西，非安宁幸福本身"。[②]

《现代经济词典》对"财富"所下的定义则很是明确："任何有市场价值并且可用来交换货币或商品的东西都可被看作是财富。它包括实物和实物资产、金融资产，以及可以产生收入的个人技能。当这些东西可以在市场上换取商品或货币时，它们被认为是财富。财富可以分成两种主要类型：有形财富，指资本或非人力财富；无形财富，即人力资本。"这种解释是西方经济学界最认可的一种。

在财商观念层次的培养中，以金钱观教育为重中之重。毕竟，我们对中学生所提倡和进行的财商培养并不是为了培养出爱财如命的守财奴，或是挥霍无度的败家子。我们所要培养的是学生对金钱的正确认识和控制金钱的能力，让他们成为金钱的主人，而绝不是教他们如何去做金钱的奴隶。因此，关于金钱我们所要做的首要事情应是影响学生对金钱的感性认识，帮助学生构建和谐健康的金钱观。

不论是"金钱万能论"还是"金钱无用论"，都忽视了金钱作为一般等价物的性质，也使人们渐渐淡忘了金钱（货币）作为一般等价物出现的最根本目的即方便人们的贸易交换。金钱既不是神，也不是魔，它只是一件普普通通的供人们使用给人们带来便利的工具，如同我们代足的车马，仅此而已。我们不愿让学生成为见利忘义的金钱奴隶，也不想学生成为高呼"罕言利"的口号，成为不食人间烟火的假道德人。财商培养重在培养学生和谐健康向上的金钱观，让学生用一颗平和的心对待金钱和创造财富。

君子爱财，应取之有道，用之有度。金钱是商品交换的媒介，是一种客观存在的物品。金钱是天使还是魔鬼的关键是持有金钱的人怎样去运用它，把握自己对它的"爱"，掌控对它的"道"和"度"，以便发挥金钱的最大效用为社会造福。人类社会发展的历史证明：金钱对任何社会、任何人都是必需的。正如贾谊在《论积贮疏》中所言："仓廪实而知礼节，民不足而可治者，自古至今，未之尝闻。"

---

① 不列颠百科全书[M]. 北京：中国大百科全书出版社，1999：141.
② 不列颠百科全书[M]. 北京：中国大百科全书出版社，1999：141.

由此可见，物质是基础，金钱是有益的，它是社会财富的象征，它使国家富强、社会稳定发展、人们生活安康幸福并能够利用金钱从事许多有意义的活动。换而言之，我们每个人在创造财富的同时，也在对他人和社会做贡献。中学语文财商培养希望学生也能成为对待金钱的谦谦君子，对"爱""道""度"三者的把握能进退自如，提倡构建一种和谐、健康、向上的财富观。

取之有道，合理合法获取财富。"道"即人们获取财富的方法、方式、途径。我们提倡人们通过自己的辛勤劳动、合法经营致富。我国现在尚处于社会主义初级阶段，一切都是新生的，社会各方面尤其如法律、社会保障系统等都还在摸索中逐步完善。而现在有一些人靠钻空子发财暴富、制假贩假、偷税漏税、贪污公款、坑蒙拐骗的大有人在，甚至有人趁着"非典"时期人心不稳，大发不义之财。劣质奶粉给多少家庭带来不幸!假冒 2B 铅笔使多少高考学子与自己的梦想失之交臂!他们富了，占有了大量的财富，但他们富得让人不耻。还有一些人总是希望天上掉馅饼，不劳而获，于是身陷赌博、黑彩不能自拔，最终落得家破人亡。事实证明，我们的学生在追求财富的同时更应牢记一点：要做有灵魂的财富创造者和拥有者。虽然社会上有人唯利是图、尔虞我诈，有人收敛财富不择手段、巧取豪夺，但我们应该让学生清楚地认识到那应该是所有财富追求者唾弃的行为。我们所推崇的是通过自己的辛勤劳动以正大光明的方式去创造财富，那才是真正的有君子灵魂的人。

用之有度，有节制地利用财富。"度"即人们对自己财富使用的理性调控。我们应该一分为二地对待"度"的问题：一方面，我们辛勤地创造财富并不是为了无度地挥霍。许多人原本拥有大量的财富，却最终将其挥霍一空，只落得竹篮打水一场空的下场。另一方面，如果我们只是疯狂地占有财富，却不会有节制地利用和消费财富，那么我们不但无法享受财富增长带来的乐趣，而且会成为一味死守财富的可怜的守财奴，犹如文学作品中生动刻画的葛朗台、夏洛克，这样的财富对人生而言没有任何意义。无度地挥霍和过度地死守财都不是和谐、健康、向上的金钱观所提倡的。要做一名有灵魂的财富拥有者，树立和谐金钱观的财富拥有者，不但要求获取财富的行为是妥当的，还要求人在成功获取财富后能够更为成功地利用财富。一名成功的财富创造者深知利用财富不但给自己带来幸福，同时也能够帮助周围需要帮助的人。独乐乐不如与众乐乐，在帮助他人的同时，自身价值也自然得到体现。

2. 增长财商知识

财商最核心的内容是理财，因此提高财商最关键的是要进行理财的教育。此外，理财是人们适应商品经济所必需的，是作为一个社会人的基本要求，也是社会进步的表现。财商应该以财富的增加、生活质量的提高为最终目的。财富的积累只是一方面，财富的安全、个人所应承担的社会责任等，都是财商的重要内容。

3. 发展财商能力

有人将儿童财商教育的核心视为财商能力（Financial Capability）的培养，它包括以下四个方面内容：一是财商理解力（Financial Understanding），主要指学生能够理解金钱的本质及其功能和用途，并能够意识到个人做出的每一个财商决策的重要性。它是保证青少年离开学校后能够处理日常理财事务的第一步，能帮助青少年进行个人理财决策。二是财商胜任力（Financial Competence），指学生能够将自己所掌握的金钱的知识运用到具体情境中，能够自信地识别并有效地处理问题和争议。这种能力与学生的日常理财事务联系很紧密。三是财商责任感（Financial Responsibility），指学生在使用金融资源时能够明白自己在财商决策中将不可避免地涉及系列道德伦理和价值观问题，能够对财商活动中所反映的社会、道德、审美、文化、环境、经济等问题进行反思和建设性的批判思考。四是财商事业心（Financial Enterprise），指学生能在虚拟的情境中有效配置资源，能够对各种花钱方式进行评估、分析和选择，选择出最合适的开销、储蓄和投资方式。它建立在学生财商责任感的基础上，同时还暗含着学生的创造性。[①]这是对人的财富素质人格化的理解，是进一步理解财商教育本质的桥梁。

比理财能力更加上位，为当前人们广泛接受的概念是财商（Financial Intelligence Quotient，简称 FQ），它是由罗伯特·清崎最先提出的。他认为，财商是一个人在财务方面的智力，是理财的智慧，其主要包括两方面的能力：正确认识金钱及其规律的能力；正确使用金钱的能力。他指出："财商不是你赚了多少钱，而是你有多少钱，钱为你工作的能力程度，以及你的钱能维持几代。"他还认为，要想在财务上变得更安全，人们除了具备当雇员和自由职业者的能力之外，还应该同时学会做企业主和投资者。如果一个人能够充当几种不同的角色，他就会感到很安全，即使他们的钱少。他们所要做的就是等待机会来运用他们的知识，然后赚到钱。

对成人来说，财商是人作为经济人在现在这个经济社会里的生存能力，是一个人判断怎样能挣钱的敏锐性，是会计、投资、市场营销和法律等各方面能力的综合；而对儿童来说，财商就是为了享受未来生活，成功解决经济问题而积淀下来的综合素养了。

---

① 叶菊艳. 苏格兰 5—18 岁儿童学校理财教育实践及其启示[J]. 外国教育研究，2007（2）.

综上，有关财商课程内容的研究无论是从价值观、财商知识和财商能力三个层面论述抑或是按不同阶段细分财商教育内容，均可看出财商教育在内容研究层面渐成体系化，但在不同阶段依据不同群体具体展开论述的文章仍不多见。

（三）对财商课程实施策略的分析

在财商课程的研究中，几乎每一篇文章都会涉及途径和对策研究。通过进一步分类，可以大致分为两个层面。

一是从宏观层面作概括性论述，此类文章更多的是从实施主体角度提出对策，所提及的策略涉及各个领域和各个层面，主要包括家庭、学校、社会其他机构等，虽然不同学者强调的着重点不同，但均关注到财商课程的"合力"问题，但基于每个方面所做的深入研究不足。

二是从微观层面着眼于某种对策作深入探究。近年来，有关财商课程的问题探讨逐渐由宏观层面的理论研究转向具体的学校课程设置。有研究系统地提出大学生财商课程体系，指明要设定课程教育目标，明确课程教育内容；做好教学基本建设，夯实课程教育基础；搭建课程实践平台，强化课程实践教学。也有在实践中以校本课程建设为出发点，从财商课程理念、《理财与生活》校本课程标准、校本教材、教学参考资料等课程产品方面进行介绍，并阐释了构建校本课程开发、使用与评价的有效操作体系及实施校本课程的基本模式。还有从行为层面出发，以行动研究为主要方法，提出要通过三个行动循环，采取宏观指导（集体消费教育）和微观指导（个人消费跟踪访谈）相结合的方式对小学高年级学生的消费行为加以引导。

此外，将财商教育融入其他学科亦是近年来财商课程研究的热点问题，且研究主要集中于思想品德与数学两个学科领域。一方面是将财商课程与品德教育相结合。有研究者从"两课"（"马克思主义理论课"和"思想品德课"）出发，论述大学生财商教育，并提出要以思想政治理论课作为财商课程的主要方式。也有主张将消费道德教育和财商教育有效结合，开设"消费经济学""消费伦理学"和"理财学"等课程。还有指出要巧妙结合德育中的法治教育与财商教育等。

另一方面，将财商与数学学科相结合的研究也值得关注。有的观点认为在数学教学中结合财商教育，是与各国教育接轨的需要，是素质教育的需要，是当前社会生活的需要。也有指出在数学教学中开展财商教育不仅是可行的，而且是必须的。要通过对小学数学教材中的财商因素进行收集、梳理、分类、研究和实践，结合数学教学的特点和内容，培养学生的财商意识，丰富学生的财商知识，提高学生的财商能力。还有基于小学数学课程，探讨如何在小学数学教学中渗透财商教育的理念，并提出在小学数学教学中渗透财商教育，是值得所有数学教师倡导和实践的新理念。甚至有学者调查分析了数学财商教育的现状，并了解小学生消费和财商情况以及小学数学教师在当前的教学环境下对引入财商教育的理念，探究出了一系列课堂教学中结合财商教育的具体方法和途径。可见，虽然目前国内多数学校尚未单独开设财商课程，但有些学科内容已经或多或少地体现了财商知识，将财商内容融合进其他学科也不失为一种可行办法。不过目前这一方面研究仅限于数学与思想品德两个领域，今后需积极拓展研究视角，从更多的领域探究财商教育，促进财商教育的深入研究，为财商教育实践探索提供坚实可靠的依据。

目前国内有关财商教育实施途径的探讨渐成体系化，实施的主体愈发全面化，开设内容与教学方法也愈发丰富和灵活。若要财商课程真正纳入学校课程，不仅需要有国家政策的支持和保障，也需要专家学者努力探索实践模式，更需要教师在日常教学中进行积极的尝试。唯其如此，财商课程才有可能在国内得到真正的发展。

从上述研究中，我们不难发现，大多学者的尝试更多从"财商教育"的角度谈，涉及课程的研究不多，但课程体系的建立离不开这些财商教育的探索。

除了上述关于财商教育问题的研究成果外，有学者还讨论了财商教育的目标、地位、现状、因素、原则和方法等方面，并且积极从伦理学、文化学等更多视角阐述财商教育。部分学者还致力于介绍国外财商教育，进而为国内财商教育的发展做系统性参考。例如，美国促进个人财商教育的经验值得我国学习和借鉴。苏格兰 5~18 岁儿童学校财商教育有着完善的教师培训体系。还有澳大利亚开辟了一个结合其国家教育特色的财商教育新模式。这些研究对国内的财商教育具有深刻的启发意义。但通过梳理文章具体内容发现，部分研究成果趋于一致。例如，当前学生群体中存在的不合理的财商行为基本上是以攀比性、超前性、奢侈性等非理性消费为主；而影响因素基本上可以概括为内部和外部两个方面，具体可分为内在的财商认知力不足、外在的相关教育缺失、社会文化影响等方面。

三、我国财商课程的发展展望

从我国财商课程的探索历程中，我们不难发现，目前国内中小学和一些学者对于"财商"的研究还是比较多的，但主要是建立在各自的宏观层次的立论，没有形成一个系统的研究体系。比如对财商这一概念的界定，对财商课程的认识，主要还是某些学者的个人见解，还没有形成统一的认知。对于某些特殊主体的财商课程或者财商教育研究，比如说小学生，更是如此，主要是通过一些零散的论文，还没有学校对此进行专门的深入的课程研究成果推广。尽管很多发达国家财商教育研究已经处于比较领先的水平，有很多成熟的经验给我们参考，然而，众所周知的是，财商教育的出现是与社会经济发展和人才素质培养需要息息相关的，它的基本理念与课程开发需要与中国学生的财富状况相联系，国外的财商教育固然许多方面可以为中国所借鉴，但绝不能简单移植。

中国人民银行货币政策咨询专家、教育部金融学术指导委员会委员、新疆财经大学中亚经贸研究院院长、博士生导师张文中先生曾做客中国经济网《财经对话》栏目，在谈欧美和我国青少年财商教育现状及发展时，谈到外国人和中国人在对孩子进行财商教育时的不同做法，也表达了我国该如何适当地借鉴别国的经验，反思财商教育的问题所在。他也强调，针对青少年的财商教育问题，一个国家层面上的整体规划是非常有必要的。在师资、课程等很多方面能有一个明确的目标以及政策的支持，让民间力量得到政府的支持，这样家庭、社会、政府还有学校共同努力，可能打造出一个青少年理财的整体框架，这样会更容易推进。由此看来，财商课程的发展将会由学校、社会、家庭共同推进，共同完成。

（一）家庭：基于生活，形成习惯

在正确观念引导下，家庭在财商教育中是能够发挥重要的作用的，其优势无法替代，因为家庭是儿童日常生活的场所，是儿童财富的重要来源，负有对儿童财富监管的职责，在零花钱、压岁钱等钱财的给予、监管、引导中，在自己的消费、投资等行为中，在自己对各自经济行为的评价中，就能够潜移默化地影响儿童。家庭财商教育一般不需要什么特别的途径和方法，最主要的途径就是日常生活的渗透式的教育，让学生在经济生活中形成良好的习惯，比如节约习惯、记账习惯、储蓄习惯、计划习惯、劳动习惯等。当然，随着学生的成长和个人的兴趣，根据自己的能力可以适度地引导和帮助学生进行尝试性投资等行为。

家庭是财商教育的关键，涉及财商教育的方方面面，但是，由于家庭教育受家长教育水平所限，因此其教育效果未必能够达到理想状态。事实上，由于许多家长自身受不良金钱观和消费观的影响，极有可能将不正确的财富观念传递给学生。因此，家庭财商教育需要学校或其他教育机构的正确引导，首先树立正确的财富意识，然后才是形成正确的家族财商方法，让财商课程得以在家庭教育中延伸和拓展。

（二）学校：高度重视，重在科学

学校是进行财商教育的主阵地。把财商教育纳入日常课程教学当中，有利于中小学生系统地学习财商知识、形成财商能力。

1. 学校专门开发财商课程

在专家的指导下，由主管教学的教育领导者拟订财商课程编写计划及标准，选拔出有一定经验和能力的骨干教师参与教材的编写。学校可以一边请专家给编写教材的教师进行强化训练，和他们一起合作编写教材，一边创设校本课程——财商教育课。通过课堂教学，对学生进行财商教育，同时对教材进行试用和验证。

2. 采用多种财商课程模式

财商教育不是单纯的知识教育，更不是哪一门学科所能涵盖的，应当在大教育视野下倡导多学科的教育融合。因此，我们可以借鉴美国整合各学科的教育，把财商教育渗透其中的课程模式开展财商教育。例如：结合数学内容开展财商教育，侧重点在于培养学生的数学财商意识，形成正确的数学财商观，即会从数学的角度去观察、发现、解释并表达身边财商问题的数量关系、变化趋势、空间形式和数据信息，并运用数学的精神、思想、知识与方法加以探索、研究和解决，能意识到数学对财商的作用。结合语文教学内容开展财商教育，侧重于对金钱的正确认识，形成正确的金钱观、价值观，凸显财商课程的人文性特征。

3. 强师资队伍的建设

不管学校财商教育的课程框架搭得有多好，内容体系有多完善，课程活动有多丰富，最终还是要通过教师及其授课来落实。如果没有教师的积极性与主动性，那么再好的体系也会陷入困境，再好的活动也会流于形式。因此，开设中小学财商课程，师资培训是基本前提。只有通过师资培训，通过优质课的观摩活动，充分激发教师的兴趣与教学热情，才能使其在今后的教学过程中，充分发挥自己的创造力与想象力，将财商教育整合进现有学科，并因材施教，寓教于乐。

4. 在多样化的活动中培养学生的财商能力

在实施素质教育的今天，"从做中学"是当前基础教育课程改革的一个重要方面，活动教学已成为学校教育的重要组成部分。这些都很值得我们学习。我们可以充分利用学校组织的春游和秋游活动、义卖活动、感恩活动中开展财商教育。把财商教育融入到社会市场中去，鼓励学生外出做 些力所能及的工作，如帮助广告公司和商家散发广告单；帮助单位团体打扫清洁卫生；捐资助学，这是一种特殊的"消费"，学生根据自己的用钱计划，确有多余，不影响生活，可适当捐出等。

（三）社会：适度介入，重在公益

社会是财商实践的最终场所，也是学生财商教育的重要资源。社会（主要包括各种金融机构、财商教育机构）的优势在于其财商知识与技能，但忽视财商和财德方面的教育；社会可能主要只关心其经济效益，而忽视其社会公益性。难能可贵的是，一些金融机构开始重视发挥对中小学生进行财商教育的作用。比如，在英国，儿童储蓄账户越来越流行，大多数银行都为 16 岁以下的学生开设了特别账户；在美国，也出现专门为青少年开设银行的先例。我国一些银行也开始尝试探索财商教育，比如：光大银行与《中国少年报》结合，开设了亲子财商系列教育活动；中国银行与中国青少年研究中心合作，开展财商教育研究和爱心财商活动。鉴于未成年人的特殊性和银行等盈利性等现实，社会财商教育应该本着适度介入，重在公益原则，积极探索行之有效的教育方式。

在现代社会，能挣钱、会花钱、正确地对待钱，是人生的基本要义之一。财商教育的目的不是把学生培养成一个金钱至上的拜金主义者，而是让学生在接受金钱教育的过程中，正确对待金钱、运用金钱，学会价值判断和提高道德尺度，树立自尊、自立和责任感，促进其个性能力的良好发展，从而为其长大后独立财商和开拓一番事业打下较好的基础。

第二章 财商课程的教育价值

一、财商课程的教育内涵

前文已阐述，科学的财商教育不仅是解决处理财务问题，它旨在培养儿童树立正确的财富观和价值观，使其了解基本的财务知识，掌握合理消费的技能，锻炼学生简单的创业能力，培养勤劳节俭的美德，使其懂得奉献的意义，正确处理个人与他人以及集体、国家的关系，养成行事有计划、有条理的习惯，是儿童德育教育、素质教育和公民教育的重要内容。在财商课程探索的过程中，财商教育的内容不断在扩大，内涵也越来越丰富，不仅包括"懂财""用财""理财"，还包括受教育者的风险意识、责任意识。公民素养教育在财商课程中得以深化。因而，本书认为，财商课程应该在以下三方面拓展它的价值内涵。

（一）财富管理与规划教育

财商课程重在培养学生对"财"的驾驭和操纵能力。简单地说，就是让学生在了解一些基本的财务知识、消费技能、项目创业的过程中，培养学生正确的金钱观，做金钱的主人，能够科学合理地管理自己的金钱，对于金钱的使用和投资有清楚的规划，并把这种管理和规划金钱的能力发展到对其他事、对人生的管理和规划。

（二）财富风险意识教育

财商课程还应该培养学生的财富风险意识。风险意识是一种预见能力，在飞速发展的市场经济时代，机遇和挑战并存。在众多投资理财、金钱消费的方式中，学生要学会抉择，学会预估每一个决策存在的风险。具有风险意识才能让他们在探索的过程中有预见性，而这种能力对人生中其他事也同样重要。

（三）财富责任意识教育

财商课程还需要培养学生的财富责任意识。正确地管理、规划金钱，对投资理财、人生决策有规划性，既是对自己的一种责任，也是对身边人的一种责任。这种责任意识还包括自己利用金钱的价值意义。教育学生合理规划金钱，不仅是为了让学生能够在经济时代做金钱的主人、获得物质财富，也要引导学生看重精神财富，这也是对学生社会责任意识的要求。

二、财商课程的教育特征

（一）全面性

首先，这一特征是指财商教育内容及目标的全面性。近年来，国家确定的中国学生发展核心素养，是以培养"全面发展的人"为核心。教育事业和社会发展的最高价值原则是实现人的全面发展。而财商教育的终极目标也是追求人的全面发展，既有对学生的世界观、人生观、价值观的教育和专业知识的传授，又有对其品质的培养和良好行为能力的训练，可以说，这是一种从观念到行为的多层次、全方位的教育范式。这很好地诠释了马克思主义的人的全面发展理论。

其次，全面性更指财商教育是各要素之间多边互动的过程。一方面，财商教育需要通过课堂学习、家庭实践、社会活动参与等一系列环节联合开展。另一方面，课堂教学模式下的财商教育，其师生关系、生生关系是通过交往、对话、理解而达成的多边互动关系。其中，教师负责整个财商教育活动的设计与安排，并对学生提供必要的指导和帮助，而学生则对内容自主选择、认同并内化为自身价值原则。

最后，全面性指财商教育并不是封闭、静止的，而是一个开放的、动态发展的系统。随着社会发展对现代人的素质不断提出新要求，以及学生实际情况的反馈，财商教育的内容和方式也在相应地不断刷新和完善。

（二）实践性

美国教育家、哲学家杜威的"做中学"理论强调教育即"生活""生长"和"经验改造"，个人在社会生活中与人接触、相互影响、逐步扩大和改进经验，养成道德品质和习得知识技能，就是教育。他认为儿童不从活动而由听课和读书所获得的知识是虚渺的。他提倡探究教学方法，打破班级授课制的形式束缚，培养学生的创造精神和实践能力。我国教育家陶行知也非常推崇这种教育理念，在新教育运动中推动"生活教育运动"，他吸纳了杜威"做中学"的理论，提出了"教育即生活"，主张"教学做合一"，明确以"做"为中心，以创造为目的，将知识学习、能力的培养与实践操作、实践检验融为一体，推动生活教育的发展。《中共中央国务院关于进一步加强和改进未成年人思想道德建设的若干意见》中指出，对青少年的思想政治教育要"注重实践教育、体验教育、养成教育，注重自觉实践、自主参与，引导未成年人在学习道德知识的同时，自觉遵守道德规范"。财商教育也区别于传统的教育模式，极为注重从学生的生活经验和社会实践出发，让学生亲自接触具体的事物，运用各种感官感知事物，根据获取的感性知识去思考解决问题的途径，从而达到亲手解决问题的目的。在这种理念下，每一次财商课程的开展就不仅是一种知识的学习，更是一次次尝试，在一次次寻找知识与生活的联系的过程中，获得情感体验，扩展知识技能，又最终服务于未来的经济生活实践。

（三）阶段性

财商教育的阶段性是指对处于不同年龄阶段的受教育者应选择适合其年龄段的财商教育内容，设置相应的教育目标。这是由财商教育的内容以及受教育者的身心发展特点决定的。据相关研究发现，青少年财商的形成和发展一般经过四个阶段：6岁以前的萌芽期，6岁到12岁的形成期，12岁到18岁的发展期，以及18岁以后的升华期。本书主要研究6~12岁儿童财商课程的开发与实施，因而在具体分阶段的时候参考的标准更加细致。在国内外一些可借鉴的经验研究中，可以发现，在当今美国，从学生三岁起就开始对他们进行财商教育，并把财商教育作为"从三岁开始实施的幸福人生计划"，根据中小学生的身心特点，将学生分为不同阶段，由浅入深，制定了一套专门的财商教育目标及计划：

3岁：能辨识硬币和纸币；

4岁：能知道每枚硬币是几美分，意识到商品是需要花费金钱来换取的；

5岁：了解每枚硬币的等价物；

6岁：能够数大量的硬币并能找出数目不大的纸币；

7岁：能看懂货物价格标签；

8岁：知道可以通过额外工作赚钱，而且知道把钱存银行可以增加收益；

9岁：能制订一周的开销计划，购物时知道货比三家；

10岁：懂得每周节约一点钱，以便大笔开销使用；

11岁：知道从电视广告、杂志等书籍中学习理财知识，懂得正确使用银行业务中的术语；

13岁至高中：会小试股票、债券等投资活动，并进行打工等赚钱体验活动。

此外，英国、日本、新加坡、澳大利亚等国也对青少年的财商教育有具体的课程设置和不同阶段的教育目标。比如澳大利亚成立了财商教育资源包，根据不同对象分门别类，小学教师、中学教师、英才学生、家长、社区教育者、工作场所的教育人士，都可以直接进入自己所属的类别，获取各种文本、视频、图片资源。其中 MoneySmart 教学资源包括小学和中学两套，资源包里有对各年级各科教师开展财商教育的计划和内容建议。不同年级之间存在着层层递进的联系。

财商课程的开发与实施也具有阶段总目标和年段子目标，根据这些目标，开设具有阶段性的财商课程和各种财商活动。

三、财商课程的教育意义

以往研究者很少提出财商课程的概念，因而在研究时，大都从宏观的角度阐述"财商教育"的意义。本书力图从学校课程角度探讨财商课程的意义，实施财商课程其实就是在进行财商教育，因而，这里学者们对财商教育意义的阐述，其实也是本财商课程开设的意义。

凡是大力开展财商教育的国家，不仅从人的素质发展角度来看待和理解财商教育的功能，而且还从社会发展和个人成长角度来理解它的意义。

英国是欧洲财商教育开设较早和较为成功的国家，1999 年撰写的《苏格兰学校财商教育立场的陈述》一文，系统提出了财商教育满足个体发展和社会需要等方面的价值，认为针对青少年进行财商教育能够实现"卓越课程改革"（A Curriculum for Excellence）的四大目标——成功的学习者（Successful Learners）、自信的个人（Confident Individuals）、负责任的公民（Responsible Citizens）和有效的贡献者（Effective Contributors），在促进儿童成为有责任的公民、对社会有效的贡献者以及工作中能够明确自己对世界的责任等三个目标上，财商教育更能发挥其独特功能。通过财商教育，能够帮助学生更好地认清自己，明确自己的价值观，帮助他们成为积极的和具有批判性思考的公民，使他们能够自信和成功地应对瞬息万变的社会，同时学生自身的发展也带来相应的经济、环境、政治和社会的发展和改善，并能加快社会发展的进程。[①]概括地说，财商教育不仅仅有利于青少年个人发展，而且有利于整个社会。

对于财商教育的个体价值，许多人还是从财商这个角度加以理解和阐释的。作为人的基本素养，财商可与智商、情商相提并论。智商（IQ）反映人

---

① 叶菊艳. 苏格兰 5—18 岁儿童学校理财教育实践及其启示[J]. 外国教育研究，2007（2）.

作为"一般生物"的生存能力；情商（EQ）反映人作为"社会生物"的生存能力；而财商（FQ）则是人作为"经济生物"在经济社会中的生存能力。财商和智商、情商一起被西方某些教育学家列入了青少年的"三商"教育。作为判断一个人财富的敏锐程度以及对金钱的看法和态度的指标，财商被越来越多的人认为是实现成功人生的关键。[①]

对人的终身发展来说，财商教育应该具备直接意义和间接意义。不难理解，直接意义主要包括树立正确的财商观念，掌握较为全面的财商知识，具备一定的财商能力，养成良好的财商习惯，为他们今后更好地从事财商活动和度过美好的人生奠定重要的基础。间接意义就是在中小学生的综合素质发展方面的辅助价值。包括：第一，有助于中小学生认识劳动与财富的关系，形成热爱劳动的观念；第二，有助于中小学生理解社会生活，形成社会责任感、竞争意识和合作精神；第三，有助于发展中小学生的综合能力。财商能力是一种综合能力，它不仅需要理财者有良好的分析判断能力，而且还要具有良好的管理能力、交际能力、谈判能力、计算能力、言语能力等。[②]因此，实施财商课程实际上是提升中小学生综合能力的一种教育活动。

学者们在探讨财商教育的一般性问题时，大多会对财商教育的价值进行分析。总体而言，财商教育的价值可归纳为如下两个层面。一是宏观层面，主要包括社会发展和个体发展两个方面。有学者指出在基础教育阶段开展财商教育已成为一个迫切需要解决的问题，它不仅影响个人生活，而且影响国家的经济发展和社会进步。也有学者认为，我国已经建立起社会主义市场经济体系，在未来的市场经济社会中，学生要有正确的财商观念、财商意识和个人财商技能；培养他们正确的金钱观念和良好的财商能力也是个人素质全面发展的要求。有研究从中国传统文化角度讨论财商教育的必要性，指出由于中国传统文化中财商思想根基薄弱，中国传统经济行为中财商行为缺失，因而在中国人的现实生活中迫切需要财商思想的指导。还有学者从价值观视域讨论财商教育的价值，并且指出财商教育是实践社会主义价值观的客观要求，实践社会主义荣辱观就要求学生树立科学的消费观，培养正确的财商观念。二是微观层面。有学者基于儿童认知发展分析了财商教育的及早性与必要性，指出财商能力是一种综合能力，进行财商教育不仅可以提高理财者的分析判断能力，而且管理能力、交际能力、计算能力和言语能力也会得到锻炼。

帮助学生树立正确的价值观念是本财商课程的价值追求，因此，试从价

[①] 吴浩. 论德育教学中的学生理财观念的培养[J]. 科技信息，2007（8）.

[②] 王卫东，信力建. 中小学理财教育的认识与探索[J]. 教育研究，2003（7）.

值观角度阐释财商课程的价值。学校财商课程不仅能够提升学生的财商素养，而且对学生个人品格的形成、文化素养的积淀以及责任意识的培养也有着重要的价值。可喜的是，近年来，不同领域的专家学者愈发察觉到学校财商课程的意义与价值，这也是推动我国财商课程开发与实施逐步提上议事日程的驱动力。

第三章 财商课程的设计

一、财商课程的设计理论

我国财商教育与西方发达国家相比起步较晚，20世纪90年代以来，随着市场经济的发展和国外财商教育思想的传播，财商教育日益为我国教育理论和实践领域所关注，财商教育从理念走进了学校实践。为了适应时代发展的新要求，又特别是经济飞速发展的今天，中国教育学会明确提出"切实提高青少年学生的财商认识，提高其参与经济生活和适应未来社会的能力，帮助其树立正确的财富观和价值观"[①]。本书中的财商课程围绕教育部"核心素养"培养目标，致力于拓宽国家基础课程，开设出更多符合地方特色和学校特色的课程体系，全面落实核心素养的培养。

本书中的财商课程主要是根据学生身心发展的特点，由浅入深地确定不同的教育目标和内容，由学校主导，家庭、社会密切配合所进行的培养学生正确的消费观和价值观，促使学生掌握基础性的财商知识，形成初步的财商能力和良好的财商习惯的教育活动，其最终目的是促进学生个性能力的全面发展。

本课程面向的是小学1～6年级学生，从不同年龄阶段由浅入深、循序渐进地开展财商教育，并且教学内容贴近儿童的经济生活，在杜绝单纯灌输财商知识的同时，重点引入财商价值观内容，围绕"核心素养"的公民教育目标，培养学生学会生活、学会学习、学会生存、学会创造，成为21世纪的合格公民。本课程设计具有很强的实践性、创造性、开放性。在课程教学思路设计上，一部分内容通过案例分析讨论、现场教学和情境教学法等多种教学方法开展理论性学习；一部分通过实践活动更深入地培养学生的财商素养，提升学生的财商能力。学生完成各种财商知识的学习和实践性、综合性的财商活动项目，最终达到既定的财商素养培养目标。

---

① 中国教育学会关于在全国中小学建立财商教育实验基地启示[J]. 中小学管理，2016（01）：62.

（一）强调以学生发展为本的理念

1. 以学生的兴趣与实际为指向

学校教育理念是以发现、发掘学生潜能，培养学生的个性爱好及特点为出发点，注重学生的人格塑造和情商开发，张扬个性又有团队合作精神的教育，归结起来就是以学生发展为本。财商课程作为校本课程的组成部分，在培养学生核心素养的范畴之类。以学生发展为本的教育理念是财商课程探索与实践的核心，也是衡量财商课程有效运行和实施的重要依据。因此，以学生发展为本的教育理念包含三层意蕴：一是以学生为主体，尊重学生，悦纳学生，为学生的全面发展提供服务，以促进每一个学生的发展；二是财商课程结合了学生的实际情况以及年龄特点和心理因素，着眼于学生思想道德素质、财商素质与实践能力的需要，尤其要把关注学生的情感、态度和价值观三方面摆在突出地位，为学生形成正确的人生观、价值观、财富观、消费观打下良好的基础；三是本书中的财商课程打破原来统一思想、统一标准、统一模式的现状，充分发挥学生的主体性，让学生在财商课程实践与活动中既能"走得进"，也能"走得出"，着重培养学生分析问题、解决问题的能力，让学生在活动中体验，在活动中进步，在活动中领悟，进而实现自我教育和自我提升。[①]

现在学生的家庭经济条件较以往相对优越，家长非常重视学生成绩的提高和能力的发展，而财商和智商、情商一起被当代教育学家列入青少年的"三商"教育。财商教育是青少年素质教育的重要内容。随着时代的发展，社会的进步，科学技术日新月异，各种经济现象层出不穷，各种金融工具、金融产品渗透到了社会生活的每一个角落。及早培养和提高广大青少年的财商，为民族未来打造一代适应现代化竞争与发展的高素质人才，加强对广大中小学生的财商教育，切实提高青少年学生的综合素质，是培养学生核心素养的重要组成部分。

2. 以促进学生的综合能力发展为中心

本课题并不是局限于让学生掌握财商知识和技能，更重要的是，在这个过程中发展学生的综合能力及财商知识和财商技巧，包括对金钱和时间观念有初步认知，经历消费、购物、储蓄、计划、策划等过程，对财富和劳动关系有正确的认识，树立正确的财富观念；设计财务目标，建立个人财务系统；了解税收、银行、个人信用与信用卡等财经知识，学习资产负债、现金流、主动收入、延迟享受等课程；让其了解财务目标、风险及管理，具有一定的

[①] 王国华, 夏义勇, 胡勤涌. 初中财商校本教育的探索与实践[J]. 学校党建与思想教育, 2012(35): 65-67.

金融素养，理性消费、理财方法与工具等财经知识，在生活中、在财务方面都具有风险意识，能更好地使用理财方法与工具合理利用自己的零花钱。本课程具有社会责任意识，不仅仅是对财的认识，还要在这个过程中明白自己承担的社会责任。正确的财富观念，合理的消费方式，长远的投资创业意识及财富能带来的社会公益作用，自己在这些活动中该担任什么角色，该承担什么职责，都是学习者在财商课程中要明白的对自己、对他人的责任。

在课程设计中，首先是按新财商能力的要求，把理论学习、动手能力培养、分析与解决问题能力的培养充分结合于特定的情景及实践活动和项目中；其次是引导学生树立协调、合作的观念和竞争意识，使学生在实际生活中能够利用在校学得的财商知识和经验，智慧理财，树立正确的财商观念；最后是充分考虑学生的身心发展特点，科学选择教学媒介，灵活运用不同的教学方法，充分调动学生参与教学活动，做到爱学、会学、会用，以全面提高学生的综合能力。

（二）强调师生、生生互动的学习方式

1. 体验学习

强调以学生为主体的体验性学习的教学方式，同时兼顾到教师的个人特征和内容本身的设计。体验学习是情境性的，是在真实的或者模拟的经济或生活情境中进行。有些生活中涉及的常见的关于"财"的问题，比如体验消费、买卖活动，或者一些简单的投资活动，对学生来说并不难。但是在一些创业活动、理财项目中，学生解决问题的难度就会增加，学习者需要大量的信息分析和综合，甚至还需要走出学校做实地了解与调查，做信息收集和整理。本课程注重这样的体验过程，这比简单地教学财商知识更加让学习者记忆深刻。学生一方面在反复的尝试中掌握财商知识和财商思维；另一方面在体验的过程中体会成就感、责任感，从而提高财商决策能力。

2. 合作学习

合作性学习是指在本课程中，学生完成各种活动或者项目，都会以小组或团队为基础。在一个合作性财商学习小组中，学生们是为了实现共同目标而一起工作，他们寻求的是有利于所有人的结果。学生们彼此讨论课堂上各种财商知识，帮助其他学生加深对知识的理解，相互鼓励。在合作性学习中，既体现学生之间合作的默契度，也体现学生在群体活动中的责任感。同时，由于学生之间分享了解决各种难题的机会，参与程度越高，就越能发现个人价值。在合作过程中，几乎所有学生都经历社会支持，归属感趋于增强，几

乎不存在被孤立的学生，尽可能地照顾每一个学生。

在课堂中，学生也爆发出了较好的创造性。比如在我们讨论自己的赚钱方式的过程中，不断有学生启发，原来赚钱的关键是在自己能做什么、有什么能力，了解大家的需求是很重要的关注点。很多同学也在小组合作中发现，原来人们生活中的很多不便和麻烦也在这样的创造中逐渐得到解决，同时让自己获得一定的商业利益。

3. 研究性学习

研究性学习贵在研究，财商课程的实施过程应该是一种带有初步科学研究色彩的学习过程。财商课程中的研究和其他课程一样，需要培养学生的创新精神、发散思维和辩证思维，需要学生大胆想象。比如，在做一个简单的儿童创业中，学习者要充分研究这个项目所需的准备，项目要达到的目标，项目计划、方案等一系列问题，有的会按照老师提供的一些项目方案按部就班地学习实践，有的学生也会大胆想象这个项目中可以创新的地方，在实践研究和创新中，学生还会深刻地体验机遇与挑战、风险与回报之间的关系。

由于每个学生探究的问题和思维方式不同，因而采用的研究方式和方法就会不同。因此，教师要充分尊重每个学生个体或群体的差异性，尊重学生的自主选择的权力，实行个性化、多样性的学习。当然，在这个过程中，教师要加强对学生学习方法和思考方法的指导与培训，使学生们能够正确地选择和使用科学的研究方法。

（三）强调财商课程与学科课程相融的策略

1. 在理解中走入财商课程

解释学关于"理解"的解释存在两种取向：一种是以施莱尔马（F. Schleiermacher）和狄尔泰（W. Dilthey）为代表的一般解释学，这种学说认为，理解是通过重新恢复文本作者的原意，达到理解与文本作者的原意一致，实质是一种"复原说"；另一种是以海德格尔（M. Heidegger）和伽达默尔（H. G. Gadamer）为代表的哲学解释学，这种学说认为，理解是人的存在方式，理解的过程是"视界融合"的过程，是要达到文本视界与理解者视界的融合，文本的意义在视界融合中不断得以创造和生成。哲学解释学实质上是一种"意义创生说"。[①]

无论是"复原说"还是"意义创生说"，关于"理解"最基本的要求都是首先要达到与文本意义的一致。从这个意义上来理解，教师要充分领会财商课

---

① 赵文平. "意义创生说"：教师理解课程文本的新取向[J]. 教育导刊，2007（6）：15-16.

程的本真意义，在理解课程理念及精神的基础上，将其融入其他学科课堂教学实践，在教学实践中贯彻课程精神。解读财商课程需要教师切实忠实于课程现象和课程事件，从中发现并归纳教学规律，使自身实实在在地融入课程中。在财商课程与学科课程的实施中，在理解中走入课程的最基本要求是理解与选择，其次才是在理解与选择的基础上不断创造。

2. 在超越中跳出学科课程

在对我们日常学科课程的全面理解基础之上，本书开发的财商课程实际上也是在超越了学科课程上设计的。本书这种课程创新模式是指创造性地开发全新的课程或者课程单元，具体包括两个层次的内容：一种是创造性地开发全新的财商活动；另一种是在国家课程的基础上，开发出全新的财商课程。开发全新的课程拓宽了财商课程的范围与广度，开发体现学科特色的课程单元延伸了课程的学习领域。因此，课程创新有助于实现课程在广度与深度上的全面发展，有助于凸显学科的品性、特色，促进学校课程的变革。财商课程这一校本课程通过对学科课程资源的有效整合，科学地与我们的学科课程相融，全面地渗透进学校各种活动，从而增强了校本课程教学的有效性，提高了学生的财商素养与学科素养。

具体地说，本课程实施包括"两条主线、三条辅线"。

两条主线：第一条主线是研发每个学段的财商课程，课程主要通过设计序列性的、专门性的财商课推进项目。主要研究怎样通过开设学校财商课进行财商教育。第二条主线是在课程基础上拓展延伸的各类班级活动和亲子活动，在生活中去运用学到的财商知识和技巧，并且在活动的分享和交流中进一步巩固所学，将课堂上的财商教育和生活中的财商教育有机结合，真正贯彻培养"核心素养"目标，为民族未来打造一代适应现代化竞争与发展的高素质人才。

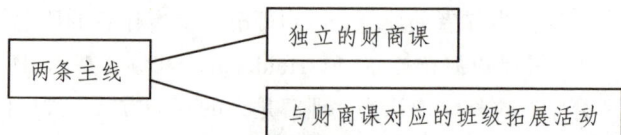

```
                    ┌─── 独立的财商课
        两条主线 ───┤
                    └─── 与财商课对应的班级拓展活动
```

三条辅线：第一条是梳理学校各种常规性活动、学校组织的综合实践活动，如义卖活动、感恩活动、春秋游活动，在活动中渗透财商教育。第二条是学科课程，在各学科课程中寻找渗透财商教育的契机，将财商教育与学科课程融合。第三条是学校与社会机构合作开设的各种社会实践活动，如财商讲座、银行体验、儿童创业等。

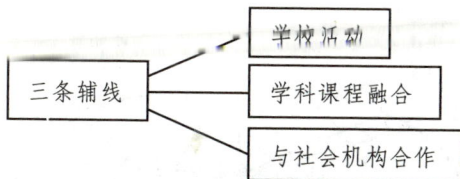

二、财商课程的板块设计

（一）财商课程各学段的目标与重点

通过对儿童心理发展的研究以及国内外儿童财商发展的特点研究，我们确立了每个学段儿童财商课程的培养目标。结合学校特色以及不同学段的目标，我们设计了小学财商课程框架。课程分为 A1A2、B3B4、C5C6 三个阶段，分别对应着小学 1、2 年级，3、4 年级以及 5、6 年级。整个课程分成 8 大不同板块，例如个人财务系统、儿童经济学、儿童金融学等，各个年级段的课程显示为如下表格：

课程阶段	对应年级	侧重板块
A1A2	1、2 年级	个人财商、货币学认识、儿童经济学、实践活动
B3B4	3、4 年级	儿童金融学、儿童经济学、货币学、思维工具
C5C6	5、6 年级	商业模拟、思维工具、团队社交、职业素养

1. 低段课程介绍

小学 1、2 年级是认知与习惯养成的重要时期，这个时期的 A1A2 课程作为初阶财商课程，专为 1、2 年级学生对于金钱和时间观念的启蒙认知所设计。

该段课程与欧洲发达国家同龄段财商课程教育同步，旨在培养中国学生所缺乏的创造力、演讲演示能力，让学生学习初阶财商知识；帮助学生解决在生活中所经历的消费、购物、储蓄、计划策划等问题，培养相关技能；针对学生的财商课程启蒙，重点培养学生对财富和时间的正确认识。该段课程通过专业老师在课堂上的引导，以及数十种丰富教具的使用，让学生在学习的过程中养成良好的生活习惯和学习习惯，树立正确的财富观念，同时也可以避免学生出现错位的金钱观。此外，该段课程注重学生的生活体验，在初阶的财商体验课程中，主要让学生感受买卖，体验职业角色，对消费、职业、责任有初步的认识。

该段课程板块分布见图 3-1：

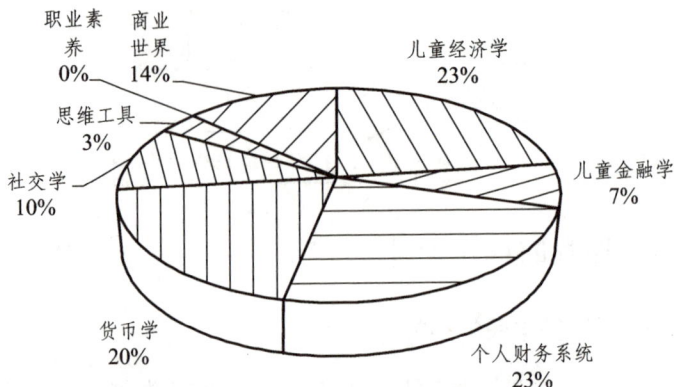

图 3-1　A1A2 课程板块分布

2. 中段课程介绍

中段的 B3B4 课程作为财商课程中的思维训练板块，将培养学生的基础金融认知和基础财务管理能力。

该段课程同步于国际 9～11 岁学生的财商标准，以培养财商能力、创新能力为主的财商课程，包含财务目标、风险及管理、金融素养、理性消费、财商方法与工具等模块，使学生了解税收、银行、个人信用与信用卡、财商方法等财经知识；通过生活场景再现、案例展示等方式让学生理解财务目标、风险及管理、理性消费等财经常识，教会学生使用财商方法与工具合理利用自己的零花钱，帮助学生设计财务目标，建立个人财务系统。

该段课程板块分布见图 3-2：

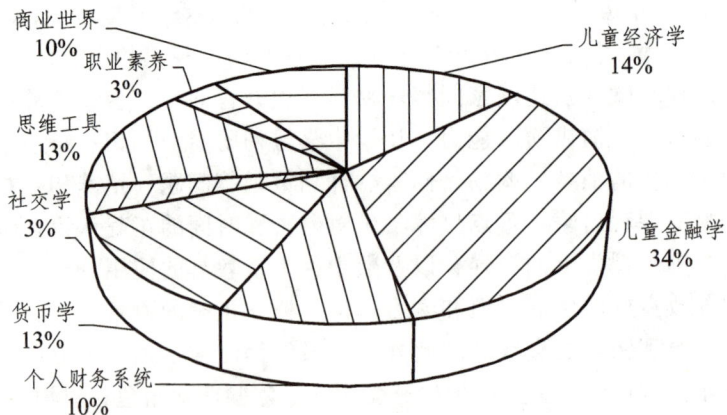

图 3-2　B3B4 课程板块分布

3. 高段课程介绍

小学 5、6 年级学生的认知和思维相对成熟，因此 C5C6 课程针对此年龄段的特点，在课程中将增加更多的财商模拟活动、职业素养、思维工具。

该段课程让学生达到 12 ~ 13 岁的国际财商课程标准，拉开和同龄人财商技能差距，同时为进一步的财商课程打下坚实的技能认知基础，对职业认知、团队、创意课进行强化培养，提升创新能力，培养团队精神。该段注重采用体验式课堂的教育方式，让学生在体验过程中逐步补足常规课堂中所缺乏的职业认知、团队意识、创意创新等相关课程的教育。课程引导学生学习 MindMap、5W2H 分析法、调研研究方法、演讲演示技巧等先进的思维工具的使用。通过思维方法的学习，对前面两个阶段的学习内容进一步加深理解，向上可以为中学阶段的商创课程做衔接。学生学习资产负债、现金流、主动收入、延迟享受等课程，进一步培养学生财商，以达到中级水准。

该段课程板块分布见图 3-3：

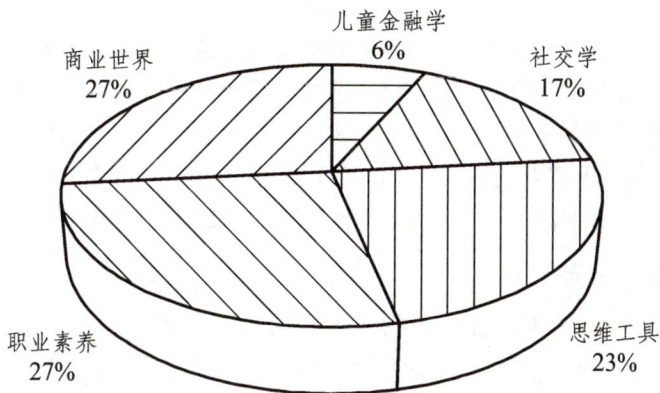

图 3-3　C5C6 课程板块分布

（二）财商课程各板块的设计意图

在这八个不同财商思维水平的财商素养下，我们将每个学段的课程分为六个板块：团队建设、"关于钱的那些事儿"、"钱从哪里来"、"消费的学问"、"生财有道"、"儿童创业"。每个板块的设计意图如下：

1. 团队建设

发达国家财商教育的经验证明：良好的财商教育会培养学生健康的金钱观念和消费习惯，对学生的智商发展有巨大帮助。丰富多彩的教育活动还可培养学生的综合素质和学习能力，使其养成做事有计划、有目标、团结友爱、包容感恩、独立自主等好性格、好习惯。小学生财商课程的实施主要以小组参与的方式进行，团队的建立是活动开展的基础；在这里他们自由参与，彼此分享，激发新想法，实施新项目，共同创业以及开展其他活动。

2. 关于钱的那些事儿

在当今社会中，金钱相伴着我们每天的日常生活，我们需要用钱来获取需要的东西。即便是在物物交换的社会里，我们同样需要使用金钱去满足一些基本的需求。"钱"是什么呢？它有哪些特点、哪些功能？各国的钱有什么文化内涵？了解了"钱"，才能正确地认识钱，更好地去使用钱。

3. 钱从哪里来

通过上一单元的学习，学生对"钱是什么"有了全面的认识，有了一定的货币学和金融知识。对于钱从哪里来，学生也并不陌生，但是因为没有客观深入地认识和体会，学生往往在面对金钱的时候并不珍惜，尤其是现在的学生，条件普遍较好，他们不用去管家庭的开支和收入之间有什么关系，也不用考虑物质上的需求会不会超出了家庭的承担，对花钱没有概念。数据显示，我国城市儿童对金钱的理解较为传统，金钱观比较淡薄，追求财富的动机不强，因而从小树立正确的金钱观、价值观十分重要。本单元的重点是了解钱的来源，明白"劳动与金钱的关系"，体验各种职业的意义，树立职业理想，培养正确的金钱观、价值观以及勤俭节约的好习惯，为下一阶段合理消费、计划消费打下基础。

4. 消费的学问

随着人们生活水平的提高，物质条件的改善，大多小学生都有一定的零用钱可以自主消费。不少家长并不放在心上，认为这是笔小钱，可以任学生消费。于是一些小学生便不满足于爸爸妈妈给他们准备好的衣着、吃用，而想要自己挑选和购买高档的、时髦的东西。这就使相当一部分小学生养成了敢花钱、乱花钱，整天零食不离口、玩具不离手的坏习惯，使一些学生从小养成了追求享受、铺张浪费的不良品质，从而影响了他们正确的价值观的形成，在一定程度上也妨碍了他们心理的健康发展。因此，引导小学生正确消费是一个急需解决的实际问题，也是学校、家庭和社会所应共同承担的责任。

5. 生财有道

上个单元理财教学注重培养学生良好的金钱观和消费观，而对于如何合理合法赚钱的知识与技能的培养将是本单元设计的主旨。随着家庭生活水平的提高，有的学生已经初步形成理财观念，因此要鼓励他们把观念转化为行动，养成良好的理财习惯，从而提高小学生的理财能力，培养其财商素养，使其树立起正确的消费观和金钱观，促进小学生的全面发展。

6. 儿童创业

儿童创业是一个比较新鲜的话题。理财当中离不开创业的实际体验。所谓"天生创业者"并非天生，而是后天教育过程中传达的意识形态与价值观，一种骨子里的信念和行为方式。在这一单元，主要是学习什么是创业和如何创业，对创新创业中遇到的实际问题进行分析。丰富的案例训练让学生对创业过程中可能遇到的问题有了深刻的认识，有效地提高了学生创业成功的概率。

（三）财商课程不同学段各板块的内容设计

1. 团队建设

对于低段的学生，主要是让其明白团队有什么作用，自己在团队中该做些什么，明白在团队活动中需要大家讨论才能做出决定，建立团队规则。对于中段的学生，更重要的是培养其良好的团队合作意识，使其能够认识自我利益与团队利益的关系，协调与团队的关系，进而自觉地遵守团队规则。对于高段的学生，主要是教会他们如何开展团队分工、规划团队项目，明白团队活动需要有组织、有计划、有目的、有方案地开展。本单元根据低、中、高段发展特点，设计不同的活动，组建团队，促进团队成员间快速相互熟悉，制定规则，形成默契，为后面的财商活动奠定基础。

2. 关于钱的那些事儿

小学低段是财商素养启蒙阶段，在本单元，重点从货币的作用、人民币、世界各国货币、货币交易等几个方面设计财商课程，对学生进行货币学知识的教学，并设计相应的班级活动、亲子活动，引导学生在活动中对"钱"有一个全面的认识。小学中段在此基础上拓展一些金融学上的简单概念和多样的货币形式，使学生了解货币承载的文化元素，明白货币除了用于交易，还可以用于收藏、增值；知道生活中除了实际的货币交易，还有信用卡消费，明白信用卡的作用，培养一定的风险意识和诚信意识；了解世界各国货币的关系和汇率，为高段学习货币的增值和贬值奠定基础。小学高段并未停留在实际存在的货币形式上，而是拓展了现在各种虚拟货币形式，拓展学生对货币的了解。本单元涉及的都是一些比较枯燥的金融知识，加上信用卡、世界各国货币的兑换影响货币增值与贬值的多种因素、虚拟货币等在实际生活中都比较复杂，因而老师在教学设计中需设置情境，开展多种体验活动，充分联系生活，引导学生学在其中，乐在其中。

3. 钱从哪里来

对于低段学生，主要是让其了解金钱的来源，明白劳动可以换来金钱。设计相应的班级活动和家庭调查活动，使学生了解爸爸妈妈的职业，知道家庭经济的来源，对自己的家庭经济有个初步的认识。使学生了解物品从哪里来，在劳动中感受挣钱的不易，培养节俭的意识。中段学生主要了解各种职业的特点和社会职能，明白不管是哪种职业，都可以创造财富。同时，明白创造财富不仅要靠劳动，还需要智慧，智慧还可以创造财富以外的其他社会价值。在相应的班级活动和亲子活动中，开设身边的职业调查、职业体验和当管家活动，让学生参与实践，亲身感受，帮助学生进一步了解职业，了解自我的职业向往，树立目标，培养积极向上的人生态度。高段在中段体验职业的基础上要对自己的职业进行规划。职业规划教育是实施素质教育的有效手段，随着社会的快速发展，职业规划已显得尤为重要，关系到未来人才的质量和发展方向，而认识自我、认识职业、认识教育与职业的关系、学会职业决策是中小学生职业规划的重要内容。为帮助和引导中小学生开展早期规划职业，使他们在未来能做自己最想做的事，做最好的自己，应将理财技巧、金融知识作为财商教育的重点，不仅如此，培养学生正确的金钱观念更是重中之重。

高段的学生应该对"金钱"有全面客观的认识，知道钱能做到的和不能做到的事。在相应的班队活动中，也设置了相应的讨论活动，以培养学生合理理财、正确对待金钱的意识。

4. 消费的学问

小学 1、2 年级是认知与习惯养成的重要时期。因此低段课程设计专为 1、2 年级学生对于金钱和时间观念的启蒙认知所研制。其实，通过开心购物节的体验，对小学生来说，零花钱让他们首次接触了"钱"的概念，在如何获取、支配和使用上，都有讲究。低年级的小朋友购买一些物品时应该多与家长交流，可以征求一下父母的意见，在"想要"和"必要"之间懂得花该花的钱，不乱花钱，有计划地消费，初步懂得一些选择商品的知识。

中段教学引导学生计划消费，在满足部分愿望的同时，要节制其他欲望，懂得取舍，不能想要什么就买什么。引导学生建立合理的消费观念，从而懂得按需购物、货比三家，明白商品的性价比。通过探究，了解商品的价格会因各种自然因素和人为因素而发生变化，知道讲价钱的学问，选择比较优惠的策略来购物。

　　高段课程要求学生能说出几种常见的促销形式，并能记忆、分析和比较，认识捆绑消费的陷阱，做个聪明的消费者。了解网购、电话购物等新型购物方式的优点与存在的风险，并学会合理选择，初步建立勤俭节约的理财意识。

　　5. 生财有道

　　低段课程设计关注巧妙使用零花钱，借"零花钱巧用"使学生树立正确的金钱观，杜绝攀比、炫耀的现象，不挥霍，不浪费，具备理财意识。同时在体验存钱的过程中初步了解去银行办理储蓄卡的基本知识，认识各种银行的标志，养成勤俭节约的好习惯。

　　中段课程设计引导学生自主合理地使用零花钱，培养合理用钱、计划用钱的观念，养成勤俭节约的好习惯。同时，通过计算比较，了解不同储蓄形式的特点，模拟实践中根据个人收入情况选择合适的储蓄方式。

　　高段课程设计让学生了解现金流的意义，认识银行产品的保险与风险，体验风险与收益是共存的，认同分散投资是降低风险的有效方法，不将储蓄全部用于风险性投资。在相应的活动设计中引领学生区分生活中的消费与投资，认同现阶段最重要的是充实自己，投资自己的未来。

　　6. 儿童创业

　　低段儿童创业体验课程很有童趣，"我的五星服务""买卖扮演""爱心义卖"等各种游戏让学生们有了创业的意识和兴趣。同时，社会实践——参观公益机构让小朋友明白在理财的同时可以实现对他人的帮助，在获得财富回报的同时也收获精神财富。

　　中段课程设计引领学生了解我们生活的商业世界，了解义卖的学问，了解广告的奥秘，体验爱心义卖活动。同时了解社会公益结构，知道公益可以帮我们实现物质财富与精神财富的平衡，实现个人价值与社会价值的统一。

　　高段课程设计让学生了解企业家创业之路，学习设计创业方案、项目策划。通过参与爱心义卖的活动设计让学生学会对自己的义卖物品进行成本计算、利润的测算，并能制定出合理的价格，此外，了解慈善筹款的渠道，参与社会公益实践。同时，高段课程还引领学生初步认识网络营销，明白网络营销是利用数字化的信息和网络媒体的交互性来辅助营销目标实现的一种新型的市场营销服务方式。

　　通过对儿童心理发展的研究以及国内外儿童财商发展的特点研究，我们确立了每个学段儿童财商课程的培养目标。结合学校特色以及不同学段的目标，我们设计了专用的财商课程框架。不同年级段有较大的差异化，他们课程的比重也有较大区别。

表 3-1 财商课程框架

		低段	中段	高段
财商课程设计	【第一单元】我们的团队	建立团队（明白团队的意义）	建立团队（明白合作的意义）	建立团队（明白组织、计划、规则的意义）
	【第二单元】关于"钱"的那些事儿	1. 货币探秘 2. 货币时间 3. 有趣的硬币 4. 人民币的一生（辨别假币） 5. 世界各国货币博览会 6. 金钱的作用	1. 货币元素与文化 2. 货币的收藏 3. 世界各国货币（汇率） 4. 信用卡的秘密	1. 货币的价值（货币贬值、货币增值） 2. 虚拟货币
	【第三单元】钱从哪里来	1. 金钱来源 2. 劳动创造财富	1. 我们的职业 2. 智慧创造价值	1. 我的职业规划 2. 钱给我的感觉
	【第四单元】消费的学问	1. 开心购物节 1 2. "想要"和"必要" 3. 购物计划 4. 商品的选择知多少 5. 开心购物节 2	1. 计划消费 2. 商品性价比 3. 讲价钱的学问 4. 消费者的保障 5. 开心购物节	1. 促销活动的奥秘 2. 网购的学问 3. 捆绑消费的陷阱 4. 影响消费的因素
	【第五单元】生"财"有道	1. 零花钱的巧用 2. 我要存钱去 3. 旧物利用巧理财	1. 我的零花钱我做主 2. 我的储蓄计划 3. 还可以储蓄什么	1. 银行产品的保险与风险 2. 现金流的意义 3. 梦想存钱罐
	【第六单元】儿童创业	1. 我的五星服务 2. 买卖扮演 3. 爱心义卖 4. 社会实践：我为学校服务	1. 广告知多少 2. 我们生活的商业世界（上） 3. 我们生活的商业世界（下） 4. 社会公益结构 5. 义卖的学问 6. 爱心义卖活动	1. 创业之路（企业家的精神） 2. 我们的创业方案 3. 项目策划 4. 爱心义卖的活动方案 5. 网络营销 6. 慈善筹款的渠道 7. 社会公益实践

表 3-2　班级活动方案

		低段	中段	高段
班级活动方案	【第一单元】我们的团队	建立团队（班级小组）设计团队任务，明白团队的意义，认识自己在团队中的作用	建立团队（班级小组设计团队任务，体现团队协作作用）	1.建立团队（设计团队活动，明白组织、计划、规则的意义）
	【第二单元】关于"钱"的那些事儿	1. 货币的成长 2. 人民币的游戏（亲子活动的兑换，班级分享） 3. 世界各国货币交流活动（找找家里有哪些国家的货币，让家人讲讲它的来历，在班队活动中分享） 4. 了解除了钱之间的交易，现在还有哪些交易方式？（调查活动）	1. 货币上的文化（选择一个国家的货币调查货币上的文化） 2. 阅读文章《人民币背面的风景》，交流心得 3. 家里最老的"货币"调查活动	1. 银行货币兑换体验活动 2. 调查家里使用虚拟货币及用途
	【第三单元】钱从哪里来	1. 爸爸妈妈的工作（调查活动） 2. 我的玩具从哪里来？ 3. 今天我当家（劳动挣钱）	1. 职业调查（3 种以上） 2. 职业体验活动（相关机构亲子活动） 3. 我当大管家	1. 社会实践（2 小时，我可以挣多少钱？） 2. 家人讨论"金钱观"
	【第四单元】消费的学问	1. 我要买…… 2. 家庭购物计划 3. 超市购物活动	1. 家庭购物计划 2. 我是购物小达人（讲价钱） 3. 我的选择（确定三种物品，做市场调查，选择在哪一家买）	1. 市场促销方案调查活动（3 种以上） 2. 我会网购（体验活动） 3. 家里办的消费卡（调查来源和作用） 4. 家庭一月收支分析
	【第五单元】生"财"有道	1. 我的小账本 2. 银行全接触（参观银行） 3. 旧物制作（班级分享）	1. 我的零花钱分配 2. 储蓄体验 3. 我的时间管理	1. 银行产品大调查 2. 家里的投资利润与风险分析 3. 我的一月现金流 4. 我为梦想储蓄

		低 段	中 段	高 段
班级活动方案	【第六单元】儿童创业	1. 我的产品（小销售员演示） 2. 社区义卖（班级分享） 3. 关爱山区儿童	1. 我为产品写广告 2. 走进万达广场（逛广场的经历分享） 3. 社区义卖 4. 学校爱心义卖总结	1. 班级活动策划 2. 商业中心大调查（选择一个商业中心调查商家经营模式） 3. 义卖活动策划 4. 爱心义卖活动总结（利润、营销、服务、市场） 5. 网络营销调查 6. 让我的爱来温暖你（筹集善款对应帮助一个生病需要善款救治的人）
		学段总结课	学段总结课	学段总结课

三、各学段财商课程教学设计和班级活动方案

前面已经阐述，本课程的框架中包括财商课程和相对应的财商班级活动，本章将从分别整理出三个学段的财商课程教学设计和班级活动方案，作为老师们开展财商活动的参考。

（一）低　段

第一单元　　狮山团队建设

【活动背景】

每个人的能力都有一定限度，善于与人合作的人，能够最大限度发挥彼此的作用。财商的培养也离不开团队的合作，因而财商课程的实施也主要以小组参与的方式进行，团队的建立是活动开展的基础；但低段的孩子还不太明白什么是团队，团队有什么作用，自己在团队中该做些什么。本活动的目的就是让学生明白团队的意义，感受在团队活动中需要大家讨论才能做出决定。

【活动要点】

（1）了解课程；

（2）建立团队；

（3）制定规则。

【活动对象】

一、二年级学生。

【活动目标】

（1）建立团队，了解课程；

（2）积极参与团队活动，学会互相尊重。

【活动准备】

卡纸，彩笔。

【活动过程】

（1）介绍财商课程：

① 讲胡小闹《我想做个有钱人》的故事：

"成为有钱人"一直是胡小闹的最大理想！特别是面对班级的富家子弟——苏西坡的狂傲与自大，胡小闹心里那个气呀。于是他发愤图强，发誓要成为一个有钱人。可是有一天，班里却新转学来了一位与众不同的同学——钱多多。他名字看似钱很多，其实穿着打扮却是全班最破旧的一个。这个很"特别"的钱多多居然还告诉胡小闹：他每天都在为爸爸打工，并且18岁以后爸爸就要把他从家里赶出去！ 一次偶然的机会钱多多带胡小闹来到自己的家里，钱爸爸每个星期六都给胡小闹、钱多多、苏西坡上财富课，并且让胡小闹、钱多多、苏西坡第一次用智慧赚钱，学会如何花钱，如何管理钱。

② 你们想成为有钱人吗？这门课程即将带我们走进"财"的世界。我们这门课将会有自己流通的"钱"——狮山币，以后大家有很多机会挣得狮山币，购买自己想要的东西。在这之前，我们先来玩一个游戏。

（2）游戏分组：

① 玩考反应游戏，大家围成一个圈，老师说几个同学就几个同学手拉手在一起。

② 最后一轮老师喊出每组人数6人，分出小组。

（3）建立团队：

刚才大家通过游戏找到了自己的队友，以后你们就是一队了，就像一个小家庭，你们可以一起来挣得狮山币，但每个人的表现都将影响你们这个家庭狮山币的积累。为了让大家更了解自己的队友，接下来团队要一起完成一个任务。

① 每组十分钟，共同为团队取一个名字，设计团队名片。

② 小组一起到台上介绍本组是如何设计的，老师根据小组的介绍和名片设计的特色发狮山币。

（4）建立团队规则：

① 团队行动和个人活动不一样，在团队活动中我们要怎么做呢？根据下面的提示，共同约定你们组的规则。

提示：

• 小组内的分工是一成不变的吗？（可以轮流担当）

• 小组活动时应该注意哪些纪律问题？

• 怎样保证每个人都积极地参与？如果有人不参加小组活动怎么办？

• 如果小组内在讨论时意见不统一、发生争执，该如何处理？

• 这些规则大家都同意吗？如果有人不能遵守该如何处理？

② 确定规则后，大家签上自己的名字。

（5）团队游戏：

① 设置一些障碍，让每个学生体验"盲人"的角色，穿过障碍，体验盲人的无助、艰辛。

② 团队中只有一人看得见，当"拐杖"过障碍，其他同学相互搭着肩跟着这个同学走，体验信任与被信任的幸福。

③ 分享活动感受，体会在团队中互相帮助、相互信任。

（6）活动延伸：

思考每个小组成员的一条优点或特点，并且写下来。

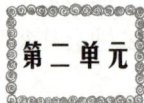

第二单元　关于钱的那些事儿

《货币探秘》教学设计

【设计背景】

关于货币的相关知识比较复杂难懂，对于低段的学生来说，更是离他们的现实生活很遥远。因此，教师在教学设计之前，应该考虑到这些因素。在教学设计中尽量联系学生的生活实际，设置一些情景和游戏，帮助学生理解、运用。

【教学目标】

（1）了解货币的三种职能；

（2）了解货币的发展。

【教学对象】

小学低段学生。

【教学准备】

白纸，彩笔，盒子，各种小道具，模拟币。

【教学过程】

（1）导入：

① 视频导入：课件出示不同面值的人民币，播放视频"钱是什么？"

② 游戏激趣：

小游戏：从盒子里摸东西。（盒子里有玉米、钻石、元宝、盐、贝壳、银行卡等）

• 学生交流：这些东西是货币吗？

• 老师揭秘：是货币，被公众认可的一种交易工具。

（2）介绍货币的职能：

① 故事引入：

"草原部落能生产牛奶，森林部落能生产蜂蜜，草原部落用牛奶交换蜂蜜，森林部落用蜂蜜交换牛奶。海洋部落能生产盐，用多少蜂蜜、多少牛奶能交换一袋盐呢？海洋部落就用盐为牛奶和蜂蜜定价。"

（价目表：4袋牛奶=1袋盐，2罐蜂蜜=1袋盐）

货币的另一种职能——标价。

② 怎么保存蜂蜜和牛奶呢？两个部落的人遇到了山顶人，山顶人能生产金属，他们就用牛奶和蜂蜜交换金属，金属容易储存，这是货币的第三种职能——贮藏。

③ 说出货币的三种职能。

（3）货币的发展：

① 任务：剩者为王。出示物品，学生判断是否属于实物货币。盐、大米、咖啡豆、贝壳、珍珠。

② 介绍货币的发展：实物货币、金属货币、纸币、电子货币。（注：配合相应实物图片）

总结：

物物交换—金属货币—金银—纸币

③ 课堂活动：小组合作，发挥想象和创意，每个小组利用一张白纸和彩笔制作货币发展时间轴，包括货币发展的每个阶段。

④ 小组上讲台交流货币发展时间轴。

⑤ 常见的货币种类：

同学们，随着时代的发展，你还知道哪些货币的种类？和小组同学交流吧！

（纸币、硬币、实物货币、代用货币、信用货币、电子货币）

⑥ 虚拟货币：虚拟货币是指非真实的货币。知名的虚拟货币如百度公司的百度币，腾讯公司的 Q 币、Q 点，盛大公司的点券，新浪推出的微币（用于微游戏、新浪读书等）。

（4）活动总结：这节课你收获到了什么？

（认识了不同时期的货币，并且了解了货币的发展史。）

（5）活动延伸：

① 向父母介绍货币的职能和发展；

② 制作海报；

③ 回家绘制一张"货币演变"的大树图。

《有趣的硬币》教学设计

【设计背景】

硬币的诞生源于商品交换，但是经过数千年的演变，使得硬币除保留货币功能以外还派生出其他功能。教学生总结并认识这些功能，对开展世界各国货币的收藏、加强对硬币的研究并促进其发展都有极其重要的意义。

【教学目标】

（1）和纸币进行对比，了解硬币存在的意义以及好处；

（2）了解各国硬币的图案以及背景，让学生了解硬币的教育意义。

【教学对象】

小学低段学生。

【教学准备】

（1）和家人收集家里各个国家的硬币；

（2）课前查找相关资料，准备要介绍的硬币图案、背景；

（3）变魔术需要的小道具；

（4）相关 PPT。

【教学过程】

（1）回忆引入：

同学们，上节课我们了解了各国的纸币，请大家回忆一下。你都了解了纸币的哪些相关知识？

（由旧知引入，不仅能够唤起学生对纸币的回忆，也为后面了解硬币时和硬币进行对比打下基础。）

（2）激趣引入：

① 看来大家对上节课的知识都记得很牢，老师要奖励给同学们一个魔术，谁想上来和我一起互动？

② 老师变魔术，和学生进行互动。

③ 教师引入本节课话题：一枚小小的硬币竟然这么好玩，今天我们这节课的内容就和硬币有关。

④ 板书课题：有趣的硬币。

（通过这个环节，激起了学生学习的兴趣，寓教于乐。）

（3）认识各国硬币：

① 播放课件，认识各国的硬币：

• 金字塔硬币。

• 帕劳共和国的海洋硬币。

• 库克群岛复活岛的巨石人像硬币。

• 帕劳共和国的珍珠硬币。

• 索马里 3D 硬币。

• 科特迪瓦的猛犸象牙硬币。

② 观察、交流：

• 看了各国的硬币，哪些给你留下了深刻的印象？为什么？

• 学习小组的同学互相交流一下，来，看看交流的要求。（课件出示交流的要求）

• 来吧，把你们刚才交流的内容在全班进行交流。

• 学生演讲自己最喜欢的硬币。教师在听交流的过程中相机介绍每种硬币的独特之处。

• 小组投票选出本组最喜欢的硬币。

（4）游戏：谁更贵？

用动作表示 A 或 B 的选择情况。

① 英镑 5 便士　　　英镑 2 便士

② 英镑 50 便士　　　英镑 1 镑

③ 人民币 1 元（2000 年发行牡丹花图案）

人民币 1 元（2001 年发行菊花图案）

（5）纸币 VS 硬币：

① 你更喜欢纸币还是硬币？为什么？

② 大家说的都有道理，老师给同学们带来了一张图表，先请小组的同学共用一张表格讨论完成。

	纸币	硬币
优点		
缺点		

③ 小组发言人起来交流表格的内容，相同的不重复，不同的进行补充。（教师归纳学生发言的内容并在黑板上板书）

④ 通过这个表格，你发现了什么？

• 硬币的流通寿命远远高于纸币；

• 硬币有利于自动售货机、停车场自动收费机、公交地铁售票运用，方便人民生活；

• 硬币有利于净化现金流通环境，减少病菌传播；

• 硬币有利于节约自然资源。

教师总结硬币的好处、意义。

（充分发挥了学生的主体地位，通过小组学习、讨论，使学生了解了硬币的好处以及意义，教师在教学当中只是进行参与、引导、主持。）

（6）活动延伸：

① 回家拿一个硬币给家人变一下这个魔术；

② 给家人介绍你最感兴趣的一枚硬币。

《人民币的一生》教学设计

【设计背景】

人民币到底是在哪儿印刷的？怎样印出来的？印出来以后又如何运送、回收？很多学生对此很好奇。对于低段的学生，在数学活动中已经多次有单独购物的任务，因此，教会学生如何辨别人民币的真伪也很重要。

【教学目标】

（1）让学生清楚人民币的一生是怎样的。

（2）知道了人民币的一生以后有什么感受？

（3）让学生了解如何正确对待人民币。

【教学对象】

小学低段学生。

【教学准备】

课件，狮山币，视频。

【教学过程】

（1）导入：

① 情境引入：

· （播放课件）同学们，你们知道人的一生是怎样的吗？今天，老师将要播放一段视频，让我们来了解人的一生吧！

· 人民币有它出生一直到销毁的过程，也会和人一样度过它的一生。

· 出示主题：人民币的一生。

② 玩游戏——排排序：

· 学生根据打乱了的词语进行排序，教师相机引导：人民币的出生—人民币来到我们身边—人民币离开我们。

· （看视频揭示答案）

人民币的一生：制版—印刷—检查—裁切—封存—流通—销毁。

· 每个小组获得一张人民币制作过程中某一环节的卡片。

· 组长带着卡片在讲台上排序，组员帮着思考怎样排序才是正确的。

通过课件展示整个过程：近年来有关部门经验数据表明，人民币的诞生需要经过几十道工序，纸币寿命却非常有限，少则 18 个月，多则也仅有 36 个月。

· 学生谈感受

（2）爱惜人民币：

① 从生活中出发，去观察、发现：

· 同学们，人民币的诞生需要经过几十道工序，可是寿命却非常有限，在我们的生活中你发现有哪些不爱惜人民币的行为？

· 学生在全班进行交流。

② 角色扮演，从反面行为去反思：

• 既然大家在生活中见到了这么多不爱惜人民币的行为，那这样，请同学们以学习小组为单位，自己选择一个情景，等会儿上来情景再现。请小组长分配好角色。

• 学习小组自主练习。

• 汇报展示。

• 看了这些同学的汇报表演，你们都有什么样的感受？

• 课件展示：用许多硬币做成一个碗；恶搞人民币上的人像；将硬币做成戒指。这些都是违法的行为。（出示相关法律文件）

• 教师小结：变造人民币、损毁人民币都是违法行为，情节严重者，将依法追究刑事责任。因此，我们要珍惜和爱护人民币。

（3）真假人民币：

① 辨别真假：

课件出示：同学们，你们是怎么样判断人民币的真假呢？（学生交流）

第五套人民币 100 元纸币防伪七大招：

• 防伪线：变各种颜色；上面印有 100。

• 100：由黄色切换到绿色。

• 毛主席水印。

• 正反面左下角：由断开的 100 变成连贯的 100。

• 编码：有横竖两组编码且颜色不同。

• 左下角旁边：水印 100。

• 凹凸感。

补充招数：验钞机。

② 如何对待假币：

• 同学们，你们收到过假币吗？或者你的家人收到过假币吗？他们都是怎么做的？

• 那收到假币究竟是交给银行还是警察呢？

• 在取款机上取到假钱：

若数额小，则交给银行：对准 ATM 镜头，然后将假币举起对准摄像头，编码部分拍清楚；去银行交涉。

若数额大，则报警。

（4）小组比赛，回忆本课重点内容：

① 同学们，通过这堂课的学习，你都有什么样的收获？

② 回忆这节课的内容，人民币一生的几个环节都有哪些？

③ 我们应该怎样爱惜人民币？

（5）活动延伸：

回家拿一张第五套百元人民币教家人如何辨别真伪。

《世界各国货币博览会》教学设计

【教学背景】

为了培养学生的理财意识和能力，使其初步学会用数学知识解决生活中的经济问题，我们根据主题适当进行拓展。寒暑假到来的时候，孩子们纷纷到世界各地去玩，因此，会接触到各个国家的货币。但对于世界各国货币的异同、货币的兑换等他们还不是很清楚。设计这堂课的目的是开拓学生的视野，使其对常见的货币有更深的认识。

【教学目标】

（1）认识多样的世界各国货币；

（2）了解世界各国货币的异同点；

（3）开拓学生的视野，并对常见的货币有更深刻的认识。

【教学对象】

小学低段学生。

【教学准备】

人民币样票，资料，课件，各国货币。

【活动过程】

（1）知识回顾：

① 货币是什么？

② 货币的职能有哪些？

③ 货币发展的阶段。

（2）了解世界货币：

① 游戏引入：

同学们，老师手里有一个神秘信封，你们来摸一摸，看看里面是什么？（发放神秘信封内，装有各国货币，使学生初步认识各国货币。）

你认识它们吗？

出示课件，展示各国货币：人民币、美元、日元、英镑。

货币之最，你来猜：

• 目前世界上最大面额的货币是什么吗？

匈牙利"帕戈"币

- 世界上最值钱的货币是什么？（以实时汇率填入）

1 美元≈_____元人民币

1 英镑≈_____元人民币

1 赛堡尔加≈_____元人民币

小结：世界上最值钱的货币是赛堡尔加，约合人民币 38 元。

- 世界上最复杂的货币是什么？多布拉币

（3）小组探讨，寻找世界各国货币的异同点：

① 信封里的货币有什么共同点、不同点（小组交流）；

② 给学生发不同的货币（美元、欧元、日元、英镑、港币、台币），每个组发三张，请学生自己认。填写表格：

币种	样币	货币符号	代码	全称
美元				
欧元				
日元				
英镑				
港币				
台币				

教师举例：

币种	样币	货币符号	代码	全称
人民币	图	￥	CNY	China yuan

③ 请学生观察代码和全称的关系。

④ 请不同小组分别上台来完善表格。学生边贴老师边讲解。

⑤ 认识货币上的图画。

- 展示日元：教育家福泽渝吉、作家樋口一叶。

欧元：

问：为什么欧元上面没有人，只有门、窗、桥？

解答：代表了合作、开放和沟通。日本是因为历史文化原因，欧洲是因为政治原因。

- 港币：

问：为什么港币有些是中国银行香港分行发行的，有些是汇丰银行发行的，有些是渣打银行发行的？

解答：因为历史原因造成的。香港在英国对其实行殖民统治早期在香港成立的汇丰以及总部在伦敦的渣打就开始发行钞票，除了日占时期以外，这个做法一直保持至今。

总结：货币就是国家的名片。

（4）教学拓展——我为大家介绍一种货币：

每组选择一种货币，上台为大家介绍。

（5）活动延伸：

回家和父母一起了解一种货币的小知识，请爸爸妈妈讲一讲这张外币是怎么得来的，并完成题单。

姓名	班级	得分
了解的货币（贴图）		
货币小知识		
怎样得到这张货币的		

《金钱的作用》教学设计

【设计背景】

随着社会经济的发展，人们的生活水平日益提高，如今孩子可支配的零花钱也越来越多，加上家长们的宠爱，造成了很多问题。因此，培养孩子养成良好的财务习惯及树立正确的价值观非常重要。本课围绕金钱的本质、用途及获得等问题展开，通过查找和收集资料，提高学生的分析辨别能力，进而帮助学生树立正确的金钱观。

【教学目标】

（1）能够运用所学知识并联系现实中人们对金钱的不同看法，从货币的本质及职能方面来说明应该如何正确对待金钱。

（2）通过查阅资料、社会调查等多种方式进行调查研究，提高学生搜集信息、整理信息的能力；通过对不同金钱观的辩论，提高学生展示自我和表达的能力。

（3）通过本次教学活动，使学生树立正确的金钱观，做到君子爱财，取之有道，用之有度；并使学生树立理性消费的观念。

【教学对象】

小学低段学生。

【教学准备】

课件，问卷调查表，情景剧排演。

【教学过程】

（1）导入：

① 同学们，中国俗语中有这样一个说法："钱不是万能的，但是没有钱却是万万不能的。"

② 同学们，你们是怎么看待金钱的呢？（学生交流）

（2）交流问卷调查表：

① 课前，老师让同学们分小组进行问卷调查，现在，就把你们调查到的内容在学习小组内进行交流。

"我的金钱观"调查表

姓名：_____ 通信地址：_____

性别：□男　　　　　　□女

年龄：□25 岁以下　　□25～35 岁　　　□35～45 岁　　　□45 岁以上

你的职位：□学生　　□教师　　　　□一般职员　　　□农民

　　　　　□单位高层领导　　　□其他

（1）有人说"金钱乃万恶之首"，你认为：

　　　　□合理　　　　　□不合理

（2）"钱财乃身外之物，不必追求，够用就行。"你认为这个观点：

　　　　□可取　　　　　□不可取

（3）某企业家主张"努力挣钱，快意人生，回报社会"。你认为：

　　　　□可取　　　　　　□不可取

（4）古人说："君子爱财，取之有道。"这个"道"是：

　　　　□方法、技巧　　　□道德和法律

（5）有人说："金钱不是万能的，但没有金钱是万万不能的。"你认为这句话：□合理　　　　□不合理

（6）如果你是学生，那么你的零用钱打算怎么花？

（7）假如你以后（或现在）很有钱，你打算怎么花？

（8）请你提供一句有关金钱观方面的格言。

（请据实作答，谢谢合作）

② 学生在学习小组中交流。

③ 请各个学习小组的发言人上来交流你们的调查问卷。

（3）故事引入，引导学生树立正确的价值观：

① 看来，班上的同学调查问卷做得挺不错的，老师要奖励给大家一个小故事，边听边思考：你从这个故事里知道了什么？（法国著名的将军狄龙讲，

在第一次世界大战时期的一场恶战中，他带领第 80 步兵团进攻一个城堡，被对方火力压住无法前进。狄龙情急之下大声对他的部下说："谁设法炸毁城堡，谁就能得到 1000 法郎。"但是没有一位士兵冲向城堡。狄龙大骂士兵懦弱，有辱法兰西国家的军威。一位军士长听罢，大声对狄龙说："长官，要是你不提悬赏，全体士兵都会发起冲锋。"狄龙听罢，转发另一条命令："全体士兵，为了法兰西前进!"结果整个步兵团从掩体里冲出来。最后，全团 1194 名士兵只有 90 人生还。)

② 钱是不可缺少的，但不是万能的。有许多东西是钱买不到的，如人格、尊严等。

（4）情景演绎——我该怎么做:

① 在课前，我请几名同学排演了一个小故事，现在我们请出这几名同学来演给大家看一看。

② 学生表演情景剧。(有一个学生叫狮狮，在从学校上完晚自习回家的路上，捡到了近万元现金和存款额 10 万余元的银行卡，面对这"突如其来的钱"，究竟应不应该要呢?请同学们思考、讨论一下，帮狮狮出出主意。假如哪天你也遇到这样的事情，你会怎么做?)

③ 学生发表自己的见解，说说"我"该怎么做。

④ 想知道故事的主人翁最后是怎么做的吗? (狮狮和父母想方设法找到失主并谢绝了 8000 元的酬谢，还将区里奖励的 2000 元"美德基金"转赠给了学校基金会，用于资助那些最需要帮助的人。)

⑤ 同学们，这个事件的结局给我们什么启示呢?

⑥ 教师小结:"金钱是什么? 金钱是浇花的水。浇得适量，可以使花木健壮，繁花似锦，花开四季鲜艳夺目。浇得过量，就使得花木连根腐烂。"对于金钱我们要有正确的认识和态度:要取之有道、用之有度，真正成为金钱的主人。

（5）活动延伸:

回去给爸爸妈妈讲讲狄龙将军讲的这个故事。

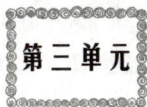

第三单元　钱从哪里来

《你们从哪儿来?——财富来源》教学设计

【设计背景】

在学校，我们经常发现许多功能完好的学习用品却被丢弃在各个角落:

教室中捡到的铅笔和橡皮可以装满整个失物招领盒却始终无人认领；操场的栏杆旁每天都会挂上不同的跳绳、校服、红领巾……

在物质丰富的今天，孩子们对于身边的物品抱着"理所当然"的态度，不知它们是消耗了哪些宝贵能源、历经了哪些制造过程、花了多少钱才能得到，更不知这样的钱财是父母付出了怎样的劳动才能获得。

知道物品的来源和金钱的来源，培养珍惜物品、节俭的品格，是孩子们树立正确金钱观的重要一步。

【教学目标】

（1）知识与技能：了解身边常见物品的生产过程；掌握金钱的几种获得方式；知道父母的职业及其报酬的获得途径；知道"利润"与"服务"等基本概念。

（2）过程与方法：体验简单的调查活动；能与大家交流和分享自己的调查结果；认真聆听别人的发言，能从别人的发言中有所收获或得到启发。

（3）情感态度与价值观：体会物品与金钱都来之不易，要珍惜、节俭。

【教学对象】

小学低段学生。

【教学准备】

课前财商活动单《文具文具从哪儿来》《爸爸妈妈的工作》，课件。

【教学过程】

（1）课前活动回顾——物品生产来之不易，物品需用金钱购买，金钱由劳动创造：

教师引导：在课前的调查活动中（详见本单元相应活动方案），我们了解了各种文具的生产过程，回忆一下，它们的生产过程是怎样的？你还能再说一个文具的生产过程吗？它用到了哪些能源，经历了哪些工序？

教师引导：浪费这些物品，既是在浪费地球上的资源，也是在浪费自己的钱财。小组内交流，说说为什么浪费物品既是浪费钱财也是浪费资源？

学生分组讨论浪费造成的资源损耗和购买这些物品的金钱来源（父母劳动所得等）等问题。每组由代表整理并发言。

教师总结：物品生产来之不易，物品需用金钱购买，金钱由劳动创造。

（2）了解金钱的多种获得方式：

教师引导：用劳动创造金钱，是最基本、最稳定、最必需的金钱获得方式。获得金钱其实还有很多种方式。看图，说说这些人是怎样获得金钱的。

学生看图抒发自己的观点。教师板书关键词，适当小结。

• 学生看图发言，教师小结：工作所得。这样的金钱，是我们之前一直提到的，是由劳动创造的，我们称为"挣得的"。

• 学生看图发言，教师小结：通过比赛等得到了奖金，这叫"赢得的"。

• 学生看图发言，教师小结：这种未经自己的付出与努力得到的，叫"意外收入"。

• 学生看图发言，教师小结：别人自愿送给你，这叫"赠予的"。

• 学生看图发言，教师小结：这叫遗产，是"继承的"。

• 学生看图发言，教师小结：一般是向银行借钱。这样得到的钱叫"贷款"，是"借来的"，需要你偿还，甚至要还更多，多出来的叫"贷款利息"。

• 学生看图发言，教师小结：把暂时不用的钱借给一些公司，这些公司赚钱后，把赚到的钱分一些给你，这种获得钱的方式叫"投资"。

教师总结：我们一起来整理一下，金钱有哪些获得方式。

工作收入	挣得的
比赛奖金	赢得的
中彩票或捡到的	意外收入
礼物、红包	赠予的
遗产	继承的
股票、基金、证券	投资的
……	……

（3）劳动创造财富！——剖析"利润"和"服务"两种创造财富的方式：

① 讨论哪种是最基本的金钱获得方式：

教师引导：虽然金钱的获得方式有很多种，但你觉得哪种金钱获得方式是最基本的？小组讨论，说清理由。

学生陈述自己的观点，并说一说为什么"彩票""红包""遗产"等不是最基本的金钱获得方式。

教师总结：大家解释得非常好。因此，我们必须拥有自己的工作。通过工作，我们不仅可以较为稳定地获得金钱，同时也为这个社会做了一些有意义的事。

②剖析"利润"和"服务"两种创造财富的方式：

• 商人与利润：

教师引导：听老师讲故事。在故事里，老师描述的是什么职业？他是怎样创造自己的财富的？

王叔叔每周一都会去一趟批发市场，用 3 角钱进购一些铅笔，用 5 元进购一些笔袋，还会进购本子、橡皮擦、卡片等很多很多东西，方便不同的人挑选。回到自己的小店后，大家能用 5 角钱买到他的铅笔，用 8 元买到他的笔袋……

学生根据故事推测王叔叔的职业及创造财富的方式。

教师引导：像这样把某种物品集中在一起，方便大家采购的人，叫作"商人"。生活中还有哪些商人？作为商人的王叔叔是怎么挣钱的呢？

教师总结：商人把许多大家需要，又不方便一个个去找的东西聚集在了一起，方便大家挑选。他用比较低的价格买到，用稍微高一点的价格卖出去，这多出来的部分叫作"利润"。商人就是通过"利润"来创造自己的财富的。

• 环卫工人与服务：

李阿姨每天早上 4 点就要起床，来到成龙大道，趁汽车不多的时候，她要走到路中间去，一点点认认真真地把道路上的垃圾清理干净。上午，车辆开始多起来，李阿姨就在两边的人行道上，清理吐在地上的泡泡糖、贴在栏杆上的小广告……中午吃饭的时候，李阿姨没有桌子，没有椅子，坐在路边的一块台阶上，打开饭盒，吃着不是很热的饭菜。虽然很辛苦，但是李阿姨却感到很幸福，她说："看到这条路越来越干净，孩子们越来越懂事，不到处乱扔，真的很好……"

学生根据故事推测李阿姨的职业及创造财富的方式。

教师引导：李阿姨是位环卫工人。她让我们的成龙大道干净又漂亮！各行各业都独特而重要，所以我们要尊重每一个为社会付出自己劳动的人。

教师引导：分析一下，李阿姨和王叔叔创造财富的方式有什么不同？

教师总结：像这样牺牲自己的时间和精力，用自己擅长的事情来解决别人的困难或让别人感到更舒心的方式，叫作"服务"。还有哪些职业是靠为别人服务而获得财富的？有时，我们可以靠"利润"来获得财富；有时，我们替别人解决某个困难，靠为别人"服务"来获得财富。长大后，你想从事什么职业？你的职业是靠什么来创造财富呢？

（4）活动延伸：

① 思考：长大后自己想从事何种职业？这种职业是靠什么获得财富的？

② 查阅资料：什么叫"投资"？

③ 查阅资料：小孩可以怎样挣到钱？

《两周！我要实现一个梦想！——劳动挣钱》教学设计

【设计背景】

钱是一种再自然、普通不过的东西了，它只会留在为此付出了努力的人身边。任何人都有通过努力来获得金钱，通过金钱来实现梦想的权利。孩子也不例外。

【教学目标】

（1）知识与技能：深入了解自己目前的需要；了解儿童挣钱的方式；体会欲达成目标首先应制订计划。

（2）过程与方法：掌握"梦想清单"的制作方法；制订自己的"圆梦计划"。

（3）情感态度与价值观：任何人都可以通过自己的劳动和努力来创造财富。

【教学对象】

小学低段学生。

【教学准备】

"梦想清单""圆梦计划"配套活动单，彩笔。

【教学过程】

（1）梦想清单：

① 制作清单：

教师引导：在上一节课，我们了解了"物品从哪里来""钱从哪里来"，明白了"劳动"是创造财富最基本的方式。想象一下，当你拥有一笔财富以后，你最想用这些钱来做什么？这里有一份"梦想清单"（见配套活动单），请你把 10 个你非常想要实现的梦想画一画、写一写。注意，10 个里面至少有 1 个是比较容易实现的，是 10 元以内能搞定的。

学生动手完成属于自己的"梦想清单"。

② 清单自赏：

教师引导：在 10 个梦想中，用红笔圈出最重要的 2 个，用绿笔圈出最容易实现的 1 个。

③ 梦想银行：

教师引导：在最重要的 2 个梦想旁边，分别画上一个长方形，那是你为了实现这 3 个梦想而建造的梦想银行。估计一下，要实现这 2 个梦想，分别会花多少钱。先自己估摸一下，然后在小组同伴间商量一下。

------

④ 梦想践行家：

教师引导：回家后，找 2 个储蓄罐，贴上 2 个最重要的梦想的照片！（梦想可视化）写上目标是在这个罐子里装满多少钱，放在房间最显眼的位置。将你的零花钱、压岁钱与挣得的钱一半存好，一半分配放在梦想银行里。比如，你现在有 100 元，其中 50 元存好不动（今后讲到"投资"时会讲为什么）。剩下的 50 元中，10 元留作零用，40 元为了你的梦想存进梦想银行。

教师引导：有些小朋友会觉得"好慢啊，要等多久才能存够这么多钱啊？！"

除了父母给你的零花钱和压岁钱以外，我们还可以想办法自己挣钱。别去想自己挣钱会如何的不可能、如何的困难，这样想是在浪费时间且阻碍你的步伐。想想可以怎么办到。其实每个人都有实现梦想的能力，这一次，通过自己的努力证明给大家看。看到梦想中最容易实现的那个，也为它画上梦想银行。给你两周，你要怎么实现它？

学生讨论存钱策略。

（2）小孩可以怎样赚钱？

教师引导：大家规划了零用钱的存钱计划。我们来听听别人的故事。看看小朋友除了存下零用钱以外，是怎样实现挣钱的。听了故事后，你能想到哪些办法，利用自己擅长的、可以为别人解决问题的办法来实现挣钱？

（讲述《小狗钱钱》的故事。）

学生分组讨论，并将计划记录在"圆梦计划"里（详见配套活动单）。

教师总结：人人都有实现梦想的力量。今天，大家为实现自己的梦想，制订了详细的零用钱使用计划和挣钱计划。两周后，期待大家圆梦成功！让我们共同分享你的喜悦！

（3）活动延伸：

① 建立三个"梦想银行"（2 个重要梦想，1 个本节课中提到的容易实现的梦想）。

② 给三个梦想银行贴上各自的照片。

③ 和父母商量怎样分配自己的钱，存入梦想银行。

第四单元　消费的学问

《我有 10 元！——开心购物节① 》教学设计

【设计背景】

对一、二年级的孩子来说，购物里包含了很多知识。如：商品的分类、人民币的认识、价签的认读、购物中的计算……本课旨在通过真实的购物活动，引导低段孩子掌握购物中这些最基本的知识。

【教学目标】

（1）知识与技能：理解商品的分类、生产日期、保质期、价签、花费、剩余等基本购物概念。

（2）过程与方法：能准确找到自己想要的商品，能查看商品上基本的信息，能读懂价签，能准确计算自己的购物情况。

（3）情感态度与价值观：体会金钱的支配与使用。

【教学对象】

小学低段学生。

【教学准备】

课件。

【教学过程】

（1）得到 10 元，我会买……

教师引入：在上一个单元的活动中，大家已能通过自己的努力来挣得金钱。我们的好朋友狮狮也不例外。

教师引导：狮狮挣得了 10 元，梦想是自己逛一次超市，想买什么就买什么。假如你是狮狮，你会用这 10 元在超市中买些什么呢？

学生表达自己的想法。

教师出示狮狮的愿望清单：薯片、酸奶、一把新牙刷、玩具赛车。引导学生针对狮狮的愿望清单做出评析——完全超出了预算。

教师总结：看来在购物之前，要想清楚大概会花多少钱，这叫"预算"。比如狮狮就有 10 元的"预算"。还要想清楚，想买的东西的价格是否在预算之内，比如狮狮的玩具赛车，就难以用这 10 元的预算来实现，这时就要对自己想买的物品进行调整。

教师出示狮狮调整后的愿望清单：薯片、酸奶、一把新牙刷。

（2）GO！超市！

① 商品的分类：

教师引导：狮狮走进一家宽敞明亮的超市。这么大的超市，接下来他该往哪儿走？你从图中能否看到什么线索？试着帮助一下一时不知如何是好的狮狮。

教师总结：从照片上来看，狮狮现在在水果区。如果要买薯片的话，应该找到零食区。如果是牙刷的话，应该找到生活用品区。为了方便大家找到各自需要的东西，我们把同种类的东西放在一起，这叫"分类"。

② 包装袋上的信息：

教师引导：按照分类，狮狮很快找到了薯片。看下图，购买薯片时，应该注意什么？谁知道这串数字是什么意思？包装袋上除了标明了生产日期和保质期外，还有哪些信息？

教师总结：口味、生产地、配料、注意事项、日期……无论哪种商品，其包装袋上都呈现了许多信息，以帮助我们更好地选择和使用商品。

③ 价签：

教师引导：从哪儿能看出这包薯片的价格呢？你会认价签上的价格吗？

学生尝试认识价签上面的价格。教师总结方法：小数点左边代表多少元，右边第一位代表多少角，第二位代表多少分。

④ 结账：

教师出示狮狮的购物情况：牙刷 2 元、薯片 3 元、酸奶 4 元。引导学生思考从这些信息中可以知道些什么？（如：一共花了多少钱？还剩多少钱？）

教师引导：其实这些信息不用算，有个地方直接就能看到——收银小票。

百业通收银软件

| 单号:XXXXXXXXXX | | 操作员:XXXXX | |
| 日期:XXXX-XX-XX | | 时 间:XX:XX | |

商品	单价	数量	金额
作业本	1.50	2	3.00
钢笔	5.00	1	5.00

合计数量:3 应收金额:8.00
优惠金额:1.00 实收金额:7.00
来款金额:10.00 找回金额:3.00

欢迎光临,谢谢惠顾!
地址:http://www.bytsoft.com
电话:0751-8696830

从收银小票上你能找到哪些信息？

教师总结：购物小票上清楚地展示了所购买的物品、单价、数量、折扣、来款、实收、找回、时间、商家等重要信息。信息无处不在。包装袋、收银条、引路牌……只要会观察，我们能从这些东西上找到许许多多有用的信息。

（3）活动延伸：

实践：完成配套活动单《得到 10 元！我要买……》（详见本单元活动方案一）。

《看我买到了什么！——"想要"和"需要"》教学设计

【设计背景】

当孩子拥有了支配金钱的权利，孩子很难理性消费：买一些自己喜欢但并无实际用途的东西，同一件物品却买了很多不同的花色，原来的物品完好无损却买了新的……通过本课，希望孩子清楚认识到"想要"与"需要"的区别，理性面对"想要"，尽量考虑"需要"，树立理性的消费意识。

【教学目标】

（1）知识与技能：了解盲目消费的几种情况（买无实际意义的、买已有的、买同种的）；明确消费中的"想要"与"需要"。

（2）过程与方法：通过案例分析，清楚表达盲目消费和理性消费的含义与区别。

（3）情感态度与价值观：养成节俭、理性的消费品质。

【教学对象】

小学低段学生。

【教学准备】

《10 元！我要买……》活动单，课件。

【教学过程】

（1）谁是购物智慧星？

① 只顾"想要的"：

情境引入：开学了，4 个好朋友各自带上了 10 元钱，约好一起去买学习用品。我们一起看看，他们买得怎么样了。

教师引导：最先把钱用完的是狮狮，一起来看看狮狮买了什么。

教师引导：你赞同他的做法吗？为什么？

学生陈述各自观点。

教师总结：他想喝奶茶，于是买了自己"想

要"的东西，却没有买到自己真正"需要"的东西。

② 笔袋和笔袋：

教师引导： 左边这幅图是姗姗的购物情况。把钱用在了文具上，但回去还是被妈妈批评了。怎么回事呢？瞧！右边这幅图这是姗姗原来的那个笔袋。

学生陈述自己观点，分析姗姗被母亲批评的原因。

教师总结： 姗姗原来的笔袋还好好的，还可以继续使用，她又花钱买了个差不多的，既浪费钱又浪费笔袋。还能用的东西，尽量不着急买新的。

③ 好多好多橡皮：

教师引导： 涛涛一个橡皮擦都没有了，他知道自己该买橡皮了，他把钱花光后买到了下图中的这些东西。我觉得该好好表扬一下涛涛了吧？！橡皮用完了再买新的，买的是自己真正需要的东西。

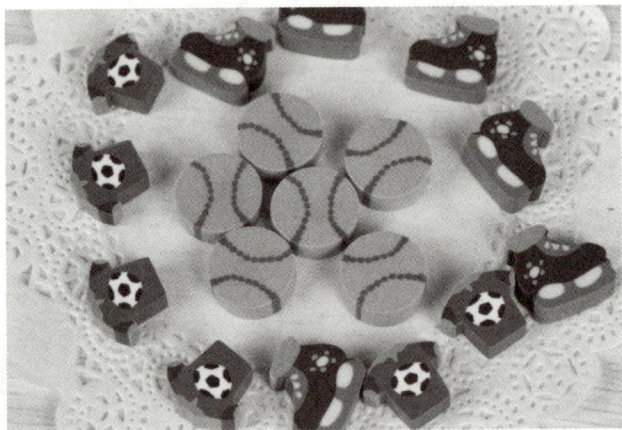

学生分析涛涛购物行为中的不当之处。

教师总结： 购物的时候，即使是自己需要的东西，也要注意控制数量。如果买得太多了，难免造成浪费。

④ 合理消费：

教师引导： 那哞哞是怎么使用这 10 元的呢？这是哞哞买到的东西。

教师引导：这4个孩子，你们觉得谁是"购物智慧星"？说说你的理由。

学生分组讨论，阐述各自的观点。教师总结：花钱消费的时候，要买自己真正"需要"的东西，且要合理分配自己的钱财。

（2）我曾经做得怎样？

教师引导：拿出本单元活动方案一中的《10元，我要买……》活动单。分析评价一下自己上一次的购物活动：是自己需要的物品，说清为什么需要它，并打钩。是完全不需要的物品，其实是可以暂时不用买的，请打叉。

学生分析评价自己上一次的购物行为，并交流展示自己的分析结果。

教师引导：计算一下那些没必要的东西合起来是多少钱，你本可以节约多少钱？

（3）下次我会做得更好！

教师引导：刚才大家选出了购物中自己"不需要"却买了的东西并计算出了如果不买这些东西，本可以节约下多少钱，这些节约下来的钱你打算买什么呢？如果再给你一次进超市购物的机会，你打算怎么做？

教师总结：不要光买自己"想要"的东西，而要买真正"需要"的东西。买之前想清楚买什么，需要什么，列出"购物清单"后再进行购物。下节课，我们就一起来研究如何列出自己的"购物清单"。

（4）活动延伸：

和爸爸妈妈讨论一下，家里的哪些物品是因为"需要"而买的，哪些物品是因"想要"而买且造成了浪费的。

《来！做一个购物计划！》教学设计

【设计背景】

在之前的课中，孩子们已经对购物中的"想要"和"需要"有了初步的感知。本节课会在具体情境中加深孩子对"理性消费"的理解，引导孩子制订购物计划，培养其合理消费的意识。

【教学目标】

（1）知识与技能：加深对购物中"想要"和"需要"的理解；制订"购物计划"。

（2）过程与方法：能在不同场景中根据实际情况做出判断和计划。

（3）情感态度与价值观：养成节俭、理性的消费品质。

【教学对象】

小学低段学生。

【教学准备】

课件，课堂小组交流单。

【教学过程】

（1）再谈"需要"：

教师引导：上节课，大家非常清楚地分析了 4 个小伙伴以及自己在购物中的表现，明白了购物时首先要考虑自己需不需要这个东西。狮狮和姗姗班上的另外 3 个小朋友也正在纠结，这些东西到底该不该买。拿出课堂活动单，我们一起帮他们分析一下：

姓名	遇到的情况	需要买的理由	不需要买的理由	最终判断（买打√，不买打×）
多多	有一个新笔袋，但看到琦琦的款式更好看，又想买一个。			
央央	笔袋有个地方开线了，经常从里面掉出铅笔、橡皮。			
蕾蕾	去买春游的物品，看到米老鼠的洋娃娃，想买下来。			

学生独立完成课堂活动单，小组内交流各自的观点，在全班展示汇报组内情况。

（2）购物计划：

教师引导：通过刚才的活动，大家能把"需要"和"想要"区分得非常清楚。那么有什么好办法，能帮助我们在购物的时候更清楚自己到底需要买什么呢？

引导学生说出"制订购物计划"并引导学生思考在制订购物计划时需要考虑哪些方面的问题。

教师总结：整理了一下大家的发言，一般情况下大家会考虑以下问题：想买什么东西？为什么要买？买多少？大概会花多少钱？有时候，我们会忍不住买得太多或想要同种商品更新的款式，所以，还可以考虑一下这一次购买后你准备使用多久再购置新的。

教师引导：根据大家讨论的情况，我们制订了几份比较详细的、不同场景下的购物计划。4个大组，根据各自的情况，完成各自的购物计划。

春游　购物计划				
欲购商品	欲购数量	购买理由	预算	商品预计使用期限

开学　购物计划				
欲购商品	欲购数量	购买理由	预算	商品预计使用期限

生日　购物计划				
欲购商品	欲购数量	购买理由	预算	商品预计使用期限

家庭日常生活　购物计划				
欲购商品	欲购数量	购买理由	预算	商品预计使用期限

学生分组填写不同情境下的购物计划，感受"在不同的情境下有不同的需要"。

（3）总结：

教师总结：买东西时，要考虑自己需不需要，避免造成浪费。购物前，可以做个购物计划，考虑清楚自己买什么，为什么要买，大概会花多少钱，买来以后会使用多久等问题。

（4）活动延伸：

和爸爸妈妈讨论一下家里需要购置哪些物品，完成本单元活动方案二《家庭购物计划》。

《哇！选择商品学问大！》教学设计

【设计背景】

孩子们通过辨析、实践，已对"理性消费""购物计划"等有了较为深刻的认识。而选择商品时，还有许多学问：怎样买到合适又划算的商品？购物中的促销活动到底是什么意思？又需我们注意哪些问题？……

【教学目标】

（1）知识与技能：理解"货比三家"；了解各种促销活动的含义及注意事项。

（2）过程与方法：通过日常生活的经验积累讨论购物中的学问与技巧。

（3）情感态度与价值观：养成节俭、理性的消费品质。

【教学对象】

小学低段学生。

【教学准备】

教学课件。

【教学过程】

（1）货比三家：

教师引入：选择商品其实有很多学问，怎样选择才能买到又合适又便宜的商品呢？

情境引入：狮狮的篮球坏了，他需要买一个篮球。楼下有两家文具店和一家超市，你觉得他会怎样做？

学生发表各自的观点，教师总结：选择商品时，多逛几家同类型的店，这叫"货比三家"。"三"是"几"的意思，表示你可以多看几家同类型的店。

教师引导：狮狮首先来到第一家文具店，选中了一款自己喜欢的篮球，标价是 89 元。第二家文具店，同样的篮球标价是 85 元。来到超市，同样的篮球要 88 元。这时候，狮狮在超市里发现了个东西……

（2）促销优惠：

① 满 100 减 20：

• 含义：

教师引导：细心的狮狮发现，超市里到处都挂着这样的牌子：

店庆！
满 100 减 20！

这是什么意思呢？（学生发言）也就是说，狮狮如果在这家超市买了 100 元的东西，他只需要付 80 元。

教师引导：三家店都看过了，帮狮狮做个决定吧。

小组讨论一下，说明理由。

教师引导：第一家 89 元，第二家 85 元，超市 88 元。不是应该在第二家买吗？虽然超市里有促销活动，但是狮狮没有买到 100 元啊？

学生出主意，表达自己的观点。

教师总结：狮狮可以在这个超市里再买一些小东西，让总价等于 100 元或比 100 元多一点。这样一来，狮狮只用花 80 元就能买到篮球，比两家文具店的都便宜。而且同时还买到了篮球以外的一些东西。大家分析得真好！

• 辨析：

情境展现：同时，姗姗也在这个超市，要在超市里买一个 20 元左右的牙膏。看到"满 100 减 20"，姗姗也想参加这个活动。你们赞成吗？说说理由。

教师引导：看到这样的促销活动，要注意什么？

教师总结：买的东西接近 100 元或超过 100 元的时候，可以利用这个优惠。如果离 100 元很远，还是算了，避免过度消费造成浪费。

② 促销优惠：

教师引导：下面这些常见的促销优惠是什么意思？什么情况下使用才能真正达到省钱的目的？

满 100 返 20 购物券！	全场 8 折	买二送一！

教师引导：你还知道哪些其他的促销优惠的方式？什么情况下使用才能真正达到省钱的目的？

（3）总结：

学生总结自己的收获与新的想法。

教师总结：买东西时，要货比三家，货比三家的时候，还可以上网搜搜，有时候网上也很便宜。有促销优惠时，不要盲目跟风，要考虑清楚，符合自己情况的才参加。

（4）活动延伸：

选择商品时，有哪些学问能帮助我们达到省钱的目的？讲给爸爸妈妈听。

《100元！——开心购物节② 》教学设计

【设计背景】

"劳动创造财富，物品来之不易"让孩子们体会到了勤劳与节约的美德。

"梦想银行"活动，让孩子们清楚了为实现梦想该如何做出切实的理财行动。"消费的学问"让孩子们掌握了基本的购物知识和省钱妙招。回顾当初第一次购物活动，用10元在超市里不顾一切地买东西的他们，现如今已知道了该如何正确、理性地分配和使用手中的金钱。

【教学目标】

（1）知识与技能：金钱分配；购物综合实践。

（2）过程与方法：在"金钱分配"中，进一步巩固理财思想。在"购物活动"中，巩固理财技能。

（3）情感态度与价值观：理财意识的养成。

【教学对象】

小学低段学生。

【教学准备】

课件。

【教学过程】

（1）金钱分配：

故事引入：今天给大家讲《小狗钱钱》的故事。

故事核心观点：把得到的钱分成三部分——50%存好进行投资（养肥自己的"大金鹅"），30%~40%存入用来实现自己梦想的"梦想银行"，10%~20%用作零用。当然，百分比可根据自己的实际情况稍作调整。

（2）行为反思：

教师引导：听了这个故事后，想想我们本单元的第一次购物活动《10元！我要买……》（详见本单元活动方案一），有什么想说的？

教师总结：有些小朋友说10元全部花光了，没有想到要存起来一些；有些小朋友买了很多自己不需要甚至是对身体有害的东西；有些小朋友后悔自己没有注意到超市中是不是有一些优惠促销活动；还有些小朋友没有做购物计划，看到喜欢的，什么都想买……

（3）理财达人：

教师引导：下个月，我们要进行本单元的第二次购物活动《100元！我这样分配……》（详见本单元活动方案三）。这次大家可以自由分配100元。那请你思考一下：

① 准备怎样得到这100元？说说你的计划。

② 这一次，这100元准备怎么分配？小组讨论后汇报。

教师总结：从大家的发言中，我感受到了大家在理财方面的进步。有些小朋友虽然最近需要买的东西有点多，不过还是会先把30元存在"大金鹅"里，20元存入自己的"梦想银行"，剩下50元再拿去买最近需要的东西，已经能很合理地分配自己的金钱了。有些小朋友会列举一张"购物清单"，清楚自己要买什么，为什么要买，买真正需要的东西。还有些小朋友提醒我们要货比三家，同时也可以在网上搜一搜，选择最实惠的购买途径。同时，选择商品时注意观察各种信息，比如"保质期""优惠信息"等。最后要清楚自己花了多少钱，最好能记账。看来大家已经拥有了成熟的挣钱计划、理财计划和消费技巧。预祝大家第二次购物活动成功。

（4）活动延伸：

① 制订一月攒钱计划，目标为100元，并付诸行动。

② 完成本单元活动方案三：《100元，我这样分配……》。

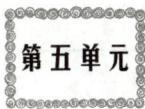

第五单元　生财有道

《零花钱的巧用》教学设计

【设计背景】

由于现在生活水平的不断提高，孩子们也开始有了较多的零花钱，加之父母对独生子女的宠爱，使一些孩子养成了不知节俭、乱花钱的不良习惯。

【教学目标】

（1）引导学生注意自己零花钱的用法，学会合理使用零花钱。

（2）学会使用零花钱合同，并有效引领孩子管理零花钱，培养理财意识。

【教学对象】

小学低段学生。

【教学准备】

PPT。

【教学过程】

（1）谈话导入：

教师：孩子们，你们有零花钱吗？你们的零花钱从哪里来？你们多久领一次零花钱？有无剩余？（每位孩子拿着调查表，先填写自己的信息，接着去调查其他任意九位同学的相关信息。）

零花钱调查表（学生版）

姓名	金额	使用时间	来源	剩余金额	备注
情况汇总	多（　） 适中（　） 较少（　）	一周（　） 两周（　） 一月（　）	父母给（　） 自己赚（　） 其他（　）	有（　） 无（　） 不够用（　）	

零花钱调查表（教师版）

情况	总结
金额	
使用时间	
来源	
剩余	

教师总结：从调查中我们得知，我们的零花钱的数目和使用时间都是父母安排的，有的觉得合适，有的觉得不合适。有时父母会因为我们调皮而增减或不给零花钱。除此之外，有的小朋友的零花钱够花，而且还有剩余；有的则不够花。接下来我们就将一一解决这些困扰我们的难题。

（2）零花钱合同：

教师：从调查表中我们得知，绝大部分孩子的零花钱都是父母给的。那怎样让父母乐意给我们已规定好数目的零花钱呢？

（学生讨论）

① 自己的事情自己做（no pay）；

② 家庭的事情分担做（no pay）；

③ 额外的事情付钱做（pay）；

④ 优秀的表现。

零花钱合同

甲方（父亲/母亲）：　　　　　　　　　　　　　乙方：

合同条约：

1. 甲方可根据乙方劳动完成质量，按照标准给予乙方报酬。

2. 标准分三个档次。

3. 每周发放（　　）零花钱　　　自即日起至（　　）年（　　）月（　　）日有效

4. 甲方须按照双方协议，及时给乙方劳动所得，不得以各种理由拖欠。

5. 如甲方出现拖欠报酬的行为，乙方有权提出申诉，并申请获得相应补偿。

A. 自己的事情自己做。（No pay）

1.

2.

3.

（No pay）

1.

2.

3.

B.额外的事情付费做。（Pay）

1.

2.

3.

A.优秀的表现获奖。（Bonus）

1.

2.

3.

教师总结：只有我们做好了我们应该做的事，父母才更乐意帮助我们，更乐意付出他们的劳动成果！

（3）零花钱的巧用：

教师：父母给我们零花钱是为了什么，你们知道吗？

（学生讨论）

教师总结：从讨论中我们知道了，父母给我们零花钱的主要目的是让我们随时可以自己购买学习用具；其次是在自己放学后感觉饥饿时可以买些健康的零食吃；最后才是满足我们可以购买玩具的愿望。

教师：怎样让我们的零花钱够用，并用得更有意义呢？接下来就让我们先来看看我们把零花钱都用来买了些什么？（首先理解"喜欢"和"需要"的区别）

零花钱使用调查表

种类名称	购买次数	购买原因	备注
学习用具	最多（　） 一般（　）	喜欢（　） 需要（　）	
玩具	最多（　） 一般（　）	喜欢（　） 需要（　）	
零食	最多（　） 一般（　）	喜欢（　） 需要（　）	
其他	最多（　） 一般（　）	喜欢（　） 需要（　）	

教师总结：从表中我们看到，很多小朋友在使用零花钱时存在很多问题，例如总喜欢把钱拿来买自己喜欢的但不需要的东西，所以就经常出现当自己需要购买必需品时，却拿不出钱的尴尬境地。因此，当我们到商场购物时，我们脑子里首先应该考虑的是"需要"两个字。

教师：如果在购物前我们可以提前拟定一个购买清单的话，就可以帮我们更合理地安排我们的零花钱。

零花钱规划表

时间（以一周为单位）：				本周预计使用金额	本周实际使用金额
零花钱总金额：					
必需品	需要购买的学习用具名称		使用金额：		
非必需品	零食/玩具 （可规定本周只购买一件玩具或是一个零食，并将其价格确定在一定的范围内）		使用金额：		
	其他		使用金额：		
备注				剩余金额：	

教师总结：通过这张零花钱规划表，我们可以很清楚地看到我们本周将要购买的物品及所需要的金额，这样就能很好地避免购物时的盲目性和超支情况的发生，从而使我们的零花钱得到合理的安排。

（4）作业：

① 与父母共同商量，完成零花钱合同。

② 在父母的帮助下，拟定自己的零花钱规划表。

《我要去存钱》教学设计

【设计背景】

随着人们生活水平的提高，孩子们的压岁钱数目越来越大。如何更好地保管压岁钱，就成了孩子们困惑的问题。

【教学目标】

（1）引导学生注意自己压岁钱的数目，引发思考：压岁钱多了怎么办？

（2）引导孩子学会合理分配压岁钱后，进行储蓄保管。

【教学对象】

小学低段学生。

【教学准备】

PPT。

【教学过程】

（1）故事导入：

教师：孩子们，今天我们给你们带来了一个故事，这个故事里藏着一个秘密，我们一起来听一听。

（秋天到了，许多粮食成熟了。一只小蚂蚁来到一片高粱地里，它发现一些成熟的高粱米粒掉到了地上，于是兴奋地吃起来。吃饱了，它发现地上还有些剩下的高粱米粒。于是小蚂蚁就一粒一粒地将米粒往巢穴里搬。一只蚱蜢看见了，就问："小蚂蚁，你在干什么呀？一趟一趟地来回跑，不累吗？"小蚂蚁停下来歇了歇，说："冬天快到了，我要储藏些粮食，等冬天一来，我就不用愁了！"蚱蜢听了，笑着说："冬天还早着呢，你急什么呀？现在天气暖和，我想舒舒服服地晒晒太阳！"说完，蚱蜢就四处闲逛，逍遥去了。小蚂蚁见状，只能叹息地摇摇头说："哎，现在不储藏食物，到了冬天看它怎么办哟！"

冬天到了，天气越来越冷，地上可以吃的食物越来越少了。一天，蚱蜢没找到吃的，又冷又饿，在风中发抖。此时他才想起秋天里遇到的那只小蚂蚁储藏食物的情景。蚱蜢后悔不已，叹息道："哎，都怪我没有听小蚂蚁的劝告，现在我又冷又饿，到哪里去找食物呀？"说着，蚱蜢伤心地哭起来。

而小蚂蚁呢，正舒舒服服服地躺在巢穴里，享用着自己储藏的食物。这个冬天，小蚂蚁过得很开心！）

教师：孩子们，这个故事想告诉我们什么？

（学生讨论）

教师总结：是啊，这个故事告诉我们，在我们富足的时候别忘了为将来的日子做打算、做储备。

（2）存钱：

教师：孩子们，每逢过年，我们都会收到压岁钱，大家知道有多少吗？

（学生交流发言）

教师：看来你们的压岁钱数目不小啊！每次拿到这么多的压岁钱，你们有想过一次性把它花完吗？为什么？

（学生交流讨论）

教师：看来小朋友和小蚂蚁一样，意识到了无论钱多钱少，都要有适当储存的想法。那剩下的这些钱是由谁在保管呢？怎样保管的？你们喜欢这样的保管方式吗？

储藏方式调查表

请在你常用或喜欢的保管钱的方式下打钩	枕头下	存钱罐	夹在书里	父母保管	钱包里	衣服兜	其他
安全性							

教师总结：其实，家里没有绝对安全的地方，相对合适的地方加上我们的细心才是最安全的。

（3）银行存钱的意义：

教师：孩子们，今天我想跟大家分享一个存钱的地方，既安全，又可以让我们的收入增加，猜猜是哪里？

（学生讨论）

教师：没错，就是银行！我们的父母应该经常跟银行打交道吧。那今天我们先来认识认识将钱存入银行的好处：

储蓄方式	方式介绍	利息	风险
活期存款	无需任何事先通知，存款户即可随时存取和转让的一种银行存款	三者之中收益最低	暂无
定期存款	指约定存期，整笔存入，到期一次支取本息的一种储蓄	三者之中收益最高	暂无
定活两便存款	事先不约定存期，一次性存入，一次性支取的储蓄存款。既有活期之便，又有定期之利，利息按实际存期长短计算，存期越长利率越高	三者之中收益居中	暂无

教师总结：从刚才老师的介绍来看，将我们多余的钱存入银行，既可以保证钱的安全性，又可以在我们最需要钱时及时得到帮助，还可以有一些收入，真是一举三得！

（4）认识储蓄的程序：

教师：那孩子们，你们知道到银行存钱需要具备哪些条件吗？

（学生讨论）

银行储蓄所需材料	银行储蓄流程
身份证	取号排队
所要储蓄的钱	到相应柜台办理
提前了解并选择储蓄的方式	输入并记住银行密码

（5）作业：

在父母的陪同下，带上自己的压岁钱，到银行办理储蓄业务。

《旧物利用巧理财》教学设计

【设计背景】

由于现在生活条件的不断提高，物质越来越丰富，一些孩子没有养成节俭的生活习惯，导致了不必要的资源和钱财浪费。

【教学目标】

（1）知道垃圾的来源及处理方法。

（2）旧物巧用。

（3）愿意为节约资源做出自己的努力。

【教学对象】

小学低段学生。

【教学准备】

PPT，调查表。

【教学过程】

（1）板块一：图片导入、话题讨论。

教师：孩子们，这些是什么？从哪里来？

教师：这些垃圾有用吗？

（学生讨论）

教师：是的，我们把垃圾分类，就知道哪些可以再次利用，哪些不可回收利用了。

教师：因此，在我们生活中，就有了垃圾分类的必要。来看看我们生活中关于垃圾桶分类的标识：

教师总结：在我们的生活中，为了更好地节约资源、保护环境，我们每一位公民都应该从垃圾分类的小事做起，让我们生活的环境更美好！

（2）板块二：旧物巧用。

教师：在我们视为垃圾的废旧物品里，哪些旧物可以变废为宝呢？

（学生讨论）

旧物巧用总结表

旧物名称	再次利用的方式	产生的效益	备注
旧玩具	1.旧物改造	为社会节约了资源，保护了环境，为自己带来了经济效益。	
旧衣服	2.旧物置换		
旧书籍	3.旧物出售		
旧学具	4.旧物捐赠		
其他			

教师总结：旧物利用巧理财，不但可以丰富我们的想象力和创造力，还可以最大化地利用资源、保护环境，给我们带来可观的效益。

（3）板块三：作业。

每个小朋友在父母的帮助下，完成表格中所能做到的旧物巧用的行动。

旧物巧用的方式（四选一）	时间	产生的效益	备注
旧物改造			
旧物置换			
旧物出售			
旧物捐赠			

《我的五星服务》教学设计

【设计背景】

由于现在的生活水平不断提高，许多家庭都是几个大人一起照顾一个孩子，由于家庭的溺爱，一些孩子养成了饭来张口、衣来伸手的习惯，缺乏自理能力，更缺乏为他人服务的意识和能力。

【教学目标】

（1）培养孩子的自主意识。

（2）培养为他人着想、服务于人的优秀品质。

【教学对象】

小学低段学生。

【教学准备】

PPT。

【教学过程】

（1）谈话引入：

教师：孩子们，平时在家里，都是谁在照顾你们，为你们服务？

（学生讨论交流）

教师：是啊，都是爷爷奶奶、爸爸妈妈在为我们服务，在照顾我们。为什么呢？难道是我们太笨，没有能力自己去做？还是他们根本看不起我们？

（学生交流讨论）

教师总结：哦，原来是因为爱，爷爷奶奶、爸爸妈妈对我们的爱。那你们爱他们吗？怎样表达我们对他们的爱？

（学生讨论交流）

教师：今天让我们一起来讨论一下，做哪些事可以为我们的家人服务，让他们感受到我们的能力和爱。

家庭服务一览表

服务项目	持续时间	选择其一打钩	感受体会	备注
分担家务事	一周			
为家人捶背	一周			
为家人洗脚	一周			
为家人唱歌跳舞，带来欢乐	一周			
其他	一周			

教师总结：我们的家人为我们做了很多事，我们作为家里的一员，也应该为大家服务，以此表达我们对家人的爱。

（2）五星服务：

教师：孩子们，让我们一起来制作一张"家庭五星服务卡"吧！

> **家庭五星服务卡**
>
> 服务对象：_____
>
> 服务时间：_____
>
> 服务项目：_____
>
> 服务评价：_____

教师：孩子们，我们可以从家庭服务一览表中任选一件我们力所能及的事填写入服务卡的项目里，并将这张服务卡赠送给你想赠送的一位或多位家人。当我们的家人需要我们时，我们就在合适的时间里为家人提供相应的服务。

教师：孩子们怎样才能做到五星服务呢？

（学生讨论交流）

> **五星服务标准**
>
> 1. 讲究诚信，持续的时间和项目应——兑现。
> 2. 为家人服务时应真诚、面带微笑、热情投入，而不是敷衍了事。
> 3. 为家人服务时，应讲究效率，而不是拖拖拉拉。
> 4. 为家人服务时，应虚心听取家人反馈的意见，并逐渐改正。

教师总结：总之，只要带着我们对家人诚挚的爱，相信在家人得到我们真诚的服务时，我们也将收获满满的爱和能量！

（3）作业：

将制作的家庭五星服务卡赠送给家人，并开始实施。

《爱心义卖》教学设计

【设计背景】

现在的孩子普遍生活在较为优越的家庭条件当中，加之很多孩子又是独生子女的关系，导致一些孩子对自己所拥有的财物并不懂得珍惜，养成了铺张浪费的坏习惯。

【活动目的】

进一步实践和研究"6到8岁教育阶段儿童理财课程建设初探"的教学活动，丰富学生的课余生活，提高学生的动手动脑能力。在培养学生的责任心、公益心和爱心的基础上，培养孩子的财商能力。

【活动对象】

小学低段孩子。

【活动准备】

活动参与者：一、二年级所有师生及家长。限一位孩子邀请一位家长当天携邀请函到校参加。

义卖内容：以班级为单位，义卖内容包括美食（自制腌卤、点心、水果沙拉、面包、寿司等），特色手工制品，图书，旧货淘宝（旧书、旧玩具等），等等。

商品来源：各班请家长与孩子在家准备以上内容，每个孩子可以带三到四样商品。将自己的商品合理包装，用自己独特的方式设计和制作宣传广告小纸牌，并标明价格。本着爱心义卖的宗旨、物美价廉的标准进行售卖。

展位布置：每个班共18个展位，供18位家长与孩子使用（即18张桌子）。每张展位会编号（1到18号）。孩子与家长也会编号（1到18号），请家长带领孩子对号入位进行售卖。

义买金额：每个参与义买的孩子，购买金额控制在20元以内。请提前告知家长孩子能使用的购物金额。

义买任务：每个孩子在购买商品时，需要在爸爸或者妈妈的帮助下完成一张购物调查表。

爱心义买清单

商品名称	原价	实价	购买原因	消费总额	余额	备注

义卖任务：请每个参与义卖的孩子在爸爸或妈妈的帮助下完成幼儿理财表格。

爱心义卖清单

商品名称	实卖价格	总金额	备注	捐款金额

【活动流程】

（1）第一时段： 年 月 日上午8：10—8：40。

① 班主任进行买卖方面的方法指导，重点提醒活动过程中要注意安全、文明买卖。

② 各班由家长将出售的货品摆放在指定的摊位。（第一批商品放上面，第二批商品放下面。）

（2）第二阶段：9：00—10：00。

全校所有孩子在欢乐的乐曲中开展爱心义卖活动。

9：00—10：00，由各班第一批孩子与家长带着自己的商品在指定地点售卖，第二批家长与孩子就进行义买。

（3）第三阶段：10：00—11：00。

10：00—11：00，第一、二批参与者角色互换。第二批孩子与家长售卖自己的商品，第一批孩子与家长则开始义买。

（4）第四阶段：11：00—11：15。

各班组织收拾义卖场地，打扫清洁卫生，由老师负责检查。

（5）第五阶段：11：15—11：30。

各班组织孩子进教室，进行总结。各班由家委会负责点清本班义卖的爱心款项，用信封装好。交于年级家委会代表，并做好登记和签名。（各班筹集的爱心款将于第二天进行张榜公布。）

【人员安排】

工作准备	完成时间	负责人
1. 活动横幅、邀请函。	月　日	
2. 清洁：爱心义卖活动结束后由该班自行负责打扫清理。	月　日活动结束后	
3. 各班根据自己班级的义卖内容制作 pop 广告。	月　日	各班老师
4. 制作 1 到 18（由于是两个批次的孩子与家长，所以要求做两份）号的号牌。	月　日	
5. 展位摊布和气球统一购买。	月　日	
6. 联系帐篷，帐篷布置：正前方、正后方悬挂班级店招，四角拴气球；学前楼道门口拉横幅（6 到 8 岁儿童财商培养之爱心义卖）；校园各卖场点装点气球和彩旗；铺设货品摊布（可以请部分家长共同参与）。	月　日下午 3—5 点	
7. 活动期间学生活动的拍摄、协调。	月　日活动期间	
8. 活动全程音乐选择与播放。	月　日选好音乐	
9. 新闻撰稿。	月　日	
10. 活动之后负责新闻拼图并联系校园电视台上传。	月　日到　月　日	
11. 深入年级组所在卖场位置，全程巡视、激励、督导活动有效有序进行，排查安全隐患，处理突发事故。	月　日活动期间	
12. 各班将孩子分成两个批次，并为其编号（1 到 18 号）；统一制作号牌，以方便售卖时展位的对号入座，也方便第二批次的家长和孩子带来的商品可以对号放在相应的展位处。	月　日	各班老师
13. 负责收集全年级义卖款。	月　日	家长代表
14. 义买调查表和幼儿理财表格制作。	月　日	

【活动要求】

（1）各班要按照活动方案认真组织、周密安排，确保各班的货品有人管、有人卖。

（2）做好人员的协调工作，确保人人参与活动，并在活动中有所体验和收获。

（3）活动前，各班要做好安全教育和组织工作，教育学生在活动中遵守买卖规则，无论是参加活动，还是购买货品，都要文明排队，请勿拥挤、卡位。

（4）活动前，各班根据学生的年龄特点，对学生参与活动做出相应的建议和指导。

【注意事项】

如遇下雨，活动改在室内。

【活动分享】

（1）通过这次爱心义卖活动，自己有哪些收获？我们在买和卖的时候要注意什么？

（2）推销自己的产品有哪些好的方法？

《买卖扮演》教学设计

【设计背景】

由于现在生活水平的提高，孩子们普遍有较多的零花钱。孩子们在购物时往往比较盲目和任性，养成了铺张浪费的坏习惯。

【教学目标】

（1）让幼儿在消费的过程中体验合理购物所产生的价值。

（2）通过讨论了解钱是大人辛苦挣来的，平时要节约用钱。

【教学对象】

小学低段学生。

【教学准备】

不同标价的商品若干，篮子，自制收银台，狮山币。

【教学过程】

（1）谈话导入：

教师：告诉大家一个好消息，我开了一家娃娃超市，里面的东西又多又便宜，欢迎大家光临。

教师：我的超市还缺 6 个营业员，大家来看看我的招聘信息吧。

职位	要求	负责的柜台	营业员姓名
营业员	能说会道 热情大方 亲切主动 熟悉物品价格	衣物	
		零食	
		玩具	
		文具	
		日用品	
		厨房调味料	

（学生自我推荐，应聘营业员职位。）

（2）高高兴兴逛超市：

教师：孩子们，我们开始游戏吧。扮演顾客购买商品的同学，每人在购买商品时请如实填写购物清单。（理解"喜欢"和"需要"之间的区别）

购物清单一

购物名称	数量	价格	购物理由	备注
			喜欢	
			需要	
			喜欢	
			需要	
			喜欢	
			需要	
			喜欢	
			需要	

（3）交流分享：

教师：孩子们，你们买了些什么商品？你购物的理由是什么？所购商品中哪些是必要的，哪些是喜欢但并不必要的？

教师：如果在所有喜欢的商品中只选择一件，其余的都放弃购买，看看我们可以节约多少钱？

教师总结：在我们生活中，我们经常为"喜欢但不必要"的商品买单，而多花了很多的钱，致使我们有时变得很拮据，在真正需要用钱的时候却拿不出相应的金额。因此，在购物时，先考虑"需要"的，再适量选择或避免购买"喜欢"的，这样才会让我们生活得更富足、更充实。

（4）合理购物：

购物清单二

购物名称	数量	价格	购物理由	备注
			喜欢	
			需要	
			喜欢	
			需要	
			喜欢	
			需要	

教师总结：孩子们，从你们第二次的购物清单中，我发现你们已经慢慢开始学会购买"需要"的商品了，而不是一味考虑"喜欢"。这样做会使我们越来越富足，有能力去做更有意义的事。

（5）作业：

先与父母在家中拟定一份购物清单，然后带着购物清单去购物。

《校园实践》教学设计

【设计背景】

由于现在的生活水平不断提高，父母对孩子的物欲不断满足，致使一些孩子变得以自我为中心，而缺乏社会责任感和担当意识。

【教学目标】

（1）培养孩子们的社会责任感。

（2）培养孩子们有爱心、有担当的好品质。

【教学对象】

小学低段学生。

【教学准备】

PPT。

【教学过程】

（1）观看视频：

教师：孩子们，我们整天待在学校里，对于校园里的事物你们又了解多少呢？让我们用心走进校园，看看我们美丽的校园吧。（观看学校的宣传片）

教师：孩子们，看了宣传片，你们觉得我们的校园美吗？你们爱她吗？接下来我们来看一组照片。（观看个别小朋友在校园内不爱护花草树木和乱扔纸屑的现象）

教师：看到这样的行为，你们有什么感受？

（学生交流讨论）

教师总结：孩子们，校园其实就是我们的家，这个家美不美、好不好，都与我们息息相关，并需要每一位成员为之共同努力。

（2）爱心传递，满校园：

教师：孩子们，在这个大家庭里，你们想为我们美丽的校园做些什么呢？

（学生讨论交流）

教师总结：爱护我们的校园就要从我们生活的点点滴滴开始。保持书桌的整洁，在任何地方都做到不乱扔纸屑、不乱贴乱画，见到不良行为敢于指出并劝导，这些都是热爱校园的表现。

教师：孩子们，为了我们的校园更加美丽，让我们都出一份力，制作一张职责认领清单吧！

校园职责认领清单

角色担当	报名登记	职责介绍	准备工具	总结汇报
小小清道夫		负责打扫学校里的通道	扫把、铲子、垃圾袋	
小小除尘师		在指定的学校公共区域进行除尘	抹布若干条	
文明劝导员		在指定区域观察，若发现有不文明行为，及时制止并劝导	文明劝导员的袖套	
树木小园丁		在老师的带领下，对指定区域的树木精心剪枝造型	修剪枝条的剪刀若干把	
花草保护神		为学校所有的绿化区域设计环保标语，并进行悬挂	硬纸板、水彩笔、铅笔、橡皮擦、绳子等	

（3）上岗敬业、爱校如家：

教师：孩子们，刚才每一位小朋友都很乐意地认领了一份职责，拿出我们的行动，开始吧：

①按照职责认领的报名情况来分组。（如果人数结构不合理，可与孩子私

下商量，将人数分配合理化。）

②孩子们拿上工具，每一组分别由一名老师带队到指定地点，讲清要求和注意事项。

③在劳动过程中，带队老师要一同参与。

（4）活动结束，交流分享：

教师：孩子们，我们用行动证明了我们对学校的爱，我们来谈谈此刻的感受吧！

（学生交流分享）

（5）作业：

家庭是最小的社会，在这个小集体中，我们又应该怎样付出我们的一份力呢？回家与父母交流后，确立自己在这个家里所应该承担的一份职责，完成我们的家庭职责认领清单。

家庭职责认领清单

角色担当	选择一项后写上自己名字	职责介绍	家庭评价（可以是家人的一句感谢或鼓励的话）
洗碗		每天负责清洗晚饭后的碗筷	
打扫卫生		在指定的时间内完成所有房间的打扫、除尘	
洗衣服		在指定的时间内完成家庭所有成员的部分衣物的清洗	
炒菜		每天可为家人炒一道菜	
浇灌花草、照顾宠物		在自己空了的时候，定期浇灌花草、照顾宠物	

低段各单元对应财商活动

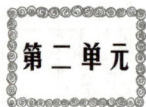

第二单元 关于钱的那些事儿

《货币的成长》活动方案

【活动背景】

在小学阶段，培养学生建立起基本的理财概念以及一些基本的理财办法，有利于学生从小建立良好的金钱观，逐步培养起良好的理财思维和方法，更有利于今后在消费、投资的过程中做出正确的选择。

【活动要点】

了解货币成长史；了解货币文化；了解货币背后的故事。

【活动目标】

（1）认识不同时期的货币，了解货币发展史。

（2）通过研究货币的起源和本质，正确对待货币，正确认识生活中人们对货币的不同看法。

【活动对象】

小学低段学生。

【活动准备】

课件，视频，调查表。

【活动过程】

（1）导入：

① 中国是世界上最早使用货币的国家之一，据文献记载和文物考证，中国使用货币的历史，至少已有 4000 年之久。那么，货币是怎样产生的呢？

② 课前，老师让同学们按照课前单的内容去查找资料。现在，我们一起来交流一下你查找到的内容。

（2）交流资料，了解货币成长：

① 把你调查的结果在小组内交流，相同的观点不重复，不同的观点相互补充。

调查内容	调查结果
在纸币出现之前，各地流通的货币有哪些？	
公元 621 年，唐朝铸行的货币叫什么？	
最早的纸币叫什么？	
"交子"出现在哪个朝代？	
请说出"钞票"的来源。	

② 你是通过什么方式了解到这些知识的？

③ 除了调查表里面的知识，在你查阅资料的过程中，你还了解到有关货

币的哪些知识？（交流）

④ 老师补充，展示课件（配货币图片）。

画面：中国历代货币。包括：商朝的贝币，周朝的布币、刀币、环钱、蚁鼻钱，秦朝的外圆内方的"半两钱"，汉朝的"五铢"钱，唐朝的开元通宝，清朝的机制铜元、银元……

（3）引入故事：

我们现在买东西时，是一手交钱，一手交货。在人类社会早期，却不是这样。在历史上，货币的出现要比商品的出现晚得多。货币是商品交换长期发展的产物。

货币经历了四个阶段：

① 偶然的物物交换。

出现在原始社会后期，是指不以货币为媒介的商品交换，即商品所有者以自己的商品直接和他所需要的另一种商品进行交换。例如一头羊可以换取一柄斧头，说明尽管两者没有必然联系，但是其使用价值可以等价，互相交换。

② 扩大的物物交换。

随着社会的发展，物品交换逐渐频繁，不只是局限于生活必需品之间的交换，交易更加广泛。一头羊可以交换很多的物品，比如黄金、粮食、布匹、珠宝等。

③ 一般等价物作为媒介的交换。

随着生产的发展，商品交换逐渐变成经常的行为，交换数量日益增多，范围也日益扩大。但是，直接的物物交换中常会出现商品转让的困难。因为被交换商品必须对双方都具有使用价值，且商品价值又必须等量。而物物交换不可能永远同时满足这两个条件，必然要求有一个一般等价物作为交换的媒介。

④ 一般等价物固定在金银上——货币产生。

最初充当一般等价物的商品是不固定的，它只在狭小的范围内暂时地由这种或那种商品交替承担，当一般等价物逐渐固定在特定种类的商品上时，它就定型化为货币。

（4）货币的分类：

① 实物货币。是指作为非货币用途的价值和作为货币用途的价值相等的实物商品。

② 代用货币。一般是指纸制的凭以换取实物的金属货币或金属条块，其本身价值就是所替代货币的价值。

③ 信用货币。信用货币产生于 20 世纪 30 年代，由于世界性的经济危机，许多国家被迫脱离金本位和银本位，所发行的纸币不再能兑换金属货币，信用货币应运而生。

④ 电子货币。电子货币通常是指利用电脑或贮值卡所进行的金融活动。

（5）活动延伸：

同学们，回去用调查表上的内容考一考自己的家人。

《人民币的游戏》活动方案

【活动背景】

小学阶段是儿童建立金融理念、培养理财观念的黄金时期，这时候培养他们的金融知识，也是培养他们良好的生活理念。低段学生对人民币比较感兴趣，但是，由于学生年龄和知识经验的局限，他们只知道人民币是用来买东西的，对于人民币的文化背景和历史意义知之甚少。

这个活动设计，是让学生在游戏中了解人民币的相关知识，了解不同面值人民币的兑换，以及用学过的方法来鉴别人民币的真假。

【活动要点】

辨别真假钞；了解人民币的面值。

【活动目标】

（1）了解人民币正反两面的图案和文字。

（2）了解不同面值的人民币的兑换。

（3）用学到的鉴别人民币真假的方法来鉴别假币。

【活动对象】

小学低段学生。

【活动准备】

不同面额的纸币，假币，活动表。

【活动过程】

（1）导入：

① 同学们，还记得我们讲过的如何鉴别真假币吗？请同学们回顾一下，一起来交流。

② 学生交流。（防伪线——变各种颜色；上面印有 100；100——由黄色切换到绿色；毛主席水印；正反面左下角——由断开的 100 变成连贯的 100；编

码——有横竖两组编码且颜色不同；左下角旁边——水印 100、凹凸感。）

（2）辨别真伪：

① 同学们交流得很清楚，这里，老师给每一个学习小组带来了一张百元的钞票。请同学们对照着调查表来鉴别一下，并填写钞票真伪对照表。

钞票真伪对照表

真钞的特征	是否符合，符合画√
防伪线：变各种颜色	
上面印有 100	
100：由黄色切换到绿色	
毛主席水印	
正反面左下角：由断开的 100 变成连贯的 100	
编码：有横竖两组编码且颜色不同	
左下角旁边：水印 100、凹凸感	

② 请学习小组的发言人上台来交流你们的表格。

③ 老师来揭晓答案：哪一组的是真钞，哪一组的是假钞。

④ 回忆上节课我们学到的内容，如果遇到假钞，你们会怎么做？

• 若数额小，则交给银行：对准 ATM 镜头，然后将假币举起对准摄像头，编码部分拍清楚；去银行交涉。

• 若数额大，则报警。

（3）纸币游戏：

① 教师：同学们，老师上节课要求同学们带不同面值的纸币，你们带来了吗？现在就请你和同桌的同学玩这样一个游戏——凑纸币。游戏说明：其中一个同学拿出一张纸币出来，另一名同学根据面额用其他不同面额的纸币凑够数量。比如，一名同学拿出一张 10 元，你可以怎么凑？

② 学生回答。（两张 5 元、十张 1 元、一张 5 元和五张 1 元相加）

③ 教师：好，明白了游戏规则，请同桌的同学开始玩游戏，玩两次再进行交换。

④ 同桌的同学参与游戏，老师巡视，相机进行指导。

⑤ （游戏毕）教师：同学们，通过这个游戏你了解到了什么？有什么感受？

（4）活动延伸：

① 同学们，今天回去之后，和你的爸爸妈妈玩一玩凑纸币的游戏。

② 考一考爸爸妈妈，收到了假币应该怎么做？

《世界各国货币交流》活动方案

【活动背景】

为了培养学生的理财意识和能力，使学生初步学会用数学知识解决生活中的经济问题，我们根据主题适当进行拓展。寒暑假到来的时候，孩子们纷纷到世界各地去玩，因此会接触到各个国家的货币。但他们对于世界各国货币的异同、货币的兑换等还不是很清楚。设计这堂课的目的是开拓学生的视野，使学生对常见国家的货币有更深的认识。

【活动要点】

认识世界各国货币；了解外币文化；了解外币背后的故事。

【活动目标】

（1）认识多样的世界各国货币。

（2）了解世界各国货币的异同点。

（3）开拓学生的视野，使学生对常见国家的货币有更深刻的认识。

【活动对象】

小学低段学生。

【活动准备】

调查问卷，外币。

【活动过程】

（1）导入：

① 教师：同学们，上节课我们讲了世界各国货币博览会，回顾一下上节课的内容，你都了解了些什么？

② 学生交流旧知。

（2）交流问卷调查表：

① 课后让同学们做的问卷调查表都做了吗？我们一起来交流交流吧！

"世界各国货币"问卷调查

姓名		班级		得分	
了解的货币（贴图）					
货币小知识					
怎样得到这张货币的					

② 划分小组：

老师看了一下同学们的调查问卷，发现同学们想要介绍的外币有的相同，有的不同。那这样，我们重新划分小组，介绍相同外币的同学为一组。（老师把介绍相同外币的同学划分为一组。）

③ 介绍外币：

• 泰铢：

20 泰铢面值图片正面图案正面为泰国国王普密蓬阿杜德，背面为泰国历史上著名帝王之一的兰甘亨大帝。

50 泰铢面值图片正面图案正面为泰国国王普密蓬·阿杜德，背面为泰国大城王朝君主纳黎萱大帝。前景为大帝特写，后景取自 1593 年泰缅廓沙拉之战中纳黎萱骑乘战象斩杀缅甸东吁王朝王储的情景，以纪念这场泰国历史上的辉煌胜利。

100 泰铢面值图片正面图案正面为泰国国王普密蓬·阿杜德，背面为郑信大帝。票面为红色。

500 泰铢面值图片正面图案正面为泰国国王普密蓬·阿杜德，背面为拉玛一世。票面为紫色。

1000 泰铢面值图片正面图案正面为泰国国王普密蓬·阿杜德，背面为拉玛五世。票面为棕色。

教师：刚才听了这些介绍，你们发现这些不同面值的泰铢之间有什么共同的地方？（对泰国国王普密蓬·阿杜德的介绍：普密蓬·阿杜德是泰国前国王拉玛八世阿南塔之弟，1946 年 6 月 9 日，他继承王位，1950 年 5 月举行加冕典礼，成为却克里（曼谷王朝）的第 9 位国王，被尊称为拉玛九世。普密蓬·阿杜德在泰语中的意思是"土地的力量——无与伦比的能力"，他是在泰国备受尊敬的国王，也是当今世界在位时间最长的国王。六十年来，普密蓬国王足迹遍及泰国的各个角落。他用王室经费兴修水利、建电站，还在御苑内自种实验田，设立水稻、奶牛场、淡水鱼良种培育和研究中心。最受国际社会所称道的是他在泰北山区实施的罂粟替代种植项目。过去，那里盛产鸦片，不仅贫困落后，而且许多人吸毒成瘾。国王 1969 年考察山地部落后成立基金，帮助山民推广种植油茶、夏威夷坚果、茶叶、咖啡等三百多种经济作物，超过十万人从中获益。鉴于普密蓬国王在农业方面的突出贡献，5 月 26 日，联合国秘书长安南亲赴泰国，为普密蓬国王颁发了全球第一个"联合国开发计划署人类发展终生成就奖"。）

• 好，其他小组继续交流：韩元、日元、美元。

④ 教师小结：同学们，每个国家都使用唯一的一种货币，并由中央银行

发行和控制。货币是一个国家的象征，上面所印的人物、风景等都代表着一个国家。了解各个国家钱币的文化，对我们了解这个国家有很大的帮助。以后同学们到其他国家旅游的时候，也请多多关注这个国家钞票的文化。

（3）活动延伸：

把今天所讲的钞票上的故事回家讲给爸爸妈妈们听。

第三单元　钱从哪里来

《交易方式我知道》活动方案

【活动背景】

随着经济的发展，越来越多的国家非常重视理财教育。对班上的学生来说，教他们如何理财已经成为刻不容缓的事情。现在越来越多的人选择现金交易之外的其他交易方式。通过这个活动，让孩子树立正确的金钱意识，了解理财知识，了解多种交易方式，从而拥有立足社会的本领。

【活动要点】

认识不同交易方式的优缺点；了解不同年龄层的交易方式。

【活动目标】

（1）通过问卷调查，了解不同年龄层的人的交易方式。

（2）通过对比，了解这些交易方式的优缺点。

（3）在活动中尝试和感受理财的乐趣和意义。

【活动对象】

小学低段学生。

【活动准备】

问卷调查表，课件。

【活动过程】

（1）导入：

① 教师：同学们，你们自己亲自买过东西吗？都是在哪儿买的？怎么支付的呢？

② 学生交流：在网上买过，用微信、支付宝支付；在实体店买过，用现金、卡、微信、支付宝支付。

③ 教师对学生回答的内容进行梳理：对，除了用钱支付之外，现在越来越多的人选择用卡支付和线上支付，今天我们的活动就是围绕交易方式展开的。

（2）调查问卷反馈：

① 教师：同学们，周末要求你们做的调查问卷我看很多同学都完成了，在交流之前，我想问一问大家，你们都调查了哪些人？是怎么调查的？

② 学生交流。

③ 教师：把你的调查结果在小组内进行交流。

④ 小组代表综合小组意见进行发言。

"交易方式"调查表

姓名：_____ 　　通信地址：_____

性别：□男　　　　□女

年龄：□25 岁以下　□25～35 岁　　□35～45 岁　　□45 岁以上

你的职位：□学生　□教师　　　□一般职员　　□农民

　　　　　□单位高层领导　　□其他

（1）平时，你都在什么地方购物更多一些？

　　□实体店　　□网上

（2）在实体店购物，你通常会通过什么方式支付？

　　□现金　　　□储蓄卡　　　□信用卡

　　□微信　　　□支付宝

（3）你觉得用现金购物的好处是什么？

　　□看得见，清楚自己资金去向　　□用现金购物很踏实

　　□其他_____

（4）你觉得用卡购物的好处是什么？

　　□方便　　　□安全　　　　□便于携带

　　□有积分　　□其他_____

（5）你觉得用微信和支付宝购物的好处是什么？

　　□方便，不用带包　　　　　　□某些商店消费可以打折

　　其他_____

（请据实作答，谢谢合作）

看来，不同年龄层、不同职业的人的交易方式是不同的。年轻人更多选择的是线上交易，而上了年龄的人群更多选择现金这种交易方式。

（3）线上交易知多少：

① 同学们，相信你们的父母也越来越多地选择线上交易了，而且，随着时代的发展，今后的你们将会面临更多的交易方式。在这里，我也有个案例想要跟大家分享。

② 案例讲述：李叔叔曾经收到一条来自+8613137665***的短信，声称中国银行的 E 令需要升级，让他点开一个网站链接去进行 E 令升级。李叔叔进入这个网站之后，按照网站上的提示进行操作。第二天李叔叔去查自己的银行卡，发现卡上一万多人民币被盗走。

③ 听了这个案例，你们有什么想要说的？（学生交流）

④ 你们或你们的家人有没有遇到过类似的情况？

⑤ 所以，上网购物时，要尽量通过支付宝等有中介保障的网站进行交易。如果发生被骗事件，要第一时间到当地派出所报案。

（4）线上交易安全进行式：

① 既然大家身边都遇到过类似的情况，那么，怎么做才能避免这些情况发生呢？

- 用搜索引擎搜索公司网站，看内容的真实性；
- 看清是否注明公司的办公地址；
- 尽量去信誉良好的公司开设的网站购物；
- 不被低廉物品所诱惑；
- 不要贪小便宜，轻易相信免费赠品抽奖活动；
- 对于发现的诈骗网站要及时向公安机关报案。

② 小结：科技就是一把双刃剑，它在改变人们生活，让人们生活变得更方便的同时，也存在或多或少的弊端。只要我们在消费的过程当中多注意，多用学到的知识去辨别，就能在享受便利的同时，尽可能规避其中的风险。

（5）活动延伸：

在进行线上交易时，如何才能更加安全？请你讲给你的爸爸妈妈听。

《爸爸妈妈的工作》活动方案

【活动背景】

在学校，我们经常发现许多功能完好的学习用品却被丢弃在各个角落：

教室中捡到的铅笔和橡皮可以装满整个失物招领盒却始终无人认领；操场的栏杆旁每天都会挂上不同的跳绳、校服、红领巾……

在物质丰富的今天，孩子们对于身边的物品抱着"理所当然"的态度，不知它们是消耗了哪些宝贵能源、历经了哪些制造过程、花了多少钱才能得到，更不知这样的价格是父母付出了怎样的劳动才能获得。

知道物品的来源、金钱的来源，培养珍惜物品的习惯和节俭的品格，是孩子们树立正确金钱观的重要一步。

【活动要点】

（1）调查爸爸妈妈的职业、工作内容及其创造的社会价值。

（2）交流爸爸妈妈以怎样的方式挣得金钱。

【活动目标】

（1）知识与技能：了解各行各业的工作内容及其创造的价值。

（2）过程与方法：体验简单的调查活动。

（3）情感态度与价值观：体会父母工作的辛劳；了解各行各业都很重要，都值得尊重；了解劳动创造财富。

【活动对象】

小学低段学生。

【活动准备】

活动单。

【活动过程】

（1）完成课前活动单：

财商活动单——爸爸妈妈的工作

姓名：　　　　　　　班级：　　　　　　　成绩：

穿着干净整洁的衣服、吃着可口美味的饭菜、背着崭新漂亮的书包……可这一切是怎么来的呢？没错，是亲爱的爸爸妈妈靠他们双手的劳动换来的。劳动创造财富，我要去好好了解它！

①我骄傲！这是我的爸爸妈妈！

爸爸的工作	
职业名称	
工作地点	
工作时长	
工作内容	

妈妈的工作	
职业名称	
工作地点	
工作时长	
工作内容	

② 爸爸妈妈辛苦了！我想对您说：

_____

_____

_____

（2）交流：

① 我骄傲！这是我的爸爸妈妈！

教师引导：

• 你一切的衣、食、住、行是怎么来的？比如你的铅笔、你的衣服，包括你看的电视以及在看电视时用的电……

• 购买这些物品所用到的钱又是怎样来的？

• 爸爸妈妈通过什么来得到这些钱呢？

• 你了解爸爸妈妈的工作吗？能否跟我们聊一聊。

教师总结：通过交流，我们知道了，有些工作是通过获取利润来获得金钱，有些工作是通过付出自己的脑力或体力活动为大家服务而获得金钱。

② 爸爸妈妈辛苦了！我想对您说……

教师引导：对爸爸妈妈的工作有了更深入的了解后，有什么想对爸爸妈妈说的？

教师总结：各行各业都很重要，少了任何一个，都会让我们的生活变得不方便，所以我们应该感谢从事每一种职业的人。通过劳动，我们能获得金钱、创造财富。因此，想要和金钱交上朋友，付出自己的劳动是第一步。

（3）总结：

劳动创造财富，而劳动体现了我们努力的过程，因此得到的财富来之不易、弥足珍贵，我们应好好珍惜。

《两周！我实现了一个梦想！》活动方案

【活动背景】

钱是一种再自然、普通不过的东西了，它只会留在为此付出了努力的人身边。任何人都有通过努力来获得金钱，通过金钱来实现梦想的权利。孩子也不例外。

【活动要点】

（1）列好"梦想清单"。

（2）设计"圆梦计划"。

（3）实施计划并做好记录、反思。

【活动目标】

（1）知识与技能：深入了解自己目前的需要；了解儿童挣钱的方式；体会欲达成目标首先应制订计划。

（2）过程与方法：掌握"梦想清单"的制作方法；制订自己的"圆梦计划"；体会通过劳动挣钱的过程。

（3）情感态度与价值观：任何人都可以通过自己的劳动和努力来创造财富。

【活动对象】

小学低段学生。

【活动准备】

活动单。

【活动过程】

（1）完成活动单：

财商活动单——两周！我实现了一个梦想！

姓名：　　　　　　班级：　　　　　　成绩：

钱是一种再自然、普通不过的东西了，它只会留在为此付出了努力的人身边。任何人都有通过努力来获得金钱，通过金钱来实现梦想的权利。孩子也不例外。

① 梦想清单：

	梦想清单
1	
2	

② 圆梦计划：

圆梦计划（2周）														
资产分析	第1周我有零花钱（　）元，买必需品会花掉（　）元，存（　）元。 第2周我有零花钱（　）元，买必需品会花掉（　）元，存（　）元。 这2周，我的目标是存到（　）元。														
挣钱计划	我即将用这种方式挣钱： 这样挣钱，预计每天的收入为（　）元；两周可以收入（　）元。														
圆梦记录		1	2	3	4	5	6	7	8	9	10	11	12	13	14
	存入														
	挣得														
	合计														
	两周收入总和：														
我遇到的困难以及我的解决办法															
我的收获															

（2）交流分享：

根据活动单上各个板块，教师引导学生讨论以下问题：

① 圆梦前，个人资产分析、挣钱计划、圆梦记录。

② 在圆梦过程中遇到的困难以及解决办法。

③ 收获与反思。

（3）总结：

教师总结：每个人都有自己想要实现的美好梦想。在我们决定为梦想付出行动后，不要去想自己可能做不到。比如挣钱，一开始很多孩子觉得这对小孩来说是"困难的"甚至是"不可能的"，但在认真分析自己现在拥有的、擅长的、喜欢的或自己能为别人解决的问题后，我们发现其实没有什么是真的无法做到的。认定自己的目标，大胆去做便好。

第四单元　消费的学问

《10元！我要买……》活动方案

【活动背景】

对一、二年级的孩子来说，购物中包含了很多知识。如：商品的分类、人民币的认识、价签的认读、购物中的计算……本活动旨在通过真实的购物活动，引导低段孩子掌握购物中这些最基本的知识。

【活动要点】

（1）根据活动单指示，进行购物活动。

（2）交流、总结收获。

【活动目标】

（1）知识与技能：理解分类、生产日期、保质期、价签、花费、剩余等基本购物概念。

（2）过程与方法：能准确找到自己想要的商品，能查看商品上基本的信息，能读懂价签，能准确计算自己的购物情况。

（3）情感态度与价值观：体会金钱的分配与使用。

【活动对象】

小学低段学生。

【活动准备】

活动单。

【活动过程】

（1）完成活动单：

财商活动单——10元！我要买……

姓名： 班级： 成绩：

我已经会通过自己的劳动挣钱了。现在，我要拿出 10 元，去超市，完成一次自己做主的开心购物节！

① 对人民币的认识：

- 我带了（ ）元去购物。
- 我带的钱是由这些人民币组成的：_____
- 我在商场中一共用去了（ ）元（ ）角（ ）分。
- 我是这样付钱的：_____
- 我还剩多少钱？算式：_____

② 商品的分类：

我买了如下东西（照片）：

商品名称	超市中该商品的分类

③ 包装袋上的学问：

我在包装袋上可以找到这些信息：

_____

④ 价签上的学问：

拍下每个商品的价签：

⑤ 它们分别表示：

商品价签	表示金额
	（　）元（　）角（　）分
	（　）元（　）角（　）分
	（　）元（　）角（　）分
	（　）元（　）角（　）分
	（　）元（　）角（　）分

⑤ 收银条上的学问：

我在收银条上可以找到这些信息：

_____

_____

_____

⑥ 收获与困惑：

_____

（2）交流分享：

① 对人民币的认识。

教师引导：你认识了哪些面额的人民币？人民币上印着什么？你是通过什么来判断一张人民币的面额的？你是怎么付钱的？你如何计算自己一共花了多少钱？如何计算自己还剩多少钱？

学生分组讨论交流，选取代表上台展示汇报。

教师总结：认识人民币、准确解决购物中的计算问题，是合理理财的基础。

② 商品的分类。

教师引导：超市中的商品是如何陈设的？你能给自己购买的东西分分类吗？分类有什么好处？

学生分组讨论交流，选取代表上台展示汇报。

教师总结：分类使我们感到整洁，为我们带来方便。在生活中，很多情况下我们都可以利用分类来解决问题。

③包装袋上的学问。

教师引导：你在包装袋上都找到了哪些信息？

学生分组讨论交流，选取代表上台展示汇报。

教师总结：包装袋上呈现了物品的材质、使用方法、保质期、生产厂家等重要信息，便于我们更好地使用所购买的物品。

④价签上的学问。

教师引导：你能看懂商品的价签吗？它是怎样表示商品的价格的？

学生分组讨论交流，选取代表上台展示汇报。

教师总结：小数点左边的数，表示多少元；小数点右边第一位表示多少角；小数点右边第二位表示多少分。

⑤收银条上的学问。

教师引导：你在收银条上可以找到哪些信息？

学生分组讨论交流，选取代表上台展示汇报。

教师总结：信息无处不在，小小的收银条，详细地呈现了我们购物的时间、数量、单价、总价、折扣情况。

⑥收获与困惑。

教师引导：在这次活动中，自己自主进行购物的感觉如何？在购物过程中，你有哪些新发现？有没有什么让你感到困惑的地方？

学生先分组讨论，再对照自己活动单上的每个板块，向全班进行展示与交流。

（3）总结：

教师总结：生活处处是学问，把学到的知识应用到生活中，在生活中发现新的东西、提出新的问题，保持学习、思考的状态，会让我们拥有越来越多解决问题的办法。

《家庭购物计划》活动方案

【活动背景】

在之前的课中，孩子们已经对购物中的"想要"和"需要"有了初步的感知，在具体情境中加深了孩子对"理性消费"的理解，初步学习了制订购物计划的方法。希望通过本活动，使孩子们亲身经历制订购物计划的过程。

【活动要点】

（1）与父母共同分类整理家中用品，反思曾经的购物情况。

（2）根据实际情况，制订一份近期家庭购物计划。

【活动目标】

（1）知识与技能：制订"购物计划"。

（2）过程与方法：学会对自己曾经的行为进行反思，对自己将来的行为做出计划。

（3）情感态度与价值观：养成节俭、理性的消费品质。

【活动对象】

小学低段学生。

【活动准备】

活动单。

【活动过程】

（1）整理家中物品：

教师引导学生课前和自己的父母分类整理家中物品，掌握家中各类物品的使用情况，反思曾经做得好与不好的购物行为，制订近期的家庭购物计划。

（2）完成活动单：

财商活动单——家庭购物计划

姓名：   班级：   成绩：

我已经能分清什么是"需要"，什么是"想要"。我知道了购物时要买自己需要的东西，而对于自己喜欢的东西，在购买时要注意节制。所以，我将和爸爸妈妈一起，为我们下一次的购物做一个购物计划。

家庭日常生活 购物计划				
欲购商品	欲购数量	购买理由	预算	商品预计使用期限

思考：遇到自己非常喜欢，但暂时又不需要的东西时，怎么办?

（3）交流分享：

教师引导学生结合活动单，思考如下问题：

① 家中曾经有哪些做得不太好的购物行为？

② 家中曾经有哪些很棒的省钱妙招？

③ 你是怎样把家中需要买的物品逐一罗列出来的。（分类思想）

④ 制订购物计划时，有什么收获、新的发现或者困惑？

⑤ 遇到自己非常喜欢，但暂时又不需要的东西时，怎么办？

学生分组讨论后，在全班展示交流。

（4）总结：

学生总结自己的收获和新的思考。教师总结：经过不断地学习和分享，大家已经能比较理性地面对购物了。购物前，我们尽量做到物尽其用；购物时，我们尽量买自己需要的东西，对于自己喜欢却不太需要的东西要有节制、有规划地进行购买。

《100 元！我这样分配……》活动方案

【活动背景】

"劳动创造财富，物品来之不易"让孩子们体会到了勤劳与节约的美德；"梦想银行"活动让孩子们清楚了为实现梦想该如何做出切实的理财行动；"消费的学问"让孩子们掌握了基本的购物知识和省钱妙招。回顾第一次购物活动，用 10 元在超市里不顾一切地买东西的他们，现如今已知道了该如何正确、理性地分配和使用手中的金钱。

【活动要点】

（1）制订一月攒钱计划并实施。

（2）完成活动单。

【活动目标】

（1）知识与技能：金钱分配；购物综合实践。

（2）过程与方法：在"金钱分配"中，进一步巩固理财思想；在"购物活动"中，巩固理财技能。

（3）情感态度与价值观：理财意识的养成。

【活动对象】

小学一、二年级学生。

【活动准备】

活动单。

【活动过程】

（1）完成活动单：

财商活动单——100元！我这样分配……

姓名：　　　　　　　　　班级：　　　　　　　　　成绩：

通过不断地学习与实践，我已可以自己积攒 100 元，并且合理地分配和使用这 100 元。

百元积攒计划				
存钱计划				
挣钱计划				
积攒记录				

积攒过程中，我的收获与困惑：

_____

_____

百元分配计划	
第一部分 我的"大金鹅"	
第二部分 我的"梦想银行"	
第三部分 我的零用钱	
补充说明	

购物记录					
购物计划					
实战演练					
商品名称	购买理由	购买地址	单价	数量	总价
合计：					
我用到的省钱妙招：					

（2）交流分享：

教师引导学生结合活动单，思考如下问题：

①存钱和挣钱时，遇到了怎样的困难？是如何解决的？

②准备或已经把"大金鹅"投资到什么上？（银行、股票、基金……）

③如今，去店里购物会留意些什么？

④对网上购物了解多少？

⑤最骄傲的一次理财或消费行为是什么？

⑥最失败的一次理财或消费行为是什么？

学生分组讨论交流并在全班展示汇报。

（3）总结：

学生总结自身的收获和新的思考。教师引导学生明白钱是一种再自然、普通不过的东西了，它只会留在为此付出了努力的人身边。我们通过自己的努力挣得金钱，通过合理理财来管理金钱，通过巧妙使用金钱来为自己的人生增添趣味和快乐。

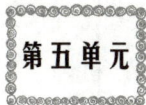

第五单元 生财有道

《我的小账本》活动方案

【活动背景】

每逢过年，孩子们都会收到许多的压岁钱。怎样合理规划和保管压岁钱便成了孩子们一个很突出的问题。

【活动要点】

合理规划和保管零花钱。

【活动对象】

小学低段儿童。

【活动准备】

各种表格。

【活动过程】

（1）小小理财家：

教师：孩子们，上次我们回家完成了"零花钱规划表"，大家拿出来回想交流一下吧。在交流时请注意以下两个问题：

① 所写的商品是不是很需要的。

② 所写的必需品和喜欢的零食/玩具所用的钱，比例是否合理。如果所购玩具或零食所用金额大于必需品所用金额，则为不合理。

（同桌之间讨论交流零花钱规划表）

零花钱规划表

时间（以一周为单位）：			本周预计使用金额	本周实际使用金额
零花钱总金额：				
必需品	需要购买的学习用具名称		使用金额：	
非必需品	零食/玩具（可规定本周只购买一件玩具或是一个零食，并将其价格确定在一定的范围内。）		使用金额：	
	其他		使用金额：	
备注			剩余金额：	

教师总结：在你们讨论交流时，老师巡视了一圈后发现，有许多同学的规划表，在我们的第二点原则上出现了问题，即购买的玩具或是零食的金额

明显超出购买必需品的金额，这不符合我们合理规划的原则。请孩子们根据合理规划的要求，重新拟定。

（学生重新拟定零花钱规划表后交给老师，老师会一对一地进行交流辅导。）

（2）作业：

教师：经过我们第二次的巩固，想必孩子们已经很熟练地掌握了零花钱规划表的使用。请孩子们以一位小老师的身份，将我们合理规划零花钱的理念和做法交给我们的爸爸妈妈。让他们也来规划规划他们的生活开支。

生活开支规划表

时间（以一周为单位）：			本周预计使用金额	本周实际使用金额
本周支出总金额：				
必需品	种类名称		使用金额：	
非必需品	种类名称		使用金额：	
	其他		使用金额：	
备注			剩余金额：	

《银行全接触》活动方案

【活动背景】

孩子们对银行系统功能普遍比较陌生，针对这一情况，设计本次活动，以提高孩子们对银行系统功能的认识。

【活动要点】

了解银行系统的功能。

【活动目标】

（1）使学生知道银行主要是人们存钱和取钱的地方。

（2）使儿童初步了解银行工作人员的劳动，知道要尊敬他们并学习他们认真细致的工作态度。

【活动对象】

小学低段学生。

【活动准备】

（1）事先观察好路线，排除意外点和危险处。

（2）各班配两名教师和一名保育员。（保育员负责队伍中间的幼儿，两名教师在队伍前后负责孩子们的安全）

（3）出发前对儿童进行安全教育。

（4）明确参观路线、时间控制及参观内容等。

（5）做好联系工作，请接待人员做好介绍工作。

（6）提前联系交通工具，并检查其安全设备。

【活动过程】

（1）谈话导入：

教师：孩子们，上次你们和父母一起到银行存钱，你们拿到了属于自己的银行卡或存折了吗？

教师：谁来谈谈自己拿到属于自己的银行卡时的心情？

（学生交流分享）

教师：你们选择的是哪种储蓄方式？

储蓄方式调查表

储蓄方式	选择原因	人数
活期		
定期		
定活两便		

教师总结：看来很多小朋友都有了自己的想法，并且对自己的财务需由自己来妥善管理的意识越来越强，这是一件值得高兴的事！今天，我们就到学校附近的一家银行，深入地了解银行工作的情况。

（2）银行全接触：

① 告诉幼儿去参观银行，向儿童提出参观要求及注意事项。

- 进行安全教育，过马路时，每两个拉好小手，依次通过，不急不挤，注意车辆。
- 教育幼儿参观时要遵守纪律，不大声喧哗，仔细倾听银行工作人员的介绍。

② 请银行管理人员当讲解员，带领学生参观。

- 请学生看看到银行来的人在干什么，让他们通过看别人存钱、取钱，再次了解银行存取的流程。
- 带领学生参观自动取款机，向学生介绍有了自动取款机，人们可以直接用各种磁卡，如牡丹卡、银联卡等取钱，很方便；自动取款机还加快了取钱的速度。

③ 参观结束，返校。

（3）分享交流：

教师：孩子们，在参观的过程当中，哪一个部分给你留下了深刻的印象？同桌之间互相交流，谈谈自己的感受。

（学生交流分享）

教师：孩子们，在接下来的日子里，也许我们会用到自动取款机，大家对它印象深刻吗？同桌互相交流一下自动取款机的使用流程。

自动取款机操作流程
1. 插入银行卡
2. 输入密码
3. 办理业务
4. 取出银行卡（最后一步很重要，尤其要小心，很多时候我们会忘记将银行卡取走，这样会带来许多风险和不良后果）

教师总结：孩子们，刚才到银行参观，使我们更加深刻地了解了银行的工作状况。现在我们也有了自己的银行卡和存折，希望以后自己需要用钱的时候，大家在父母的陪同下到银行柜台或是自动取款机上，亲自去操作一次。

《旧物制作》活动方案

【活动背景】

针对孩子们浪费、不节俭的生活习惯，设计本次活动，希望孩子们在这次活动中感受到旧物再利用的乐趣，增强环保和节俭意识。

【活动要点】

旧物改造。

【活动目标】

（1）让学生感受到旧物再利用的乐趣，增强环保意识。

（2）培养学生勤俭持家的优良传统。

【活动对象】

小学低段儿童。

【活动准备】

旧物若干（卷纸筒、用过的纸杯、塑料瓶），水彩笔，剪刀，双面胶等。

【活动过程】

（1）谈话导入：

教师：孩子们，通过上次我们对旧物巧用意义的认识，你们肯定也有了自己的做法。请拿出你们的旧物巧用的作业表和作品，我们来共同交流和欣赏。

学生交流自己旧物巧用的方法，并展示自己旧物巧用的成果。

旧物巧用调查表

旧物巧用的方式	选择理由	使用人数	备注
旧物改造			
旧物置换			
旧物出售			
旧物捐赠			

教师总结：从表中我们可看出，使用改造方法的人数最多，因为它不受时间地点的限制，是最易操作的一个手段。

教师：谁来谈谈在旧物巧用的这个过程中，你的感受和想法是什么？

（学生交流）

教师总结：是啊，在旧物巧用的这个过程当中，我们不仅节约了资源，保护了环境，还美化了我们的生活，增加了我们的收入，提高了我们的创造力，真是一件一举多得的好事！

（2）旧物制作：

教师：孩子们，请大家拿出自己家中废旧的一件物品。（卷纸筒、用过的纸杯、塑料瓶等）

制作流程：

① 宣布旧物制作安全事项：例如剪刀的安全使用规则等。

② 告知孩子辅助材料的领取点，以及领取时的文明礼貌——排队、轻拿

轻放等注意事项。

　③ 告知孩子若需要帮助请举手示意。

（3）作品展示：

　教师总结：在旧物巧用的众多方式中，也许最利于我们随时操作的就是旧物制作。我希望孩子们可以与父母一同努力，尝试不同的旧物巧用的方法。让我们更富于创造力，从中获得更多的理财效益。

第六单元　儿童创业

《我的产品》活动方案

【设计背景】

　现在的孩子普遍生活在较为优越的家庭条件当中，对自己所拥有的财物并不是那么珍惜。加之许多孩子是独生子女的关系，更加使孩子们觉得很多东西来得太容易，从而养成了铺张浪费的坏习惯。

【教学目标】

（1）培养孩子们吃苦耐劳的精神。

（2）培养孩子们善于表达、勇敢推销自己商品的勇气和能力。

（3）体会金钱的来之不易。

【教学对象】

小学低段学生。

【教学准备】

保存较好的旧玩具、旧书籍、旧文具、旧衣服等。

【教学过程】

（1）游戏导入——我的产品：

教师：孩子们，请拿出你带的产品来。现在，你们都是营业员，我要来选购你们的产品，谁的产品好，我就买谁的。

教师：我想买一本书。你好啊，请问你的书怎么卖？这么旧了还这么贵，少点吧？

教师：请问你的这辆汽车玩具多少钱？卖这么贵，我觉得不值这个价，可以少点吗？

教师：这件旧衣服这么旧了还卖呀？直接送给我吧。请问你消毒了吗？

教师总结：从刚才与大家的讨价还价中，我发现几点问题：第一，小朋友们对自己这件产品了解太少了，以至于我提出这件商品有什么优点时，他根本无法回答。第二，孩子们心里对这件产品的估价不明确，自己都不知道卖多少钱合适。第三，在介绍自己的产品时不够热情大方，语言没有吸引力。因此，接下来我们讨论一下，怎样更好地推销自己的产品。

（2）推销手段：

教师：孩子们，在我们生活当中，商场经常会用哪些手段来吸引我们？商场的营业员又是怎样向我们推销他们的产品的？

（学生交流讨论）

销售技巧总结

1. 对自己的产品要很了解，充分掌握它的优点。
2. 打折。
3. 可以制作宣传海报来吸引顾客。
4. 推销时面带微笑，热情大方，文明礼貌。
5. 声音洪亮，口号新颖。

教师：第一步：请大家仔细观察，找出自己产品的优点。

第二步：设计自己的宣传海报，可以将自己产品的优点夸张地表达出来。

第三步：想一句自己的销售口号，例如"走过路过，不要错过，不贵不贵，非常实惠！"

第四步：自己先练习如何面带微笑、热情大方地表达。

（3）售卖产品：

教师：孩子们，现在教室就是你们的商场，你们拿着自己的产品开始向来往的顾客推销。接下来我们分组轮流进行。

第一轮：一组、二组的小朋友是售货员，可以在自己的座位上等待顾客的到来，也可以下位推销。三组、四组的小朋友是顾客，可以随意走动挑选自己需要的产品。购买商品时，想想自己除了需要这件商品以外，还有哪些原因促使自己购买。

活动时间：十分钟。

第二轮：一组、二组的小朋友和三组、四组的小朋友角色互换，要求一样，时间一样。

（4）交流总结：

教师：孩子们，你们的产品卖得怎么样了？大家来分享一下自己的感受吧！

（学生分享讨论）

教师总结：通过我们对销售技巧的认识和运用，我们无论站在哪个角度去体会，都意识到销售技巧的重要性。同时我们也体会到了劳动的乐趣和它创造的价值，深刻认识到金钱的来之不易。

《社区义卖——卖报纸》活动方案

【活动背景】

由于现在生活水平的不断提高，父母对孩子物欲的不断满足，致使许多孩子养成了以自我为中心、不劳而获的观念；同时也缺乏社会责任感和社会担当。

【活动要点】

推销自己的报纸。

【活动目标】

（1）让孩子们走进社会，服务社区，体会自己对社会的价值。

（2）培养孩子们的社会价值感和社会责任感。

（3）培养孩子们有爱心、懂奉献的好品质。

【活动对象】

小学低段学生。

【活动准备】

报纸若干份。

【活动过程】

（1）谈话导入：

教师：孩子们，今天我们到这个社区来卖报纸，待会儿每人手上会有 10 份报纸，每一份报纸定价为两元，这个定价不能减少，但可以增加。用上你们所学的销售技巧，主动出击，希望你们的报纸能卖得很好！

（2）义卖准备：

① 划分小组（三人一组，由一位家长随行）。

② 划分区域，每组成员请在指定的大范围内售卖。

③ 宣布活动要求：文明义卖，不因他人不买而做出不文明举止。活动全程不乱扔垃圾，不追逐打闹，树立少先队员的良好形象。

（3）活动总结交流：

教师：在此次义卖中，谈谈你用了哪些销售技巧，给你带来了什么样的体会？

（学生交流讨论后填写调查表）

销售技巧	选择你认为最有效的三种打钩
1. 对自己的产品要很了解，充分掌握它的优点。	
2. 打折。	
3. 可以制作宣传海报来吸引顾客。	
4. 推销时面带微笑，热情大方，文明礼貌。	
5. 声音洪亮，口号新颖。	

教师总结：通过这次活动，我们不但熟练地掌握了销售技巧，还锻炼了我们的勇气，增强了我们的信心，提高了我们的表达能力。同时也让我们深刻地体会到金钱的来之不易！

（4）爱心延续，温暖你我：

教师：孩子们，在这个社区里住着几位孤寡老人，因为没有子女和亲人，因此他们很少有人关心和看望。他们每个月仅靠政府的微薄补贴，生活很拮据。其实在他们的内心，多么渴望得到关爱。今天我们的社区义卖，就将把我们的温暖带去。因此，请孩子们从自己刚才卖报纸的钱中，抽取一部分或者是全部捐献出来，为他们购买生活必需品，并前往看望，希望可以给他们的生活带去温暖和帮助。

《关爱贫困山区儿童》活动方案

【活动背景】

当你和孩子牵手闲逛，当你和孩子嬉笑玩耍，当你畅享天伦之乐时，你是否注意到，在我们身边有一双双羡慕而失落的眼睛正注视着你?他们小小年纪，却因为父母不在身边而缺失亲情；他们渴望家庭温暖，却只能忍受孤独的煎熬；他们稚嫩的双肩过早地承担起生活的无奈……他们有一个特殊的、令人酸涩的名字"留守儿童"。呼吁公众关注留守儿童，关注留守儿童的生活、教育和心理状况，让全社会共同努力，把"关注、关心、关爱"送给所有的留守儿童，让他们不再孤独，健康快乐地成长。

【活动要点】

爱心传递。

【活动目标】

（1）培养学生的社会责任感。

（2）培养孩子们有爱心、懂奉献的好品质。

【活动对象】

小学低段学生。

【活动准备】

文具，书籍，衣物等。

【活动过程】

（1）谈话导入：

教师：孩子们，我们热爱我们的家，热爱我们的校园。我们愿意为之付出我们的一份爱和一份力。可是在遥远的山区，有着这样一群吃不饱穿不暖的孩子。（观看关于山区贫困儿童的生活视频）

教师：孩子们，你们此时的感受是什么?

（学生交流讨论）

教师：你们愿意帮助他们吗？请在你能达到的项目后面画钩。

帮扶山区儿童认领清单

物资名称	请在你所能达到的项目后面打钩	筹集时间	备注
学具			
书籍			所需物资可以是新的，也可以是保存完好的旧物
生活用品			
衣物			
其他			

教师总结：只要我们人人都献出一份爱，这世界将变得更加美好！

（2）物资筹集阶段：

孩子们将自己可筹集到的物资带到学校的指定地点进行存放和登记，并由专人分类打包捆绑。

（3）帮扶阶段：

由学校派代表专程送到指定帮扶的贫困儿童手上。

（4）活动分享：

分组交流这次帮扶活动的感受；全班交流。

（5）活动延伸：

自己自愿持续帮助贫困儿童。

（二）中　段

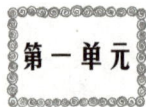

第一单元　狮山团队建设

【活动背景】

每个人的能力都有一定限度，善于与人合作的人，能够最大限度发挥彼此的作用。财商的培养也离不开团队的合作，因而财商课程的实施也主要以小组参与的方式进行，团队的建立是活动开展的基础。然而，组建团队容易，但是要在团队合作中发挥自己的作用却并不容易。尤其是对中段的孩子来说，他们不太能考虑到组员感受，遇到队员失误时容易陷入不良情绪中，不利于财商合作活动的开展。本活动的意义在于让学生明白，在团队活动中，只有团结协作，才能出色地完成各种财商活动。

【活动要点】

（1）认识团队合作的重要性。

（2）建立团队规则。

【活动对象】

三、四年级学生。

【活动目标】

（1）约定团队规则，共同遵守。

（2）积极参与团队活动，学会互相尊重。

【活动准备】

卡纸，彩笔，泡沫方块6片。

【活动过程】

（1）游戏分组：

给每位同学发一张不同颜色的卡片（6种），游戏中，同学们拿着卡片去找同种颜色的同学，即为一组。

（2）建立团队：

刚才大家通过卡片找到了自己的队友，以后你们就是一队了，就像一个小家庭，你们可以一起来挣得狮山币，但每个人的表现都将影响你们这个家庭狮山币的积累。为了大家更了解自己的队友，接下来团队要一起完成一个任务。

每组十分钟，完成以下任务：

① 共同为团队取一个名字，设计团队名片。（包括队名、队口号）

② 分工安排：

队长——组织每一位组员参与活动，使每一位成员在组内感受到平等与受尊重。组织大家合理安排狮山币的开支。

监督员——监督大家遵守团队规则。

发言人——活动需要汇报时作为主要发言人。

记录员——将大家活动中需要记录的尽可能完整地记录下来，做到条理清晰与尊重每一个人的言论，特别是与自己观点不同的看法。

财务管理（2名）——负责管理本组的狮山币，并记录收入和支出记录。

（3）建立团队规则：

① 团队行动和个人活动不一样，在团队活动中我们要怎么做呢？根据下面的提示，共同约定你们组的规则。

提示：

- 小组内的分工是一成不变的吗？（可以轮流担当）
- 小组活动时应该注意哪些纪律问题？
- 怎样保证每个人都积极地参与？如果有人不参加小组活动怎么办？
- 如果小组内在讨论时意见不统一或发生争执，该如何处理？
- 这些规则大家都同意吗？如果有人不能遵守该如何处理？

② 确定规则后，大家签上自己的名字。

（4）团队游戏——过河：

游戏说明：大家建立团队后，要去参加一个获得狮山币的游戏。老师在一个地方放了三个盒子，盒子里分别有不同数额的狮山币。先到的三个团队才能获得狮山币。要去这个地方，中间大家必须渡过一条 20 米长的河。大家能用的工具只有泡沫垫，而且泡沫垫要比人数少一块。过河过程中不能掉下木板，没有踩到木板算掉入河中，需要从头开始。

① 各队 3 分钟讨论方案策略。

② 比赛，所用时间最短的三个组夺得狮山币。

③ 分享游戏体验。（成功的秘诀或失败的经验）

（5）活动延伸：

自己在团队中需要做到的和需要避免的分别是什么？梳理出来填入表格，以提醒自己。

团队合作中我需要做到的	团队合作中我需要避免的

第二单元　关于钱的那些事儿

《货币的收藏》 教学设计

【设计背景】

钱币作为法定货币，在商品交换过程中充当一般等价物的作用，执行价值尺度、流通手段、支付手段、贮藏手段和世界货币五种职能，这是钱币作为决定货币在流通领域中具有的职能。然而，当抛开其作为法定货币的角色，而作为一种艺术品和文物，钱币又具有了另一种特殊的职能——收藏价值。

收藏不仅能给人带来精神上的享受，更能带来丰厚的物质回报。货币的收藏价值主要反映在以下四个方面：艺术欣赏（从钱币身上可以得到美的享受、艺术的熏陶），知识与功能（人民币的普及知识和教育功能是不容低估的），文物价值（从诞生和流通于不同时期的钱币票面上，就能了解到当时的政治、经济、历史背景），以及保值增值（受价值规律影响，钱币价值直线上升，并随时间推移，增值潜力越来越大）。

通过收藏、欣赏、研究货币，人们在精神上获得享受和满足。钱币的艺术性、知识性、史料性和娱乐性在全国人民文化生活中也必将发挥它独特的作用。

本节课的设计是通过对货币以及货币收藏价值的介绍，让学生逐步了解这一理性、便捷的理财方式，在培养货币收藏兴趣的同时，又能感受到收藏品升值所带来的快乐。

【教学目标】

（1）通过回顾货币时间史，了解什么是收藏，并初步感知货币的收藏价值。

（2）通过具体情境，辨析哪些物品具有收藏价值。

（3）通过具体事例，感悟发现收藏的目的和意义。

（4）初步培养投资意识，树立正确的金钱观、价值观。

【教学对象】

小学中段学生。

【教学准备】

课件，布娃娃，棒棒糖，100元人民币，狮山币。

【教学过程】

（1）回顾导入：

① 回顾上节课知识：人民币的元素有哪些？

② 如何辨别人民币的真伪？

代码、面额、防伪标志、编码、发行机构、国家文化元素。

（2）货币收藏：

① 谈话引入：

还认识1元硬币吗？（牡丹花）

再出示图片：大清铜钱。

（清代咸丰元宝一百 以实时市场价值为准）

（1898 年光绪元宝七钱二分 以实时市场价值为准）

这些钱怎么这么贵呢？——引出"收藏"。

② 什么叫"收藏"？（collection）

捡垃圾的老爷爷把捡到的东西放在家里，自己买许多衣服挂家里，这些叫"收藏"吗？

学生讨论交流。

通过交流，学生总结出是要收藏有价值、稀少的东西才叫"收藏"。

③ 哪些物品具有收藏价值？

出示五件物品：泰迪熊、咸丰元宝、棒棒糖、劳力士手表、古董花瓶。

这五件物品中，哪些具有收藏价值？

④ 收藏的原因：

出示事例：不同的人喜欢收藏不同的物品，如运动鞋、汽车模型、芭比娃娃、邮票……

引导收藏的原因是：爱好。

⑤ 如果有 100 万，你有什么办法将它变成 200 万？

引导学生发现：收藏是为了投资。

⑥ 钱是不是收藏品呢？

（听故事：100 元瘦身记）

100 块能买什么？	
1950 年	2015 年
请全校同学吃五顿饭	1 个肯德基全家桶
333 瓶汽水	33 瓶易拉罐汽水
1000 碗牛肉面	5 碗牛肉面
800 斤大米	20 斤大米
一辆自行车	一个自行车轮子

引导学生总结：收藏家购买物品是为了保值。

⑦ 钱币的买卖：

同学们一定很好奇，收藏了很久的钱币要如何交易变现呢？很多城市都有一些古玩集市，在那里就能进行买卖。如今也出现了越来越多正规的国家监管的文化产权交易所，让钱币的买卖收藏更加便捷化。

（3）教师总结：

① 人们为什么收藏呢？

（爱好、投资、保值）

② 我是小小收藏家：出示物品，判断哪些物品能升值（贬值）。

老师出示一些实物给学生看：布娃娃（追问：如果它是限量发行的呢？）、电子产品、玩具汽车、金元宝（追问：如果它是真的呢？）、博物馆刀币。

引导学生得出结论：随着时间的流逝，从新的变旧、变坏，价值越来越低（如电脑、乐高、手机、芭比娃娃等物品，就会越来越便宜）；随着时间的流逝，数量越来越少，历史年代越久远，价值越来越高（如古董花瓶、手表、古钱币、名画等，就会越来越昂贵）。

（4）分享交流：

① 利用所选的物品进行分享交流。

② 每人两分钟时间进行个人展示："大家好，我是……我收藏的东西有……因为……谢谢大家！"

（5）教学评价：

① 回家和爸爸妈妈一起讨论收藏的意义。

② 想想自己还可以收藏什么，使其升值空间更大化？

（6）活动延伸：

在爸爸妈妈的辅助指导下，学会如何通过集邮进行理财，感受集邮收藏的价值，并学会制作集邮册，以此进一步体会收藏的魅力。

《货币元素与文化》教学设计

【设计背景】

伴随中国社会经济的飞速增长和人们素质的不断提高，"财商教育"已成为人们日益关注的话题。提升学生的财经素养，使之更好地适应未来生活，知道如何聪明地花钱，做好财务规划，养成健康的财务习惯，已成为当前小学教育的重要课题之一。让孩子在学习和活动中体验赚钱、花钱、存钱、与人分享钱财和让钱增值为主要内容的理财教育，使学生能够感受到一种具有强烈理财意识的环境氛围，逐渐形成善于理财的品质和能力。

三年级的学生已经初步有了数字的概念，可以利用已有的数学知识来帮助认识人民币。"货币元素与文化"作为中段理财课程的第一课，以熟知的生活中的"钱"入手，以观察导入思考，以寻找激发兴趣，以实践引发辨析，同时通过小组合作观察的形式，使学生能够对货币的材质、颜色、面额、大小等进行区分，将学生带入到"理财王国"中，切实体验校本课程的乐趣。

【教学目标】

（1）通过集体学习，初步认识人民币上的各种元素，如材质、图案、文字、颜色等；

（2）通过小组观察探究，在合作中找到人民币的各个部分，并初步了解人民币中各个组成部分的含义。

（3）知道人民币是我国的法定货币，可以用它进行商品的购买。培养学生爱惜人民币、增强爱国主义的观念。

（4）根据对货币元素的认知，小组合作设计自己心目中的人民币。

【教学对象】

小学中段学生。

【教学准备】

课件，学生准备若干人民币（100元、50元、20元、10元、5元、1元的纸币各一张），A4纸，彩笔。

【教学过程】

（1）激趣导入：

① 你最想要什么生日礼物？要得到它们，我们需要去购买，购买物品我

们需要什么呢？（钱）

② 这节课咱们就来认识"人民币"。

（2）观察与发现，合作与探究：

① 教师出示各种纸币和硬币，说说它们的面额，根据材质、颜色、大小进行区分。

根据材质区分：纸币和硬币。

根据颜色区分：红色 100 元，绿色 50 元，咖啡色 20 元，蓝色 10 元，紫色 5 元，绿色 1 元。

根据大小区分：面值越大，面积越大。

② 小组合作观察：

观察材料：100 元、50 元、20 元、10 元、5 元、1 元的纸币各一张。

观察要求：找一找、说一说人民币纸币上都有哪些元素。

小组观察谈论后，汇报交流。

③ 活动小结：

正面：汉文，中国人民银行，100，壹佰圆，国徽，毛主席头像，1893-1976，人民币编号，水印，花纹。

反面：人民大会堂，中国人民银行拼音，蒙古族、藏族、维吾尔族、壮族文字，2005 年。

④ 货币设计小课堂：

发给每位学生一张教具纸币，找一找：

• 面额：这是多少钱？

• 发行机构：发行银行是？

• 标志：头像、建筑（认识各种面额的人民币上的建筑物）。

⑤ 教师总结：

这些纸币就是我国发行的第五套（发行时间 1999 年）法定货币，叫作人民币，简写：RMB。

（3）我是小小货币设计教师：

① 教师给每组发一张 A4 纸，彩笔若干。

② 根据对人民币纸币元素的了解，分组动手活动，设计自己心目中的纸币。

（4）爱惜人民币，从我做起：

① 教师播放视频：人民币的制作。

② 看了人民币的制作，你有什么感受呢？

（引导学生爱惜人民币，增强爱国主义观念。）

③ 说一说，生活中有哪些不爱惜人民币的行为？

展示：用许多硬币做成一个碗；恶搞人民币上的人像；将硬币做成戒指。这些都是违法的行为。出示相关法律文件。变造人民币、损毁人民币，都是违法行为，情节严重者，将依法追究刑事责任。

引导学生懂得珍惜和爱护人民币。

④ 拿到折损的人民币怎么办？

（银行可以根据折损的情况调换相应的完整人民币。）

（5）活动评价：

给爸爸妈妈讲人民币上的信息，并且修改完善自己设计的纸币。

（6）活动延伸：

① 观察人民币硬币的元素构成，和爸爸妈妈共同设计自己心目中的硬币。

② 拿出一张新版 100 元人民币，和爸爸妈妈一起辨认真伪。

《世界各国货币（汇率）》教学设计

【设计背景】

为了培养学生的理财意识和能力，使学生初步学会运用数学知识解决生活中的经济问题，本课是在学生已经学习了元、角、分与小数，小数的意义，以及小数乘除法的基础上进行教学的。

本课是基于真实货币的兑换，相较之前的学习内容更复杂，对小学生来说也比较枯燥晦涩，特别是其中涉及的货币兑换的定义、汇率的概念、汇率的计算方法等，离学生实际生活比较遥远，因此需要教师设置较真实的情景，从生活入手，取材于生活并用之于生活的教学策略，设计一系列富有趣味的、生活化的任务活动，充分展开课堂交互活动，从而为学生提供发展实践能力的机会，促进其经验的积累与运用。

【教学目标】

（1）通过回顾"世界各国货币博览会"，加深对多样的世界各国货币的认识。

（2）通过学习，初步了解货币兑换的基本知识。

（3）通过学习，初步了解货币兑换中汇率的概念，以及银行货币兑换规则。

（4）通过学习，对货币兑换与国力水平的关系有一个初步的认识。

（5）拓宽学生视野，使学生逐步培养起良好的理财习惯。

【教学对象】

小学中段学生。

【教学准备】

课件，狮山币。

注：学习本课前学生通过自主查阅资料、上网搜索等方式了解货币兑换与汇率的相关信息，便于课堂上小组之间的交流。

【教学过程】

（1）回顾旧知：

回顾"世界各国货币博览会"：这些货币分别是哪个国家的？

人民币（中国）　　　　　　　　美元（美国）

日元（日本）　　　　　　　　　英镑（英国）

（2）故事激趣引入，揭示主题：

笑笑去银行存压岁钱，忽然看见银行里的一块电子屏幕——当日外汇牌价。笑笑想到，今年暑假爸爸准备带全家一起到国外旅游，可究竟去哪儿还没定下来，笑笑记得世界各国货币博览会里，每个国家流通的货币各不相同。于是，笑笑把钱包里还剩下的 200 元拿了出来，希望银行的工作人员能把它换成 50 美元、50 英镑、50 欧元、50 日元。笑笑能兑换成功吗？

在解答笑笑疑问的同时，引出"汇率"，揭示本课主题——货币兑换的学问。

（3）货币兑换的学问，汇率知识知多少：

① 观看我国货币兑换演变史视频。

② 教师解说：

• 最早时期是用物品与物品来进行兑换的；

• 之后慢慢发展为物品与货币之间的兑换，贝是我国最早的货币；

• 到了春秋战国时期，人们用刀币等货币来兑换物品；

• 到了唐朝开始使用开元通宝；

• 慢慢发展到今天，我们使用纸币来兑换物品。

③ 看到"货币兑换""汇率"这样的字眼，你最想要了解什么？

学生提问，教师板书：

• 什么是"货币兑换""汇率"？

• 为什么要货币兑换？为什么不能直接使用人民币？

• 人民币要怎样才能兑换成世界各国货币呢？

④ 开展小组主题研讨：

• 什么是"货币兑换""汇率"？

• 货币兑换的地点是？

• 如何将人民币进行货币兑换？

• 如何根据汇率进行兑换？

针对以上四个问题，学生以小组为单位，挑选自己感兴趣的问题，并利用事先查阅好的资料，在小组内进行分享交流、自主学习。

教师小结并提出问题：通过刚刚的学习我们知道，大家可以到有这个货币兑换标志（如图）的指定的机构，按照一定的规定进行兑换。不要忘记拿身份证哦！

那么大家想想银行工作人员是按照什么样的规则来帮助我们兑换的呢？

⑤ 出示中国银行当天的外汇牌价表：

货币名称	交易单位	现汇买入价	现钞买入价
美元(USD)	100	684.86	679.23
日元(JPY)	100	5.97	5.78
欧元(EUR)	100	732.03	709.23
英镑(GBP)	100	846.51	820.15
阿联酋迪拉姆(AED)	100	-	180.22
澳大利亚元(AUD)	100	516.89	500.79
澳门元(MOP)	100	85.84	82.95

⑥ 用汇率计算器进行汇率计算：

除了用外汇牌价表进行汇率计算外，还可以借助"汇率换算器 iMoney" APP（如图）来计算汇率。

iMoney · 全球汇率转换 - 实时
汇率换算
Yiming Shen
★★★★★ (239)

（4）教师总结：

今天我们学习了"货币兑换的学问"，开了眼界，认识了汇率。那么，为什么我们需要兑换货币呢？这是因为人民币目前尚未成为像美元、欧元、日元那样的自由兑换货币，所以在其他国家和地区无法使用人民币进行交易。一个国家的货币自由兑换是以一定高度的市场经济为基础，以国内经济相对自由为前提的。随着我国经济的发展，人民币成为自由兑换货币将在不久的将来得以实现。特别随着我国经济的发展，在一些国家我们已经可以直接用人民币来购买东西了。

（5）教学评价：

① 请同学们回家上网查查，完成本课主题研讨。

② 上网查阅在哪些国家已经可以直接使用人民币了。

（6）活动延伸：

① 回家使用"汇率换算器 iMoney"APP 来计算汇率。

② 寒暑假要出国旅游的同学不妨自己到银行进行一次货币兑换的真实体验。

备注：

汇率是一门较高深的学问，涉及经济学、数学以及各国的政策。而且就人民币兑换外币来说，每天的汇率也在不断地变化着，所以本次教育活动中只是略微提及，而不作深究，其主要目的在于拓宽学生视野，使学生逐步培养起良好的理财习惯。

《信用卡的奥秘》教学设计

【设计背景】

在经济高速发展的当今社会，越来越多的父母对儿童的财商指数愈来愈重视，家长希望自己的小孩在成长过程中能够掌握必要的金融基础知识，树立良好的理财观念，并奠定下财富基础。所谓财商，是指创造财富、掌管财富的能力，通过创造和管理让自己的人生更幸福、更健康、更快乐，拥有更多选择权的能力。少儿财商则是青少年或儿童与生俱来的对价钱的识别和认知能力，从少儿时代开始培养理财意识，对金钱的分配、使用、管理能力可以通过多方面来实现。

然而在教学中，我们发现：对于平时生活中易接触到的内容，如钱币的认识、管理零花钱、如何购物消费等，学生经常能积极参与课堂学习，乐于根据自己的经验与同伴交流讨论，发表观点；但对于一些比较专业的理财知识，如银行储蓄、汇率、贷款、投资等内容，学生们往往是"听"大于"说"，即很大程度上依赖于教师的讲解。这反映出学生没有切实的亲身体验，只能做个被动的"听筒"。当被问及如果钱不够用怎么办时，很少有学生能够第一时间想到"信用卡"，因为这个词对他们而言太过于陌生。因此本节课就同学生一起探索信用卡的奥秘。

【教学目标】

（1）初步认识信用卡，了解信用卡的功能。

（2）初步了解信用卡的使用方法。

（3）培养学生的风险意识和诚信意识。

【教学对象】

小学中段学生。

【教学准备】

课件，狮山币。

注：学习本课前学生需提前填写"信用卡使用调查表"。

【教学过程】

（1）情境导入，揭示主题：

① 暑假的时候，老师出国旅游，玩得非常开心。（展示出游照片）看，老师买了这么多东西，还吃了这么多美味的海鲜。可是正当玩得开心时，老师突然发现自己兑换的外币不够用了，这可怎么办呀？

（学生可能说可以去银行兑换、问朋友借……）

② 大家说得都不错，但老师有更方便的办法！瞧，我的好帮手！（展示信用卡）同学们知道这是什么吗？今天咱们就一起来探索信用卡的奥秘吧！

（板书：信用卡的奥秘）

（2）认识信用卡：

① 故事引入——《信用卡的起源》：

1950 年，一位美国商人在纽约一家饭店招待客人用餐，就餐后发现他的钱包忘记带在身边，只好打电话让太太送钱来，这让他觉得很狼狈，于是便产生了创建信用卡公司的想法。1950 年春，这位商人和朋友合作在纽约创立了"就餐者俱乐部"（Diners Club），会员带一张就餐记账卡到指定 27 间餐厅就可以记账消费，不必支付现金，这就是最早的信用卡。

（请一位学生朗读故事）

从这个故事中你知道这位商人的信用卡解决了什么问题吗？

（板书：在没有现金的情况下进行消费）

② 小组探究，认识信用卡：

于是，在此之后，美国富兰克林国民银行开始发行信用卡，之后其他美国银行也纷纷跟随。如今，信用卡的使用已遍布世界各地。

看，这就是我们现代人所使用的信用卡：

让我们一起来仔细观察一下吧。请同学们仔细观察信用卡的材质、外观等，小组交流讨论你所知道的信用卡知识。将你们小组讨论的结果记录在表格中。

学习探究卡	
材质	
尺寸	
发行方	
外观	
除以上信息，我还知道了	

正面有发卡行名称及标识、信用卡别（组织标识）及全息防伪标记、卡号、英文或拼音姓名、启用日期（一般计算到月）、有效日期（一般计算到月），最新发行的卡片正面附有芯片。

背面有卡片磁条、持卡人签名栏（启用后必须签名）、服务热线电话、卡号末4位号码或全部卡号（防止被冒用）、信用卡安全码（在信用卡背面的签名栏上，紧跟在卡号末4位号码后面的3位数字，用于电视、电话及网络交易等）。

（3）信用卡的功能：

① 故事分享——《她把一张没有密码的信用卡给了乞丐》：

哈里斯是美国纽约市一家知名广告公司的女高管，2010年8月的一天中午，她和朋友在一家餐厅吃饭。中途，朋友想出去抽支烟，于是两人一起走出餐厅，站在外边的大街上。

这时过来一名流浪汉，对哈里斯嗫嚅着自我介绍："我叫瓦伦丁，今年32岁，已经失业3年了，只好靠乞讨度日。我想说的是，不知您是否愿意帮助我？比如，给我一点零钱，让我买点生活必需品。"瓦伦丁说完后，用期盼的眼神望着哈里斯。看着眼前这名年轻的黑人流浪汉，哈里斯动了恻隐之心，她微笑着对瓦伦丁说："没问题，我十分愿意帮助你。"就伸进口袋去掏钱，遗憾的是，身上却没有带现金，只掏出一张没有密码的信用卡，这让她有点尴尬，不知接下来该怎么办。

瓦伦丁看出了她的难为情，小声说："如果您相信我，能将这张信用卡借我用用吗？"心地善良的哈里斯同意了，随手将信用卡递给了瓦伦丁。拿到信用卡后，瓦伦丁并没有马上离开，又小声问哈里斯："我除了买些生活必需品外，还能用它再买包烟吗？"哈里斯未加思索地说："完全可以，如果你还需要什么，都可以用卡上的钱去买。"瓦伦丁拿着那张没有密码的信用卡离开后，哈里斯和朋友重新回到了餐厅。

10分钟后，哈里斯就感到了后悔，她懊丧地对朋友说："那张信用卡不仅没有设置密码，里面还有10万美金，那个家伙一定拿着信用卡跑掉了，这下我要倒大霉了。"朋友也埋怨她："你怎么能随随便便相信一个陌生人？你呀，就是太善良。"哈里斯再也没心思吃饭了，在朋友付完账后，两人便默默走出了餐厅。

令他们意外的是，刚出餐厅大门，就发现流浪汉瓦伦丁已等候在外面，他双手将信用卡递给哈里斯，很恭敬地将自己消费的数额一一报上："我一共用卡消费了25美元，买了一些洗漱用品、两桶水和一包烟，请您核查一下。"

面对这位诚实守信的流浪汉，哈里斯和朋友在诧异的同时，更多的则是感动，她不由自主抓住瓦伦丁，连连说："谢谢您，谢谢您！"瓦伦丁一脸疑惑，她帮助了我，我应该感谢她才是，她为什么却要感谢我呢？随后，哈里斯便和朋友径直去了《纽约邮报》，将发生的故事告诉了报社。

②同桌交流，全班总结：

通过故事，你对信用卡有了哪些了解?先和同伴交流一下，再请同学来说一说。

学生回答，老师总结（板书）：

• 没有钱也可以消费、救急；

• 刷卡花掉的钱必须归还；

• 刷卡透支有限度；

- 会有一定的风险；
- 不按时还钱会失去信用，甚至被停卡。

③ 信用卡使用调查（课前做好调查）：

（学生交流）

教师整理出学生的交流信息（板书）：

最大功能：在没有现金的情况下进行消费。

为持卡人带来的好处：方便，可应急。

使用信用卡的方式及特点	为持卡人带来的好处
可以分期付款	降低经济压力
消费可以积分	可换取礼品
全球通用	省去兑换货币的麻烦
消费时可享受一定的优惠	省钱
累积个人信用	赢得良好信誉

（4）辨析判断，了解信用卡的使用方法：

信用卡很神奇，只要我们合理使用信用卡，不仅能省钱，而且十分便利。但老师要提醒大家：信用卡为我们提供便利，是建立在我们合理使用的基础上的。

① 判断以下情境，应该如何做：

- 看到商场打折促销，大量购物，超额度刷卡。

（学生答，教师总结：应该理性消费，不被银行或商家的奖励措施及促销手段冲昏了头脑）。

- 因工作忙，没有及时还款。

（学生答，教师总结：应该按时还款，牢记自己信用卡的账单日和还款日，在免息还款日内按时全额还款）。

- 办理多张信用卡，恶意透支。

（学生答，教师总结：应该根据自己的实际情况办理信用卡，以免承担无力还款的风险）。

② 培养学生的诚信意识：

如果使用信用卡不合理，只会让我们受到损失。更严重的是，我们的信用会受到影响，留下不良的信用记录。这对于我们今后申请新的信用卡、申请贷款等都是障碍。

（5）教师总结：

我们都想成为守信用的人、被人信任的人，希望今天的学习能够成为一个契机。让我们学会合理使用信用卡，共同创造一个和谐、诚信的社会！

（6）教学评价：

把今天学到的有关信用卡的奥秘与爸爸妈妈分享。

（7）活动延伸：

和爸爸妈妈一起拓展资料，联系生活实际理解信用卡的功能。

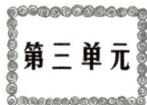

第三单元　钱从哪里来

《畅聊职业》教学设计

【设计背景】

通过此次活动让孩子们对各种不同的职业有全新的认识和体验，在玩乐中培养职业理想，规划自己的未来人生。

【教学目标】

（1）通过活动让学生了解不同职业的特点和社会职能，体会各行业的辛苦；提高学生的社会调查能力和与人交往的能力。

（2）通过活动培养学生健康的人生观、价值观，树立自己的职业理想，提高服务社会的意识等。

【教学对象】

中段三、四年级学生。

【教学准备】

教学 PPT，调查全班学生的职业理想，做一些职业名称的卡片，布置社会调查内容及职业体验，水晶瓶，狮山币。

【教学过程】

（1）游戏导入：

教师：同学们，"你说我猜"的游戏大家都玩过吧？我们也先来做一个猜词的游戏怎么样？

（教师提供词卡，一名学生描述词卡上职业的特点，最多只能提供3个，看哪位同学能最先猜出是什么职业，猜不出来由教师公布答案。）

（2）汇报调查情况：

教师：你们猜得都很快呀!通过提供的职业特点，马上就猜出了是什么职业，看来大家的社会调查一定完成得很出色。下面我们来把大家调查的情况说一说吧!请以小组为单位，组长先来介绍总体情况。

（先由组长说明活动时间、地点与参加人，然后由1~2名组员汇报调查情况。）

职业名称	小时候的理想职业	没实现或实现理想的原因	有更改职业的打算吗？	做过何种努力吗？

教师：大家的调查情况都汇报完了，你最欣赏哪组同学的调查？或哪组同学的调查改动一下会更好？请谈一谈你的想法。

（3）谈职业体验的感受：

教师：在上一次活动中，全班同学共同决定我们要一起体验公交车乘务员的职业，我把一些同学当乘务员的情况录了下来，大家来看一下。（教师播放自拍录像，学生看录像）

教师：你们看他们表现得怎么样?

（学生自由讨论发言，教师随机指导。）

教师：下面给大家五分钟时间，以小组为单位分别说一说自己体验的是什么职业，有什么感受。注意：小组交流时声音不要过大，每个同学都要参与到小组活动中。（学生交流）

教师：好了，先请每组组长说一下刚才小组交流的情况，再请一名代表发言。

（4）谈长大后的职业理想：

教师：同学们一定都有自己的职业理想，谁想说一说呢?

（学生自由发言，教师随机指导。）

教师：要想实现自己的职业，你认为我们应该怎样去做呢?

教师：同学们可以把自己的理想写在纸条上，然后我把它们封存到这个"愿望水晶瓶"里。我会一直保存它，看看20年后，我们能否聚到一起看一

看谁实现了自己的理想，好吗？（学生都表示同意并积极行动起来）

（5）课后延伸：

回家后与自己的父母探讨自己未来的职业理想，了解父母小时候的职业理想与现任职业的差别。

（6）作业设计：

教师：在调查中我发现同学们对一些职业存有偏见，可是你们想过没有，如果社会上缺少这些职业会怎么样呢？课下就请同学们收集一些"职业不分贵贱"的小故事，并在下次活动时对这个问题进行讨论，怎么样？

（7）活动剪影：

《价值的创造与实现》教学设计

【设计背景】

通过学习价值的创造与实现，使学生领悟和认识实现人的价值的正确途径，认识到劳动、智慧、奉献不仅是人的存在方式，也是人的本质和价值的实现方式，形成劳动和奉献的意识，具有自觉创造和实现人生价值的能力。本课内容思想教育性很强，要联系现实生活、强化实践环节进行教学，否则，其思想性就很难实现。因此本课的内容将围绕都江堰水利工程的建造引导学生了解古代先民发挥自身的智慧创造价值，由此让孩子们明白智慧创造价值。

【教学目标】

（1）人的生存和发展所需要的一切条件都是由社会提供的，人的价值只能在社会中实现。因此，处理好个人与社会之间的关系，是我们成功的起点。

（2）利用都江堰水利工程的建造让学生明白智慧创造价值，实现社会的价值意义。

（3）砥砺自我是实现人生价值的主观条件，要勇敢地站出来，勇于对命运说不，勇于向命运挑战，奋起冲击生命的制高点，能够与那些有条件的人一起搏击长空，铸就人生辉煌。

【教学对象】

中段三、四年级学生。

【教学准备】

教学 PPT，课前布置查阅都江堰相关资料，狮山币。

【教学过程】

（1）导入新课：

先运用多媒体展示本课题目——"价值的创造与实现"，提出问题：你所知道的中国智慧的先民有哪些伟大的创造？（万里长城、京杭大运河……）

春秋战国时期，人们已经认识到土与水是农业的基础和命脉。冶炼技术的进步，给兴修水利提供了比较锋利的铁工具，能够大规模地挖掘泥土、开凿山石，所以水利灌溉事业得以迅速地发展。都江堰的修建代表了战国时期我国劳动人民在水利方面的最高成就。下面让我们共同探讨学习本课的内容。

中国的江河很多，自然条件各异，自古以来洪水一直困扰着人类。那么，古代人民是如何面对洪水的肆虐呢？下面，我们来了解两千多年前四川人民是如何用自己的聪明才智，修建了著名的都江堰水利工程来战胜水灾的！（出

标题——解读都江堰）

（2）都江堰水利工程：

孩子们，什么叫"堰"？（提出"堰"的概念，让学生自己理解并回答。）

都江堰所处的地理位置在哪里？主持修建者是谁？你们知道吗？（学生根据课前查阅的资料回答）

教师追问：为什么要修建都江堰工程？都江堰由哪几个部分组成？都江堰建成后起到了什么样的作用？

学生小组合作讨论完成（都江堰由分水鱼嘴——分水工程、宝瓶口——引水工程、飞沙堰——溢流排沙工程三部分组成；都江堰建成后起到了分洪灌溉的作用。）

三大工程相辅相成，密切配合，共同完成自动引水分流、自动调控两江流量、自动防洪排沙的作用，既保证了灌区的用水需要，又极大地减轻了洪灾的威胁，成为古代世界科学治水的伟大壮举和一大奇观。（多媒体视频演示都江堰水利工程原理）

看了视频，了解了都江堰的历史，你能从李冰身上学到哪些高贵的品质呢？

学生讨论回答：为国为民、充满智慧、坚忍不拔。

了解了都江堰的组成、工作原理以及建造者的智慧，现在请孩子们小组合作讨论一下都江堰的历史意义。（学生分组讨论，老师走下去相机指导）

教师总结：都江堰是一个以灌溉为主，兼具防洪、运输功效的综合水利工程。该工程解除了岷江水患，灌溉了大片农田，千百年来一直为四川人民造福，使成都平原成为千里沃野，更享有"天府之国"的美誉。它不仅是中国水利史上的一颗明珠，还是世界史上现存历史最久的无坝引水枢纽，在世界水利史上占有重要地位。都江堰维护了生态平衡，保护了自然环境。2200多年来，都江堰一直造福于人类，至今可灌溉土地千万亩，发挥了巨大的社会价值。造福千秋的都江堰，在2000年被联合国列入"世界古代文化遗产"名录。

（3）巩固小结：

通过学习今天这节课，我们了解到先人们的智慧。那么你能说说今天的人们有哪些令人激动的创造吗？（三峡工程、神舟六号宇宙飞船……）

同学们，作为新时代的中学生，你现在应该怎么做呢？（引导学生认识到应该好好学习，为祖国的明天贡献智慧与创造。）中华民族是一个勤劳勇敢和充满智慧的民族，这种品质一定能在我们身上发扬光大！

（4）作业设计：

① 活动：设计都江堰旅游宣传语、导游词。

② 搜集其他智慧创造价值的事例。

（5）推荐读物：

① 《伟人创造的背后故事：从中国制造到中国创造》。

② 《工匠精神：缔造伟大传奇的重要力量》。

 **第四单元　消费的学问**

《计划消费》教学设计

【设计背景】

随着社会的发展，人们生活水平的提高，如今不少小学生拥有了自己的小金库。部分学生已养成花钱大手大脚，过多地将钱用于购物、娱乐乃至拉拢同学的坏习惯，这与中华民族的勤俭节约的美德是背道而驰的。我们认为，将理财教育渗透到小学生的课堂中已迫在眉睫。

理财是个开源节流的过程，对小学生而言，首先要懂得如何节流。在平时的生活中，孩子们大多将钱用于购物。因此我们选取了购物的场景作为切入点，以适应学生健康成长的需要，培养学生理性、合理地计划消费的能力。所以，在本课中，我们从购物入手，让学生体验计划消费的价值与必要性，从而节省开支。

【教学目标】

（1）分清"想要"和"需要"，明白购物时要按需购物。

（2）掌握购物的小诀窍，通过比价、比较物品质量买到合适的商品。

（3）会根据需要选择合理的购物方式，购物有计划，超出自身消费能力的不要买。

（4）感受运用小窍门去购物带来的乐趣。

【教学对象】

小学中段学生。

【教学准备】

课件，狮山币，每人两张活动交流单。

【教学过程】

（1）创设情境，疑问导入：

情境一：狮狮和山山分别得到50元零花钱，他们相约去文具店买开学用铅笔和橡皮。进入文具店，他们看到琳琅满目的商品非常兴奋，文具店卖的各种文具都有很多风格不同的款式，而且还有各种艺术品、玩具，他们这里逛逛，那里逛逛，看中这个又看中那个，最后两人不仅买了几种款式的同种笔、橡皮等，还买了自己喜欢的书签、小工艺品，真是满载而归，不过他们的钱也花得所剩无几，本来打算一会儿逛书城买书的，都只有取消了。

①狮狮和山山在消费的时候有什么问题？你发现了吗？他们的钱去哪里了？

②为什么他们最后买书的钱都没有了？你有过这样的情况吗？

③对于狮狮和山山，哪些是他们需要的，哪些是他们想要的？（拿出交流单，分小组合作完成）

需要买的物品	需要买的理由	可买可不买的物品	不需要买的理由

④如果让他们重新计划，你们有什么好的办法帮助他们吗？（根据自己有的钱，列出购物清单）小组内交流讨论，找出方案帮助他们。

	商品名	单价（金额）
必须要买的		
最想要买的		
现在不买以后不好买的		

⑤我们在列购物清单的时候要注意哪些问题呢？

• 为什么要列出购物清单？

• 购买的物品中哪些是必要的？哪些是想要的？

（2）自主探究、交流观点：

情境二：狮狮小组的同学来到了市场，就消费者参与商家打折等促销活动状况分头进行了一次小调查。他们一共访问了120位消费者，结果有96人曾参与了商家促销活动。其中有49人表示买到了实惠的东西（他们说，他们早就相中了的商品，搞活动的时候买，便宜了不少，很划算）；又有28人表示，买了不该买的东西（他们说，看着热闹就去了，头脑一热就买了，东西虽然便宜，但却是可买可不买甚至是买了用不着的，事后很后悔）。还有 19 人表示，去逛了一下，看看热闹，但什么也没买（他们说，没有家里特别需要的商品，再便宜买了也是浪费）。

针对以上三类人群面对商品促销所阐述的观点，你有什么看法？简要评价一下。

（学生 1：我们认为商场搞优惠活动，确实在一定程度上给消费者让利了，但归根到底还是商家促销赚钱的手段，我们应该理智地看待。调查中，买到了实惠的东西和什么也没买的消费者是根据自己是否需要来选择商品，是求实的；买了东西后悔的消费者是随大流、头脑发热的结果，是从众的。）

（学生 2：我觉得，现实中很多消费者都容易受从众心理的影响，比如，买东西的时候哪里人多人们就往哪里挤，哪里热闹就往哪儿钻。我们想问：究竟应该怎样认识从众心理？究竟应该提倡怎样的消费观？如何理性消费？）

教师小结与评价：从该情境可以看出，狮狮小组捕捉到了发生在身边的消费画面，面对商场促销出现的不同的消费行为，同学们从中分析出从众、求实等消费心理，还提出了疑问，下面我们一块儿帮他们解决这些问题。现在给大家一点时间，进行小组交流，组织一下语言，一会儿派代表谈谈你们的看法。

（各小组积极谈论，建言献策，发言代表做好要点记录。）

学生 1：从众就是大家干什么我就干什么。有这种心理的人，不太有主见，喜欢凑热闹，容易随大流，比如，在刚才同学提供的调查中，买了后悔的人就是从众。所以，我们应反对从众。

学生 2：从众行为也有得到实惠的时候，比如说，刚才的调查中买了实惠的人，其实也是在从众心理的作用下参与到促销活动中的，但他们就花更少的钱买到了相中的东西。所以，不能笼统地反对从众。

学生 3：我认为，质量好或者便宜的东西才会吸引人们来买，一传十，十传百，就会有很多人关注，当你想买但又不是很了解这类商品时，只有相信多数人的眼光。

教师小结：其实每个人与生俱来都会有从众的倾向。那种盲目的消费，花了钱却买了自己不需要的东西，是不可取的，也就是说，盲目从众不可取，我们应该倡导有计划地消费、理性地消费！要真正得到实惠需要考虑很多因素，这恰恰就是我们要求的要有"计划"，也就是要从价格、质量、服务、需要等综合考虑。

（3）教师总结：

通过这节课学习，有什么收获？

（消费的时候列出购物清单和购物计划十分必要。）

通过本节课的自主探究、合作学习，这些不同的消费行为反映出是否按需消费、是否盲目从众等消费心理。计划消费即综合考虑商品的质量、价格和自己的实际需要来实施消费；理性消费让人们买到了实惠。而不顾自身需要的消费只会让消费者花了冤枉钱！希望同学们学会理性、合理地计划消费。

（4）活动延伸：

周末和爸爸妈妈一起去购买家庭需要的物品，为家庭列一份购物清单或购物计划，并写下购物感受。

购物清单（计划）

购买物品	价格	是否为必要物品（打钩）
购买心得：		

《商品性价比》教学设计

【设计背景】

随着社会物质生活的不断提高，小学生手里有了更多的零花钱。尤其是双方祖辈、父母辈的宠爱有加，许多小学生往往要什么就能得到什么。尤其是中高年级的小学生，有的手里的零花钱甚至超过了百元。他们在购买东西时往往不考虑商品的实际使用效率或者用途，只凭自己喜好或者跟风冲动消费、盲目消费。

此外，学校地处大学校园内，有得天独厚的购物条件，吃喝玩乐应有尽有。孩子们平时外出的购物场所也比较多，而且商品的价格也参差不齐。虽然各个商厦经常会有各种打折促销活动，但是许多孩子甚至家长们并没有"货比三家"的意识，每次需要购买物品时看到打折，就觉得很划算，往往会毫不犹豫地购买，有时会买下一堆其实并不是很需要的物品。

所以，要想培养孩子良好的消费观念，就用正确的消费观念来引导孩子，才能够更好地帮助孩子建立一种健康的消费理念，学会买到自己需要的价廉物美的商品，而非随意地造成浪费。要引导孩子学会克制自己的冲动消费欲望，做一个更加理性的消费者。

【教学目标】

（1）通过调查、分析，提高自己发现问题并解决问题的能力。

（2）初步学会利用商品性价比聪明理智地消费，体会了解不同的生活方式，倡导节约的消费理念。

（3）通过学习、交流和实践，增强理财意识，学会合理购物，树立正确的金钱观。

【教学对象】

小学中段学生。

【教学准备】

课件，狮山币。

【教学过程】

（1）回顾导入，温故知新：

回顾之前关于货币的知识和金钱的来源的知识，引出对消费的探讨。

（2）活动开展——我是购物小达人：

① 场景模拟——交易谈判：

• 小组活动，创设一个商品交易的场景，各自演示交易谈判的技巧。

（说好话，三个一起买就买得多，拉关系……）

• 小组展示，其他同学总结他们在交易谈判中哪些地方值得我们借鉴。

• 总结交易谈判的技巧。

② 自主探究，货比三家：

情境一：

超市1：买1大盒牛奶送1小盒牛奶；

超市2：牛奶类产品一律打八折优惠；

超市3：买牛奶类产品，第二件半价。

作为顾客，面对不同的优惠策略，会思考什么呢？

（怎样买更省钱。）

如果让你去买这种牛奶，你会选择去哪一家超市买呢？

去哪一家超市买才是最佳选择呢？我们先别忙着下结论，请学生先解决下面的 3 个问题，再来回答。从学生刚才的交流中可以看出，要根据购买数量来进行选择。应该怎样根据相应的数量选择最佳的购物策略呢？

商品名称及容量	售价（单价）
大盒牛奶 950ml	13 元
小盒牛奶 500ml	7 元

买 1 小盒牛奶，去哪家超市较为合算？

如果买 1 大盒和 1 小盒牛奶，去哪家超市较为合算？

如果买 5 大盒和 3 小盒牛奶，去哪家超市较为合算？

学生先独立思考，再汇报交流。

如果让你再去这 3 家超市买牛奶，你认为应该如何选择商家呢？

（学生 1：因为我们购买总数不同，可以根据我们的需要，选择去不同的超市去买。）

（学生 2：我明白了要根据商家的优惠策略和所要购买的东西的数量来选择商家。）

怎样根据优惠策略和所要购买的东西的数量来选择商家呢？通过以上购买牛奶的这个例子，你能得出怎样的购物策略？

学生交流购物策略：

具体问题具体分析，不仅要看清商家的优惠信息，还要根据自身的需要，这样才能选择对自己最有利的购物策略。

③ 生活应用，选择最"优"卖家：

情境二：今年的 5 月 14 日是母亲节，狮狮想买个按摩仪送妈妈，你会帮他选择哪种新型购物方式呢？

A. 网上小店，158 元，运费 12 元，网评存在差评；

B. 电视导购 210 元，免运费，送价值 50 元的护肤水；

C. 网上商城专卖店，198 元，运费 10 元；

D. 知名网上商城，200 元，免运费，5 月 13 日发货。

投票的结果是：选 C 的最多，选 B 的较多。其他没人选。先说说为什么都不选 A 和 D。

（学生：不选 A 是因为这个小店虽然便宜，但是存在差评。D 虽然是知名网站，有保障，而且价格也合理，可是要 5 月 13 日才发货，而母亲节是 14 日，来不及到货。）

请选 B 的同学和选 C 的同学都分别说说各自的理由。

（学生 1：我选 B 是因为送了价值 50 元的东西，就是便宜了 50 元，最合算。）

（学生 2：我觉得送的东西有时候其实并不到 50 元这个价值。况且赠送的护肤水不一定是妈妈喜欢的，如果妈妈不用，送了也会浪费掉。）

小结：狮狮和多数同学选择的一样。希望以后在爸爸妈妈享受方便快捷的新型购物方式时，提醒他们注意选择信用高、评价好的，同时也注意快递的收发货时间和价格。

（3）教学总结：

今天我们学习了很多购物策略，虽然购物没有标准答案，但是同学们都能做出正确合理的选择。显然，大家都已经明白了怎样的购物方式才是最合理的，怎样才算是理智购物。其实购物本身就是一门学问，希望同学们在实际购物时一定要具体情况具体分析，权衡商品的性价比，这样才能以较优的价钱买到心仪的商品。

（4）活动延伸：

生活中还有其他许多省钱小窍门，比如团购、代金券等，这些名词都是什么意思?回家查一查，完成下面的活动。

山山一家三口去火锅店用餐，发现大众点评网上有两种团购活动：

① 可购买代金券。用 75 元就能购买 100 元的代金券，但代金券不找零且酒水另算。

② 298 元的三到四人指定菜品套餐。

你认为山山该如何选择最合适呢?理由是什么?

《讲价钱的学问》教学设计

【设计背景】

随着生活水平的日益提高，如今不少小学生拥有了自己的小金库。很多孩子已经学会拿着钱独自去超市购物，逛超市已成为孩子们喜爱并且很日常的一件事。但在购买时怎样最省钱呢? 大多数孩子根本不考虑价钱是否合理、物品是否为自己特别需要的、产品质量是否过关等因素，只要是自己喜欢的东西就扔进购物车里。为了树立学生理性消费的金钱观，本课就和学生共同探讨如何做个聪明的消费者。

【教学目标】

（1）学习选购商品的初步知识，知道应选购物美价廉的商品。

（2）购物时要学会货比三家，比较不同的促销方式。

（3）明白购物时要按需购物，根据需要选择合理的购物方式。

【教学对象】

小学中段学生。

【教学准备】

活动单，狮山币。

【教学过程】

（1）激趣导入，揭示主题：

随着生活水平的日益提高，相信不少同学都拥有了自己的小金库。哪些同学已经会拿着钱独自去超市购物啦？看来逛超市已成为孩子们喜爱并且很日常的一件事。但在购买时怎样最省钱呢？今天咱们就一起来探讨如何"做个聪明的消费者"。

（2）智慧消费之——选择最优套餐：

说到打折，商家的促销活动可是花样多多，同一家商家可能有好几种打折方案呢！

情境一：一次，狮狮一家和朋友去餐厅吃饭。餐厅有两种活动方案。一种是店里的活动：一桌6人套餐，价格269元。另一个活动是银行和这家店一起做的：如果用中国银行的信用卡付钱，则消费的菜品可以按原价来打5折。（鱼、虾等海鲜除外，按原价算；服务费除外，为2元/人。）

他们最初不知道有刷卡消费打折的活动，就点了一个6人套餐的菜品。现在你来算算，这些相同菜品，用那种方案消费更划算？

套餐菜品			
泡椒木耳：12元	凉拌鸡：22元	手撕茄子：16元	肺片：20元
清蒸鲈鱼：35元	炒虾仁：48元	蒸排骨：32元	酸汤肥牛：36元
炒火腿：24元	娃娃菜：26元	老鸭汤：35元	点心：18元

① 小组讨论，计算。教师巡视并个别指导。

② 小组展示：最优惠的方式——用信用卡消费比较划算。除去鲈鱼和虾仁，其他菜总价是241元，可以打五折，只要120.5元。120.5+35+48+12=215.5，比套餐价更便宜。

③ 从这个案例中，可以得出，在消费时，我们还有什么聪明的方法可以智慧消费？

（选择最优惠的促销方案。）

④ 小结：这种财商方法现在很多人都在用。比如有的商家在店里打6折，在网上团购只需5折，如果条件允许，那我们肯定选择网上团购。

（3）理性消费——按需购买：

打折是我们生活中常见的商家促销模式，那是不是最好的方法就是选择最优惠的方案呢？山山想向在座各位小小财商师咨询，面对这种情况，他该怎么做？他把困惑写下来（见活动单）。小组讨论，给他一个建议吧！

情境二：山山打算买一件羽绒服过年。元旦节到了，各商场都在促销。他看中了一件羽绒服，那个商家的活动方案也有两种：买一件打8折，买两件打6折。你说他该怎么办？

① 小组讨论，如果是你遇到这种情况，会怎么解决。

② 教师总结：商家很聪明，抓住了顾客购买优惠的心理，这样去促进顾客多买。往往有些人就选择了多买，看似每件衣服少了钱，但是其实超过了自己的预算。因而，我们不能盲目地看价格，而要根据自己的需要合理消费。

（4）小窍门、大智慧：

同样都是购物，究竟如何做个聪明的消费者呢？咱们现在一起来总结一下购物小窍门吧！

① 同样的商品，买便宜的更划算。

② 商品价格相近时，要挑选质量好的。

③ 购物时，要先看清商品的包装，特别是商品的生产日期和保质期。不要买"三无"产品。

④ 价格、质量都相近时，要选售后服务好的。

（5）教学评价：

把自己总结的购物小窍门说给爸爸妈妈听，听听他们对这些小窍门的看法和补充。

（6）教学延伸：

母亲节快要到了，运用我们所学的购物小窍门，用自己的零花钱为妈妈买一份礼物。

《消费者的保障》教学设计

【设计背景】

在信息技术飞速发展的今天，互联网已经在我们的生活中起到举足轻重的作用。如今，随着互联网的快速发展和应用，网络购物已经成为一种快速、便捷的生活方式，越来越多的人开始选择网上购买产品和服务。然而，网络购物在带来便利的同时也存在着一些弊端，对青少年产生了巨大的负面影响。由于青少年缺少生活经验，经不起诱惑，极有可能掉入网络购物的陷阱。

理财教育可以使人树立正确的金钱观、人生观和世界观，懂得维护消费者自身的合法权益。那么，让学生掌握一定的网购知识，拥有一个良好的、安全的、令人放心的购物环境就显得尤为重要了。

【教学目标】

（1）认识网银和网上支付软件，并能完成网上支付。

（2）能在网络上"货比三家"，选择自己需要又物美价廉的商品。

（3）了解网上购物的利与弊，懂得维护消费者自身的合法权益。

（4）认识到网购是把双刃剑，学会权衡其中的利弊。

【教学对象】

小学中段学生。

【教学准备】

课件，狮山币，修正带，网上购物计划表。

【教学过程】

（1）情境导入——网购知识知多少。

（出示学生常用的修正带）

① 这些修正带你们都是从哪买的？价格是多少？

（商场买的，8元；学校旁边的文具店，6元；网上买的，4元；文具批发店买的，4元，但一次至少要买6支。）

② 在哪个网站买的？我们经常购物的网站有哪些？

（淘宝、当当网、京东、亚马逊、1号店……）

③ 你们知道网上支付的软件有哪些吗？

（支付宝、微信、网银……）

④ 网上购物的步骤是什么？

（出示演示视频）

（2）情境模拟，勿入陷阱：

① 情境一——分组模拟：

第一组：为所买的东西付了款，卖家却迟迟不发货。

第二组：买回来的东西和商品介绍不相符或质量不过关。

第三组：买回中意的东西，却发现太大或太小了。

第四组：一时冲动买了好多不需要的商品。

如果你遇到上述情况，你会怎么办？如何维护自己的消费权益？

（对能出色完成任务的学生给予鼓励，对不能顺利解决问题的同学允许他们请求支持。通过这样的亲身实践，让学生进一步体会网购时要注意哪些容易陷入的陷阱。）

② 情境二——我来帮你想办法：

以下几种网购经历都有一定问题，请你给出合理的解决办法。

新款笔记本电脑，我一直想要，但实体店要3000多元，网上同款只要900多元，立刻买！

（解决办法：不要贪图小便宜，对于价格低得不正常的商品或商家要提高警惕。）

正在网吧上网，突然看到心仪的一本书在做活动，刚好在网吧上网，马上买！

（解决办法：最好不要，应使用自己的电脑网购，尽量避免使用公用电脑或他人的电脑，以防账号信息泄露。）

网购的东西不满意，退回，卖家要求我提供网银账号和密码，为了尽快收到退款，我就告诉他了。

（解决办法：不可以。要注意保护自己的隐私权，在网站上有人明确向消费者索要个人资料，其收集方式以及使用目的值得怀疑，不能随意泄露。）

支付宝要求我加载数字安全证书，太麻烦了，我不会弄，不加载也可以买东西啊！那我就不安装数字安全证书了。

（解决办法：数字证书是一个经证书授权中心数字签名的包含公开密钥拥有者信息以及公开密钥的文件，在特定的时间段内有效，可以大大保障网络支付的安全性。）

（3）交流探讨，总结网购经验：

针对刚才的情境模拟，同学们分小组展开讨论交流，说说自己会网购些什么物品（有什么需要），如何进行网购（有什么网购技巧）。

（4）教学总结：

近年来，随着网络的发展，越来越多的人开始接受网上购物。但是，网上购物是把双刃剑，要学会权衡其中的利弊，懂得维护消费者自身的合法权益，才能让我们更加理性、愉快地消费，尽可能地规避弊端，从而更好地享受网上购物的乐趣。

（5）活动延伸：

回家后在家长的指导下在网上选择合适的店铺购买自己所需的文具用品，并完成网上购物计划表。看看谁买的商品既价廉物美，又很实用。

品名	店铺名称	店铺好评率	价格	数量	合计

《开心购物节》教学设计

【设计背景】

当今社会是知识的社会，同时也是经济的社会。作为一个社会人，必然是知识人和经济人的完美结合。所以在教孩子知识的同时，我们认为培养孩子的财经素养也是必不可少的。

现阶段孩子们的钱大多用于购物，因此我们决定从购物入手，让学生体验生活中存在的各式各样的购物小窍门，从而节省开支。

【教学目标】

（1）让学生在实践中练习消费，在实践中感受消费的学问。

（2）能了解常见的几种促销形式，并能够加以分析和比较，选择比较优惠的策略来购物。

（3）通过学习、交流和实践，能较好地管理好自己的钱财，会正确地花钱，理性地消费。

【教学对象】

小学中段学生。

【教学准备】

（1）把自己的旧书、旧玩具等不需要的东西标上价格带到学校。

（2）场地布置。

（3）在家长支持下每人带 100 元购物基金。

【教学过程】

（1）知识回顾，团队建立：

① 消费学问知多少？

• 价格的秘密：单价、数量、总价。

• 打折、促销。

② 分组。（一部分同学先购买，另一部分同学先销售，一定时间后再交换身份）

③ 小组自行设计促销手段。

（2）开心购物节：

按照分组，自行购物。

（3）活动总结：

① 根据以下表格对自己的销售和购买做好记录。

销售记录

销售商品及原价	实际成交价格	用到的促销手段
销售总额		

消费记录

购买商品及原价	实际成交价格	是否为自己需要的商品（打钩）	购买中用到的消费技巧
消费总额			

②交流自己的销售和消费心得，分享自己的收获。

③教师指导学生分清"想要"和"必要"，从生活中和孩子有关的物品开始思考，让孩子在理性消费的基础上自主决定自己的消费选择，明白"资源有限、欲望无穷"的道理，学会计划消费。

④为自己列一份购物清单。

（4）教学总结：

希望同学们在今后的购物中也能量力而行，不冲动消费，不过度消费，用我们所学到的知识，买到价廉物美的商品，成为购物小行家。

（5）活动延伸：

周末列一份购物清单，和爸爸妈妈一起购买家庭需要的物品，并用上我们的消费小窍门。

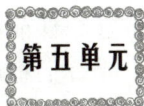

第五单元　生财有道

《我的零花钱计划》教学设计

【设计背景】

从比较实际的零花钱入手，培养小朋友合理调配自己的零花钱的能力；让小学生明白爸爸妈妈的钱是来之不易的，要做到节约用钱，尊重他人的劳动成果，在潜移默化中也让小学生懂得对爸爸妈妈要怀着感恩的心；培养小学生的积极思考能力，让他们从小就敢于发表自己的意见与建议，尽量做到有主见；通过一些环节，让他们体会所学知识的应用，增强自我成就感；让他们体会"做主"的成就感，但同时也要让他们明白其中的责任；同时，通过本课的学习，让他们学会一些知识。争取做到在"做中学"！在快乐中学会！

【教学目标】

（1）帮助学生反思自己使用零用钱的合理性，知道合理使用零用钱的意义。

（2）学会有计划地合理安排和使用零用钱。

（3）知道使用零用钱应当考虑到节俭，培养学生"合理消费，践行节约"的意识。

（4）了解零花钱的来源与数目，了解零花钱的用途，分析使用零花钱时遇到的问题。

【教学对象】

中段三、四年级学生。

【教学准备】

（1）学生准备：课前以小组为单位调查同学们使用零花钱的情况及想法。

（2）教师准备：制作本课的教学课件，准备狮山币。

【教学过程】

（1）联系生活导入：

教师：同学们，你们每天上学、放学都会看到我们学校校门外的"特殊景观"，知道是什么吗？（学生讨论，个别回答）那零用钱该怎么花才合理呢？今天这节课，我们就来说说零用钱。

（板书课题：我的零花钱计划）

（2）探寻支配，对比发现：

同学们，你们是怎样支配自己的零用钱的呢？针对这个问题，课前以小组为单位对大家使用零用钱的情况进行了一次调查。接下来，请你们将调查的情况与发现面向全班进行交流。教师梳理，请学生算出本小组、本班学生每周使用零用钱的平均数。

小结：不算不知道，一算吓一跳。我们班同学一周花掉的零用钱竟然相当于一个贫困地区的孩子上完初中的费用。

（3）合作探究，解决问题：

教师：在调查中我们了解到，有的同学在使用零花钱方面遇到了一些问题，请同学们大胆说出来，大家一起来出主意、想办法，帮助解决问题。

① 学生互动交流，说出问题，教师梳理出共性问题，以课件形式出示。（分小组合作讨论解决。）

② 互动交流。（教师结合贫困地区学生生活与学习的艰辛，引导学生评析，在此基础上让学生更加充分感受到合理使用零用钱的重要性与价值。）

③ 课件展示同学们节约零用钱募捐扶贫的录像。

教师总结：灾区的小朋友需要我们的帮助，我们可以把节约的零花钱捐给他们，让更多的孩子走上课堂，像我们一样愉快地学习、生活。

（4）认识升华：

① 阅读材料"我花零用钱的五部曲"：

教师：同学们，从我做起，从现在做起，我们怎样才能合理使用零用钱呢？请大家阅读 PPT 内容，然后以小组为单位，自创"几部曲"表演合理使用零用钱的过程。

② 小组活动。（学生组建表演小组，选择好内容和形式，做好角色分工与排练。）

③ 交流展示。（各小组轮流表演小品。其他同学用心观看与思考。）

④ 小结：教师肯定学生自创"几部曲"的小品表演以及对问题的解决。鼓励学生在自己的日常生活中也要这样做。

（5）讨论总结：

通过比较和反思，我们对怎样合理使用零用钱和节俭有了正确的认识。但是怎样才能够把这些正确的认识与做法坚持下去呢？

（经过讨论，由班委会发出"合理花费，践行节俭"的倡议，号召同学们节约从我做起，从身边的小事做起，从现在做起。定期总结、交流以"合理""节俭"为主题的心得体会。）

（6）作业设计：

制订计划：我的零花钱，我做主。请大家准备一个账本，记录每个星期的花销！为未来做好零花钱计划。

（7）拓展延伸：

让学生以"我的零花钱"为题作一份宣传报，把这种合理消费的观念和勤俭节约、奉献爱心的品质传递到更多的人心中。

《合理存款我有招》教学设计

【设计背景】

"合理存款我有招"，旨在帮助 12 岁以下儿童从小树立对"钱"的正确认识，向儿童传授基础的金融知识和财富管理理念，从而培养儿童的"财商"。通过身边真实有趣的案例调动学生的兴趣，培养学生的理财意识，培养学生在甄别、比较中学会投资理财，寓教于乐的方式有助于提高知识目标的达成度。

【教学目标】

（1）了解银行存款规则、我国主要的储蓄机构、活期储蓄和定期储蓄的基本内容；知道存款利息的含义及其主要影响因素；懂得存款利息的计算。

（2）培养理性投资、理性理财的观念，培养学生诚实守信的品质，增强投资理财的风险意识。

（3）了解银行存款类型以及如何正确选择存款类型。

【教学对象】

中段三、四年级学生。

【教学准备】

教学 PPT，课前搜集有关储蓄的相关知识，准备狮山币。

【教学过程】

（1）导入：

从日常的生活实际出发，了解学生到银行日常办理的一些业务，以及存储的相关资料。

教师：请问大家有去过银行吗？（有）

教师：我们一般去银行会做什么？（存钱、取钱）

介绍两个实例：张先生和李先生分别在银行存了 20 万，存期都是三年，三年后张先生获得本息共 23 万，李先生获得本息共 21.5 万。进行提问：知道为什么吗？学生能快速地说出是因为利息不同。此时老师追问：为什么利息会不一样呢？（存款的种类不一样）由此引出存款的种类不同，利率不同，到期所获取的收益也不同。

（2）复习：

如何计算利息？并说说影响利息的因素主要有哪些。学生能轻易地回答出：利息=本金×利率×时间（板书），三个因素都能影响利息的多少。

（3）新授：

① 直接出示本课的主题图，并让学生按照老师的要求阅读相关材料。

我准备给儿子存一万元，供他六年后上大学。怎样存款收益最大呢？

现在有一种教育储蓄存款，存期分为一年、三年、六年，并且教育储蓄免征储蓄存款利息所得税。购买国债也免征利息税。

② 知识梳理，找到条件与问题。

教师：那么现在我们来整理一下，我们这节课所需要解决的问题是什么？

有哪些条件？

本金：10000元　存期：6年　用途：子女教育

问题：怎样存款收益最大？

学生小组合作解决问题，教师相机指导。

③ 解决问题。

• 定期存款：

教师要提醒学生，这些钱的用途是子女教育，一般是比较稳定的，短时间都用不上。所以让学生在活期存款和定期存款中选取合适的存款类型。（学生便主动放弃选用活期存款）

此时教师出示银行利率表，并跟学生介绍活期存款的利率比较低，而且还要征收利息所得税，不划算。

教师：那么我们现在来研究一下定期存款吧！刚刚都已经通过主题图得知存期是六年，那这六年可以怎么分配呢？请同学们根据银行利率表来分配一下存期，可以怎样存。

一个学生回答以后，其他都已经知道怎么思考分配存期，便可以分小组讨论存款方案，并算出根据方案所能得到的利息。提醒学生，定期存款也是需要征收利息税的。

学生算完以后，进行汇报，并选取最优方案。

• 国债和教育储蓄：

教育储蓄：

教师：刚刚我们还了解到，除了活期存款和定期存款外，还有国债和教育储蓄。

出示教育储蓄的相关资料，并让学生仔细阅读，了解一年和三年按照定期的利率进行计算，六年的按照定期存款五年期的利率进行计算，教育储蓄免征利息税。

国债：

教师出示国债资料，并让学生了解国债，知道国债是一种国家发行的债券，它也分为三年期和五年期。了解利率分别是多少，并知道国债的利率比定期存款的利率还要高，而且国债也是免征利息税的。

定方案，算利息，比较后选取最优存储方案。

小组讨论存款方案，并算出根据方案所能得到的利息。老师巡视课堂，看学生定下了哪些存储方案，并进行计算指导。小组汇报方案，并说出本方案所获得的利息分别是多少。最后老师把所有方案所获得的利息列举出来，让学生选取最优的存储方案。

（4）总结并出示课题：

教师：本节课我们学习了什么？（如何存款）那怎样的存款方式才是最合理的呢？是不是利益越大就越好呢？孩子们有的说是，有的说不是。（此时出示本课课题——"合理存款我有招"）

此时教师再举简单例子1：如果只有10000元，而且生活中还需要用钱，能不能直接把钱全部存定期6年？学生根据具体情况进行说明。简单例子2：如果有100000元，平时不怎么用钱，能不能拿10000元存定期6年？

最后总结：合理存款，并不是利息越多越好，而是要结合实际选择最为符合自己的存款类型。

（5）作业设计：

查阅相关资料，了解除了课上介绍的几种储蓄方式外，还有哪些理财方式。

（6）拓展延伸：

亲子活动：回家和爸爸妈妈一起商量一下哪种存款类型是适合家里的，讨论一下你们家的理财方式。

《我是时间大赢家》教学设计

【设计背景】

储蓄，是一个既漫长又短暂的东西。我们在生活中经常储蓄的是钱财，可是比储蓄钱财更重要的还有许多，比如时间、知识等。我们很多学生经常会感到有很多事情要做，时间不够用。这节课的设计就是要教会学生如何珍惜时间，如何积累其他人生中重要的事物，怎样按照事情的重要性为事情排序，更好地安排自己的学习生活。

【教学目标】

（1）了解除了储蓄钱财外还能储蓄知识、时间等。

（2）了解我们不能合理储蓄时间、知识等的原因。

（3）学会科学管理时间、积累知识的方法。

【教学对象】

中段三、四年级学生。

【教学准备】

教学PPT，学习材料，狮山币。

【教学过程】

（1）谜语引入：

① "假设你有一个账号，每天进账￥86400，每年进账￥31104000，每晚12点后进账消失，每年元旦后结算扣除，猜猜是什么？"（时间，单位是秒）

② 这是著名法国思想家伏尔泰出的谜，看哪个同学最快猜出答案。"世界上哪样东西是最长又是最短的，是最快又是最慢的，最能分割又是最广大的，最不受重视又是最值得惋惜的；没有它，什么事情都做不成；它使一切渺小的东西归于消灭，使一切伟大的东西生命不绝。"这是什么？（时间）

（2）活动体验：

① 认识时间：

从这两则谜语中你领悟到了什么？你是否曾觉得"光阴似箭"？是否也曾觉得"时间过得真慢"？你什么时候会觉得"时间不够用"？什么时候会感到"不知如何消磨时间"？在我们的学习生活中，认识时间、把握时间、科学管理好时间非常重要。

② 情境分析：

若仔细剖析自己过去的一天，将会发觉无谓的时间浪费远超过自己的想象。有学者统计过，一般学生平均一天要浪费清醒时间（十六小时）的四分之一，而时间管理不好的人浪费的清醒时间可达50%~90%！那么，是谁在身边轻悄地偷走我们的时间呢？请同学们先看看下面的两个情景。

情景模拟一：

可能你有过这样的经历：课余，在教室倚窗背诵，同时无意识地看着窗外的景色。突然，窗外出现了奇妙的景色或奇怪的现象，你的目光渐渐被景象吸引，忘记了刚才的背诵，你的时间悄悄地被空间（景色）侵入，最后竟全面地取代了你整段的时间。原本沉浸在学习活动中的你不知不觉地将注意转到周围的突发事件上了，时间就这样轻松地被偷走了。

讨论：找找你身边有哪些"偷走时间"的因素？

（忽然被老师或班干分派工作，有亲戚来访，同学间的闲谈，发手机短信，电话聊天，在决定先做哪科作业时用了好几分钟……）

情景模拟二：

星期天，李同学起床前就订好了一天的计划：9点开始做数学和英语作业，之后写一篇议论文，然后用一小时上网浏览一下本周球坛情况，下午提早回校出板报。9点钟他准时坐在书桌前，看到凌乱的桌面，心想不如先收拾整理，为今天的学习提供干净舒适的环境。半小时后书桌变整洁了，虽然未能按原定时间开始学习，但他丝毫不后悔，因为30分钟的清理工作很有成效，他满意地到客厅喝水稍作休息。他无意间发现报纸上的彩图十分醒目诱人，便拿起来看，看了一则又一则新闻，看了一张又一张，不知不觉已经 10 点多了。他为没履行计划而略感不自在，不过转念想想，看报纸也是学习呀，心也就安了。好不容易做作业了，可不一会儿，好同学来电话与他闲聊了约 30 分钟。挂上电话，见弟弟在一旁玩游戏，便与弟弟一块儿玩起来，毕竟一个星期没与弟弟玩了……很快就到了 12 点，他心想写作文是颇费脑筋的，没有比较完整的时间是难以写好的，倒不如下午再好好做，于是便安心吃饭了。午饭后，他马上就回房间，本以为可以开始专心做作业了，但不一会儿，眼皮就开始打架，他想平常这时候也正是午睡时间，今天反正是星期天，就好好休息吧，养好精神可提高学习效率。于是，他便放心睡了。一觉醒来已是下午 3 点多，他果然感到精神充足，打开电脑上网。关机时已快 5 点，他想剩下的时间不可能完成所计划的事情了，就先做明天要交的作业，作文下周一才交，就明天再作打算了。

讨论：导致李同学不能按计划行事的原因有哪些？小组合作讨论。

总结："习惯拖延"是最大的时间偷窃者，李同学的那个星期天就是典型的"时间拖延"个案。许多同学都无法克服小李那样的拖延恶习，特别是在考试前，每天摆出苦读架势，甚至中午不休，晚上熬夜，却收效甚微。

（3）方法介绍：如何科学地管理学习时间？

① 请同学们集体朗诵《和时间赛跑》：

和时间赛跑

林清玄

读小学的时候，我的外祖母过世了。那哀痛的日子，断断续续地持续了很久，爸妈也不知道如何安慰我。他们知道与其骗我说外祖母睡着了，还不如对我说实话：外祖母永远不会回来了。"什么是永远不会回来？"我问着。"所有时间里的事物，都永远不会回来了。你的昨天过去，它就永远变成昨天，你不能再回到昨天。爸爸以前也和你一样小，现在也不能回到你这么小的童年了；有一天你会长大，你会像外祖母一样老；有一天你度过了你的时间，就永远不会回来了。"爸爸说。有一天我放学回家，看到太阳快落山了，就下决心说："我要比太阳更快地回家。"我狂奔回去，站在庭院前喘气的时候，看到太阳还露着半边脸，我高兴地跳跃起来，那一天我跑赢了太阳。以后我就时常做那样的游戏，有时和太阳赛跑，有时和西北风比快，有时一个暑假才能做完的作业，我十天就做完了。那时我三年级，常常把哥哥五年级的作业拿来做。每一次比赛胜过时间，我就快乐得不知道怎么形容。如果将来我有什么要教给孩子，我会告诉他：假若你一直和时间比赛，你就可以成功！

总结："一直和时间比赛"就是实实在在的时间观念，就是当日事当日毕，绝不拖延，不把今天的事拖到明天做，而只能把明天的事提前到今天做。

② 提高平时学习效率：

有的同学也懂得珍惜时间的意义，但有拖拉的习惯，应该一小时做完的作业却拖了两小时。我们应训练自己雷厉风行的习惯，提高学习效率。以下的"个人学习效率手册"，供同学们参考。

• 看、听、读交替进行，不同学科作业交替做；

• 按生物节律安排学习内容：精神好时完成学习难度大的内容，轻微疲劳时完成学习难度小的内容；

• 按遗忘规律间隔学习：遗忘规律是先快后慢，所以要不同学科内容间隔复习；

• 过度学习：复习量达到 150%时，记忆效果最好；

• 善于借用外力，及时向他人请教。

③ 善于利用零碎时间：

达尔文说："我从来不认为半小时是微不足道的一段时间。"大段时间固然应该珍惜，零星时间也不能浪费。零碎时间最好用来做些简易作业，如背诵、记忆单词、默写公式等。

④ 合理分配时间，按照重要程度排序：

小 C 是班级的学习委员，又是校学生会的干部，还是文学社的骨干，平时总是需要面对许多的学习与工作任务。那是一个周二的早晨，小 C 刚走进校门，便碰到几个邻班的好朋友，他们对小 C 说："今天吃完中饭 12：15，我们一起去阅览室看体育杂志啊，听说新的一期又到了。"可踏进班级之后又看到教室黑板上写着"今天中午 12：20—13：10 学校进行英语百词竞赛"。他这才想起自己是班里推荐的 10 位参赛选手之一。这时突然一个学生会的干部找上来说："小 C，王老师让你今天中午 12：30 召集四年级全体学习委员开会，商量明天演讲比赛的事情。他也要来参加的。"刚坐到位子上，记者团的王同学跑进来对他说，今天中午 12：35 我们记者团成员碰个头，商量一下周六外出采访的事，你可有主要采访写作任务啊。王同学刚走，数学老师走进教室，对同学们说："今天中午我们 12：25 集中讲一下上节课的作业，错的很多，只有小 C 等几个同学做得不错。"小 C 一听，顿时觉得，今天怎么这么多事情都凑到一起了啊，于是……

信息提炼：

今天中午要做的事情：

• 12：15 看体育杂志；

• 12：20—13：10 学校英语百词竞赛，班级 10 位推荐选手之一；

• 12：25 数学作业讲评，自己做得不错；

• 12：30 召集学习委员开会，关于明天的演讲比赛；

• 12：35 记者团商量周六采访的事情，有主要任务。

如果你是小 C，那天中午你将选择去做哪件事情呢？为什么？

根据学生的回答，追问：那么其他的事情怎么办呢？有什么办法可以把这五件事情中的内容都安排好吗？

如何将事情排序：

• 我必须要做，且不能耽误的事情——重要紧急的事件；

• 可以让别人帮助做，但不能耽误的事情——紧急的事件；

• 我必须要做，但有充足时间的事情——重要的事件；

• 可做可不做的事情——不重要不紧急的事件；

• 重复、价值不大的事情——可以放弃的事件。

时间段	计划内容	重要性排序	要做的事情	希望完成的时间和达到的效果
中午休息时间（11：40—13：15）	看体育杂志	5	告诉好朋友下周一中午再一起去看体育杂志	
	学校英语百词竞赛	1	参加学校英语百词竞赛（12：20—13：10）	
	听数学作业讲评（已掌握）	4	向数学老师请假	
	召集学习委员开会（委托他人）	2	寻找协助开会的人，并告知其会议内容与要求（明天演讲比赛）	
	记者团讨论外出采访事情（周六）	3	与记者团老师商量另定讨论时间（周六外出）	

（4）作业设计：

朗诵《今日歌》《明日歌》。

第六单元 儿童创业

《广告知多少》教学设计

【设计背景】

在生活中，广告处处可见，与生活联系非常紧密。广告能告诉消费者商品的信息、特点、用途、优势等，促进商品的流通，帮助商家获取利益。然而，也存在虚假广告或广告陷阱，诱导消费者购买商品，损害消费者权益。总之，广告在一定程度上影响着大众的消费，认识广告非常重要。

【教学目标】

（1）通过活动使学生了解广告的作用、特点、形式。

（2）通过收集、调查使学生认识到广告对激发消费、促进经济发展的巨大作用。

（3）了解广告法，学会辨别虚假广告和广告陷阱。

【教学对象】

小学中段学生。

【教学准备】

PPT，调查表，广告视频，作业单。

【教学过程】

（1）导入（课前调查，后附调查表）：

相信大家在平时看到过很多广告，你有特别喜欢的吗？请说一说。那这些广告里蕴藏了哪些知识呢？展示和交流你们的调查结果。

（2）创设情境，视频引入：

① 教师播放"步步高点读笔"的广告。

② 从这个广告中你知道了什么？

③ 引出课题——"广告知多少"。

（3）交流互动，学习新知：

① 广告的含义、历史。

根据我们的调查，以及刚才的广告内容，你对广告知道多少？

② 学生交流回答。

③ 总结：广告是有计划地通过电视、广播等向消费者宣传商品或服务的信息，唤起消费者的购买欲望，从而促进商品的销售。

口头广告—商标字号—招牌广告—印刷广告—多媒体广告

④ 广告的形式、特点：

孩子们，生活中不乏广告，你看过哪些令你记忆深刻的广告？在哪儿看到的？

⑤ 总结：随着科技的发达，广告的形式多种多样：报纸、杂志、电视、广播、互联网等。

⑥ 说说你喜欢的一条广告（或由老师准备）。

你为什么喜欢这条广告？（分析广告特点）

⑦ 总结：这就是广告的特点，它具有营利性、信息性、引导性、艺术性。

⑧ 广告的作用：

前期，大家都做了关于广告的调查，来吧，展示自己的调查结果。

说一说：广告对人们的影响大吗？为什么？你能举个例子说一说吗？

总结：从你们的调查中，我们发现广告能提高商品的知名度，增强商品的竞争力，促进商品的销售。看来广告在商业竞争中起到很大的作用。

（4）呈现反例，提高认识：

① 谈话引入：

好的广告让人赏心悦目，能够激发消费者的购买欲望，那是不是所有的广告都是可信的广告呢？

呈现：

② 你如何评价这两条广告？

引导发现：常见的广告陷阱有数字陷阱和明星效应等，我们应理性分析广告，合理消费，不被虚假广告左右。

（5）回顾反思，总结提升：

教师：在本节课中，你对广告有了哪些认识？

（6）家庭作业，新知拓展：

教师：收集优秀的广告，并记录下来。

"广告知多少"调查表

调查人：_____   调查时间：____月____日

1.下列情况你会选（   ）（可多选）

A. 看电视节目时，一到广告时间就转台

B. 读报纸时，会看广告板块

C. 留意商场的海报，以便知道商品的促销活动

D. 从不看手机接收到的推销广告

E. 接到广告推销电话会马上挂断

2. 广告对你的影响（   ）

A. 对广告有兴趣，经常会受广告的吸引而购物

B. 不相信广告，没兴趣

C. 理性地分析广告内容，对选购有帮助

3. 认为广告有哪些好处？（   ）（可多选）

A. 有助于消费者了解商品的特点

B. 鼓励消费者购买

C. 促动生产力

D. 推动了对外贸易

4. 你认为广告有哪些弊端？

_____

"广告知多少"作业单

姓名：_____

生活中，你喜欢哪些广告？记录在下面，并说明原因。

商品名称	商品广告	喜欢的原因

《我们生活的商业世界（上）》教学设计

【设计背景】

我们身边有很多商铺、小店、商场，形成了一个丰富、巨大的商业世界。在这个商业世界里我们可以购买我们想要的东西，也可以进行信息交换等。我们所需要的物品是怎么来的呢？跟老师一起了解我们生活的商业世界吧！

【教学目标】

（1）通过调查，了解周围商业世界的构成，以及所销售物品的分类。

（2）通过参观工厂视频，知道商品的来源，了解各企业在商业世界中的产业链位置，从而整体了解周围的商业世界。

【教学对象】

小学中段学生。

【教学准备】

视频，PPT。

【教学过程】

（1）课前调查：

① 谈话引入：

孩子们，我们现在购买自己需要的东西非常方便，因为我们身处一个不断完善的商业世界。你观察过这个世界吗？今天我们就一起来认识一下我们生活的商业世界。

② 观察身边的商店销售的产品有哪些，可以怎样进行分类。

③ 课上汇报。

（2）商品分类：

① 学生汇报：

说说你的调查结果：在我们生活的商业世界中销售的物品有哪些？

② 教师有序总结：

我们的生存离不开水、食物，需要衣服、鞋子等很多东西，而我们周围的商业世界都可以为我们提供。通过大家的调查，我们可以将商业世界的产品进行以下分类：

- 实物类，如：衣服、鞋子、饮料、书本……
- 服务类，如：快递、酒店服务、小区物管……
- 信息类，如：广告、中介信息……

③ 分组模拟：

全班分为三个小组，各选择一个分类，模仿销售这类产品中的其中一个。

• 抽签分类，再全组讨论选择哪一个具体产品；

• 确定产品特征，编写广告；

• 模拟销售。

④ 学生讨论、尝试模拟，再汇报表演。

⑤ 总结：

通过大家的讨论、表演，我们发现，三类商品在销售时重点不同。实物类的重点在于产品本身质量；服务类的在于以人为本；信息类的在于真实有效。在现实商业世界中，为了提高企业的竞争力，不是进行单一的产品销售，而是将实物和服务搭配出售，像购买家电后免费安装以及提供良好的售后服务，比直接销售家电更吸引人。

你还能举出这样的搭配销售的产品吗？

（3）商品来源：

① 观看视频：

我们经常购买实物类商品，那你知道它们是怎么来的吗？先来看看这个视频吧！边看边思考，你都看到了什么？有什么想法？（学生交流汇报）

② 教师汇报：

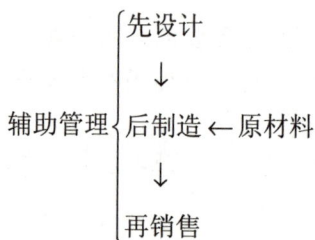

（4）全课总结：

教师：我们生活的商业世界丰富多彩，说说你学到了什么？你还有什么问题？（下节课继续学习）

（5）作业设计：

去商店体验三类产品的销售和购买。

《我们生活的商业世界（下）》教学设计

【设计背景】

由于年龄限制，小学中段的孩子对商业世界只有宏观的认识。上节课中我们引导孩子从商品对商业世界进行了了解，本节课主要从购买方式来学习。随着科技的发展，网购进入大家的日常生活，成为独立于现实商场的另一商业世界。那网上购物和实体店购物各有什么优缺点？网上购物将来会取代实体店购物吗？

【教学目标】

（1）通过调查，了解人们对网上购物和实体店购物的选择。

（2）对比分析，认识网上购物和实体店购物的优缺点。

（3）通过对比研究，为网上购物和实体店购物提供营销建议。

【教学对象】

小学中段学生。

【教学准备】

PPT，课前调查卷。

【教学过程】

（1）谈话引入：

在上节课中，我们知道我们生活的商业世界是丰富多彩的，可以购买到各种各样需要的物品。那我们可以从哪些地方购买这些商品呢？

随着科学技术的发展，网购越来越受人们青睐，那是不是所有人都热爱网购？网购一定比实体店购物强吗？一起来分享你们的调查结果。

（2）调查分享，讨论交流：

① 小组分享调查结果：

• 请小组成员展示"网上购物与实体店购物调查问卷"；

• 小组交流：网上购物和实体店购物的优缺点。

② 看，这就是调查结果：

	网上购物	实体店购物
方便性	不受时间、地点限制（优）	需要选择时间、地点
配送	下单与接收到商品有时间差	即买即用（优）
价格	无租房等花费，成本较低，便宜（优）	成本较高，价格稍贵
质量	无法见到实物，质量参差不齐	可以挑选，保证质量（优）
货比三家	可对比挑选全国各地商品（优）	地域时间限制，对比不多
资金	不用带大量现金，但仍有支付风险	带现金，无支付风险
售后	无法保证售后服务	售后有保障

（3）建议：

① 通过对比发现了什么？

不管是实体店购物还是网上购物，都既有优点也有缺点。我们可以取长补短。你想给实体店购物和网上购物一些建议吗？

学生先小组交流再作回答。

② 给实体店的建议：

- 在保证质量的前提下，降低成本，价格亲民；
- 营造舒适的购物环境，让购物成为一种享受；
- 提供送货上门服务；

……

③ 给网上购物的建议：

- 规范网上市场，把关商品质量；
- 确保售后服务；
- 提高网上付款的安全性；

……

（4）全课总结：

同学们，经过这一课的学习，我们发现网上购物虽然是一大趋势，但是实体店购物的优势也不容忽视，如果能相互取长补短，进行改善，相信会提高各自的竞争力。

（5）作业设计：

和爸爸妈妈进行一次网上购物：选择对比同类商品、讲价、下单、收货、使用、评价。

关于网上购物与实体店购物的问卷调查

调查人：＿＿＿＿＿＿＿＿　　　　　　　调查时间：＿＿月＿＿日

（用√表示你的选择）

1. 你的性别？

    A. 男　　　　　　　　B. 女

2. 你比较喜欢以下哪种购物方式？

    A. 网上购物　　　　　B. 实体店购物　　　C. 其他

3. 你喜欢在网上购买哪种物品？

    A. 生活用品　　　　　B. 饰品类　　　　　C. 衣着类

    D. 食物类　　　　　　E. 其他

4. 网上购物时你比较侧重哪方面？

　A. 价格　　　　　　　B. 质量　　　　　　C. 评价

　D. 商誉　　　　　　　E. 售后服务

5. 你选择网上购物的原因有（多选）：

　A. 便宜　　　　　　　B. 节约时间

　C. 质量好　　　　　　D. _____

6. 以下哪种物品你会选择在实体店购买？

　A. 生活用品　　　　　B. 饰品类　　　　　C. 衣着类

　D. 食物类　　　　　　E. 其他

7. 如果你选择实体购物，你会侧重以下哪方面？

　A. 价格　　　　　　　B. 质量　　　　　　C. 评价

　D. 商誉　　　　　　　E. 售后服务

8. 你会选择实体购物的原因是（多选）：

　A. 可试用　　　　　　B. 可商议价格

　C. 质量鉴定　　　　　D. _____

9. 你能接受的网上购物价格是：

　A. 100 以内　　　　　B. 200 以内

　C. 300 以内　　　　　D. 300 以上

10. 你能接受的实体店购物价格是：

　A. 100 以内　　　　　B. 200 以内

　C. 300 以内　　　　　D. 300 以上

11. 你认为网购的风险有哪些？

_____

12. 实体店购物有哪些缺点？

_____

《我是公益小达人》教学设计

【设计背景】

讲求仁爱、乐善好施是中华民族的优良传统，希望凭借自己的一份力量为这个世界增加温暖和光彩（自古就有"达则兼济天下"的美好愿景）。但是很多人有这样的误区：公益是那些有钱人的活动，公益离普通人很遥远。其实不然。只要能帮助到他人，无论事大事小，都是公益。从小应该养成乐于助人的良好品行，树立正确的公益观念，在生活小事中体会帮助他人的乐趣，了解现代社会公益的相关知识，为和谐社会贡献自己的一份力量。

【教学目标】

（1）在活动中了解什么是公益，社会公益的意义以及公益活动的形式。

（2）运用创业知识开展公益活动，培养学生乐于助人的优良品质。

【教学对象】

小学中段学生。

【教学准备】

视频，PPT。

【教学过程】

（1）视频引入，激发兴趣：

① 谈话引入：

我们生活在物质充裕的环境里，穿暖吃好，有很多书可以阅读，有很多玩具可以玩。可是世界上还有许多地方非常贫困，我们来一起看看视频。

② 观看"救助贫困儿童"视频：

你从视频中看到了什么？有什么感受？

③ 小结：

在视频中蓝丝带活动组织大家为贫困儿童提供帮助，像这样的个人或组织向社会提供金钱、时间、服务等帮助服务于社会大众的活动，叫公益活动。

（2）分享互动，学习新知：

① 公益活动参与大讨论：

你参加过哪些公益活动？谈谈具体做了什么。

② 总结：

孩子们在爸爸妈妈陪伴下也参加了许多类型的公益活动，真棒！社区服务、环境保护、公共福利、帮助他人、社会援助、青年服务、慈善、国际合作，这些都是公益活动。

（每项举例说明，如公共福利："壹基金"捐款修建希望小学。）

③ 公益活动的意义：

分享你参加公益活动的经历及感受。

学生分享。

小结：公益活动能体现自身价值，增加社会责任感，促进社会和谐，发扬优良传统。

（3）我来判断

如何判断是否为公益活动？你有什么经验、想法呢？请分享一下。

（4）公益组织：

① 公益组织的特点：

个人可以进行公益，也可以多个人一起进行公益活动，人多力量大，形成一个组织、一个团队。小朋友们根据刚才的公益活动思考一下：要组织为社会、为人类服务的机构，应该具有什么特点？

② 小组讨论交流、汇报。

③ 总结：

公益组织是非政府性的，它有其独立性，不是政府的一部分，也不由政府官员主导；是非营利性的，不为拥有者积累财富。

④ 介绍国际知名公益组织及相关公益活动图片。

• 红十字国际委员会：1863 年创立于日内瓦，红十字国际委员会是一个独立、中立的组织，在全球 80 多个国家共有大约 1.3 万名员工；资金主要来自于各国政府以及国家红十字会和红新月会的自愿捐赠。宗旨是为战争和武装暴力的受害者提供人道保护和援助。

• 世界自然保护基金会：建立于 1961 年 9 月 11 日，原名为世界野生生物基金会，总部设在瑞士。其目的是通过组织、宣传和教育等工作，促使有关方面重视自然环境面临的威胁，尽可能取得世界性的精神和物质的支持，并在科学的前提下，把这些支持付诸行动，向世界各国的野生动物保护项目提供资金和技术。

• 中华慈善总会：中华慈善总会成立于 1994 年，是经中国政府批准依法注册登记，由热心慈善事业的公民、法人及其他社会组织志愿参加的全国性非营利公益社会团体，目前在全国拥有 366 个会员单位。其宗旨是：发扬人道主义精神，弘扬中华民族扶贫济困的传统美德，帮助社会上不幸的个人和困难群体，开展多种形式的社会救助工作。

• 宋庆龄基金会：1982 年，在邓小平同志倡导下，宋庆龄基金会在北京成立。基金会宗旨为：继承和发扬宋庆龄毕生致力的增进国际友好，维护世界和平；开展两岸交流，促进祖国统一；关注民族未来，培育少年儿童的未竟事业，即和平，统一，未来。

（5）课堂总结：

教师：在本节课中你收获了什么？

（6）课后巩固：

邀请父母一起在社区进行公益活动。

《义卖的学问》教学设计

【设计背景】

"六一义卖"是学校的传统德育热点活动，深受学生和家长的喜爱。通过"六一义卖"活动，能将自己已经用过的物品进行捐赠或销售，再将收入用于爱心捐款和贫困救助。但是通过观察发现，在多次义卖活动中，大部分的老师都注重"感恩教育"和"分享教育"，而忽视了其中蕴含的"理财教育"。老师应该抓住"卖"的契机，将理财教育和德育教育相结合。

【教学目标】

（1）为培养学生"乐于助人""感恩与分享"的优良品质，开展爱心义卖活动，在活动中鼓励学生参与公益事业，培养责任感。

（2）在活动中培养学生的"理财意识"，使学生学会结合市场调查选择义卖物品，并学会正确定价；能充分运用销售知识，调整销售方法，提高销售量。

（3）使学生学会使用表格记录成本、利润、销量等。

【教学对象】

小学中段学生。

【教学准备】

以往义卖活动照片，表格，PPT。

【教学过程】

（1）回顾导入：

① 谈话引入：

一年一度的义卖活动又要开始了，这次的义卖捐款我们将用于为贫困山区购买图书。大家已经摩拳擦掌，准备好了。那我们首先来看看以往我们参加的义卖活动。（出示照片）

② 回顾活动，你有什么感受？

（从得与失两方面来说）

③ 总结：

大家对于怎样更好地在义卖活动中赚钱以及消费存在一些问题。今天我们就一起去探讨义卖中的理财学问，帮助自己成为一个成功的卖家。

（2）确定义卖商品及来源：

① 提出问题：

通过刚才的图片以及交流，我们发现有的商家东西卖不去，有的商家东西不够卖，产生这样问题的原因是什么？

小组讨论交流：对大家的需求不了解。

② 分组调查：

引导：要怎样才能了解大家的需求呢？

（分组调查记录并做分类，再交流）

分类：学习用品、女生喜欢的饰品、男生喜欢的拼装玩具、夏天专用物品等。

③ 小结：

通过市场调查可以发现大部分的同学都喜欢的物品，我们在准备义卖商品的时候就要考虑大家的需求。注意：所卖的物品既要新奇有趣，还要质量好，方便使用。

④ 商品来源：

在知道了大家需要什么之后，我们可以怎样获得这些义卖物品呢？

⑤ 小结：

成功的销售活动离不开市场调查，只有充分了解顾客的需求，从性别、年龄段、目的等不同方面准备物品，才能更好地吸引顾客，这是打开销量的第一步。第二步是通过正确的渠道准备质量好、性价比高的商品。

（3）如何对物品定价及计算成本、利润？

① 如何定价？

一件商品定价太高，则没人购买；定价太低，则利润太少或损失成本。那么我们应该怎样定价呢？（学生先分组讨论）

调查表

• 你准备带多少钱参加义卖？

• 你能接受的最高价钱是多少？

• 你比较接受的物品价格是（　　　　）至（　　　　）

• 你对你想买的物品估价多少？

根据市场定价，了解消费者的消费心理。

② 网购商品定价：

如果是网上新买的物品，应该怎样定价呢？

（进价、邮费）

以魔力橡皮擦为例，每个价格 4.2 元，邮费 5 元，我们进 10 个，则 $10 \times 4.2 + 5 = 47$ 元，那成本价为每个 $47 \div 10 = 4.7$ 元。

（选择一个物品计算成本价）

③ 利润计算方法：

知道魔力橡皮擦成本是4.7元，如果卖价是5元，你收入多少？怎么计算？

小结：利润=卖价－成本价。

（假设物品的卖价，尝试计算利润）

④ 小结：

通过刚才的调查、计算和讨论，我们知道商品的价格不能乱定。若过于便宜，赚不到钱，便无法献爱心；若定得太高，则没人愿意买。而我们的目的是义卖，不能全以赚钱为目的，还要考虑同学们的购买能力。

（4）综合提高，总结全课：

在今天的课程中，我们了解到要进行一次成功的义卖要学会调查、定价、计算成本和利润，这些知识可以帮助我们通过义卖活动更好地献爱心。为了方便，我们可以将今天学的内容用表格进行记录。

卖家记录					
所卖物品	进价	定价	实际卖出价格	销量	利润

（5）作业设计：

进行市场调查，选择一个物品进行义卖，并根据市场和物品成本制定价格，为义卖活动做准备。

《爱心义卖活动》教学设计

【设计背景】

我校一直以来都将"乐于助人""感恩""分享"作为德育教育的目标之一，鼓励孩子参与慈善捐款等活动，我校的"六一义卖"就是很好的契机，既能结合德育课程培养孩子的优良品质，又能充分发挥孩子所学的理财知识，十分有必要。

【教学目标】

（1）回顾购物和义卖的相关知识，培养学生的理财意识。

（2）使学生在分享和交流中进一步理清义卖的基本方法，学会合理定价，有效分工，在献爱心的同时，学会合理用钱。

（3）使学生学会管理慈善捐助活动资金表，正确记录义卖收入的来源和去向。

【教学对象】

小学中段学生。

【教学准备】

PPT，白纸，马克笔，记录表。

【教学过程】

（1）激发情感，引入课题：

① 谈话引入：

在上节课中，我们知道世界上还有许多地方非常贫困，那里的孩子渴望学习，却缺乏书籍和学习工具，想想我们可以为他们做些什么呢？（激发孩子的同情心，引导学生开展慈善捐赠活动）

② 捐赠方式：

要想献出自己的爱心，我们可以怎么捐赠？

既然要爱心捐赠，是不是用通过自己劳动赚取的钱更有意义呢？

③ 模仿学习：

在国外，很多小朋友会通过自己的劳动赚钱，我们一起来看看。

（出示图片）孩子代言、节目表演、做文身、代购等。

④ 启发：

看了同龄小朋友的表现，你得到了什么启发？

小结：孩子们真棒！通过自己的劳动赚取零花钱，这些零花钱我们可以进行爱心捐赠，向山区的朋友分享自己的劳动成果，也能帮助贫困的伙伴，非常有意义。

（2）义卖活动的开展：

① 你参加过爱心义卖吗？关于义卖我们学了哪些知识？

今天我们也来制订一个义卖计划。首先，我们要明确哪几点呢？

第一，设立对象及所需：

本次的义卖是为谁？他们需要什么？

（总结）爱心义卖，是一种慈善，是爱心行动。

我们要考虑援助对象的需求，也要量力而行。

第二，分组、分工：

接着，要想在义卖过程中做到有条不紊，想一想，我们可以怎么做？（分工）

具体有哪些分工？需要做什么？（小组讨论交流）

销售员——负责物品的销售；收银员——负责收钱、找钱；配货员——及时补充物品；统筹员——协调、协助其他几个人的工作。

（小结）有效的分工合作能让销售活动更加有序，也能让每个人积极地参与进来。

第三，广告：

为了扩大影响力，吸引顾客，让更多的人参与进来，增加销量，想一想以前的知识，我们还可以做哪些措施？

设置独特的摊位名称，如"快乐书吧""淘气的杂货铺"；发布有创意的广告；采用合理的促销方法，如买三个橡皮擦送一个贴纸，等等。

（小结）大家智慧是无限的，巧用"计谋"才能提高销量。接下来请大家进行小组合作：选择你们要义卖的物品，从摊位名称、广告、促销方法等方面进行义卖准备。

② 小组活动，教师巡视并给予帮助。

③ 学生展示本组的作品。

（3）表格的使用：

为了便于更好地管理义卖募集的资金，老师为大家准备了一个"慈善爱心"小银行，用来记录我们义卖的收入和支出，你能看懂吗？

"慈善爱心"小银行					
日期	内容	收入	支出	结余	经办人

教师指导学生看懂表格，并尝试填一填，完善自己的义卖计划，为义卖活动做准备。

（4）"爱心义卖"活动流程：

PPT 呈现义卖活动流程，并讲解；

活动开场—义卖—现场募捐—活动总结。

（5）作业设计：

跟爸爸妈妈一起筹集善款，作为义卖的原始资金。

中段各单元对应财商活动

第二单元 关于钱的那些事儿

《货币上的文化》活动方案

【活动背景】

货币是人们用来进行货物交换的手段，是每个人都再熟悉不过的东西。可货币并不单调也不简单，一张小小的纸币、一枚小小的硬币，承载着一个国家的历史、文化、政治、经济，反映着传说典故、文字语言等人类发展进程中最真实的一面，传达着这个国家的信仰。

各国货币上的图像从侧面反映了一个国家的国情和风貌。除了特有的山水风景、动植物和文物古迹外，还有领袖和名人图像。例如人民币上印有手握拖拉机方向盘的妇女和正在劳动的车工，它意味着中华人民共和国的综合国力在增强，经济实力也在突飞猛进着，它见证了我国的成长。本课希望借"货币上的文化"调查活动让学生对世界各国货币以及背后的文化有更深入的了解。

【活动要点】

（1）分小组观察探究，每个小组（4人）选择一个国家调查其货币上的文化，将观察所得结果记录在表格中。

（2）组长汇报交流。

（3）活动评价与总结。

【活动目标】

（1）通过小组合作学习的方式，使学生能说出常见的世界各国货币的名称，能辨认出一些国家或地区的货币。

（2）通过汇报交流，使学生对世界各国货币以及背后的文化有更深入的了解。

（3）培养学生的合作探讨意识，增强学生的自主学习能力。

【活动对象】

小学中段学生。

【活动准备】

人民币、美元、欧元、英镑、日元、德国马克、澳大利亚元、港币、台币等常见的面额不等的货币若干张，货币特征记录表若干张。

【活动过程】

（1）回顾旧知：

回顾"世界各国货币博览会"：这些货币分别是哪个国家的？

人民币（中国）　　　　　　　美元（美国）

日元（日本）　　　　　　　　英镑（英国）

（2）合作探究，寻找货币上的文化：

① 教师举例，再次认识人民币：

币种	面额	样币	主要颜色	正面图案	背面图案	其他
人民币	100元	图	红色	毛泽东肖像	人民大会堂	货币符号：¥ 正面团花：茶花

② 分小组观察探究，每个小组（4人）选择一个国家调查其货币上的文化（教师将事先准备好的信封发给各小组），将观察所得结果记录在表格中。（教师巡视，并做个别指导）

币种	面额	样币	主要颜色	正面图案	背面图案	其他

③ 组长汇报交流，教师小结：

（交流：我为大家介绍一种货币）

币种	面额	样币	主要颜色	正面图案	背面图案	其他
人民币	20元	图	棕色	毛泽东肖像	桂林山水	货币符号：¥ 正面团花：荷花
美元	100美元	图	墨绿色	本杰明·富兰克林	费城独立纪念馆	货币符号：$

④ 各小组间质疑、答疑：

• 为什么欧元上面没有人，只有门？窗？桥？

代表了合作、开放和沟通。窗户象征着欧洲向世界开放，桥梁象征着交流与沟通。

• 为什么港币有些是中国银行发行的，有些是汇丰银行发行的，有些是渣打银行发行的？

这是历史原因造成的。香港在英国对其实行殖民统治早期在香港成立的汇丰以及总部在伦敦的渣打就开始发行钞票，除了日占时期以外，这个做法一直保持至今。

• 使用欧元的国家和地区有哪些？

欧元区是指欧洲联盟成员中使用欧盟的统一货币——欧元的国家区域。目前，欧元区共有 17 个成员，另有 9 个国家和地区采用欧元作为当地的单一货币。目前，使用欧元的国家为德国、法国、意大利、荷兰、比利时、卢森堡、爱尔兰、希腊、西班牙、葡萄牙、奥地利、芬兰、斯洛文尼亚、塞浦路斯、马耳他、斯洛伐克（2009 年 1 月 1 日加入欧元区）、爱沙尼亚（2011 年 1 月 1 日加入欧元区），称为欧元区。

（3）活动评价与总结：

货币是人们用米进行货物交换的手段，是每个人都再熟悉不过的东西。可货币并不单调也不简单，一张小小的纸币、一枚小小的硬币，承载着一个国家的历史、文化、政治、经济，反映着传说典故、文字语言等人类发展进程中最真实的一面，传达着这个国家的信仰。

希望通过本次调查活动，大家能对世界各国货币以及背后的文化有更深入的了解，同时更要懂得爱惜货币。

（4）活动延伸：

回家和父母一起了解一种货币的小知识，完成题单。

姓名		班级		得分	
了解的货币（贴图）					
货币小知识					
面额兑换					

《人民币背面的风景》活动方案——大美人民币

【活动背景】

人民币是再寻常不过的东西了，同学们几乎天天都能见到它。人民币作为全国流通的货币，设计和印制都十分精美，体现了中国的自然、社会、历史、文化。可是，有多少人仔细观察过人民币上的美？

为适应经济发展和市场货币流通的要求，1999 年 10 月 1 日，在中华人民共和国成立 50 周年之际，中国人民银行陆续发行第五套人民币。时至今日，我们对人民币背后的图案已经相当熟悉，但是你有没有亲身到过这些地方，从同样的角度欣赏过这些美景呢？接下来就让我们开始一次人民币背后的神秘之旅吧……

【活动要点】

（1）阅读文章《人民币背面的风景》，交流心得，开启一次人民币背后的神秘之旅。

（2）创设情境，走进人民币——视频欣赏五套人民币。

（3）以小组形式探究不同面额人民币上的文化，将观察所得结果记录在表格中，并汇报交流。

（4）火眼金睛——辨别真假人民币。

（5）爱护人民币。

【活动目标】

（1）通过阅读文章和观看视频，知道第五套人民币纸币上的图案设计，懂得人民币不仅是货币，也是国家形象、民族文化的窗口。

（2）通过小组探究学习，使学生对人民币以及背后的文化有更深入的了解。

（3）通过体验活动，初步掌握辨别真假币的方法，并鼓励学生试着在生活中运用。

（4）通过讨论交流，加强学生爱护人民币的道德规范教育，提高保护人民币的自觉性。

【活动对象】

小学中段学生。

【活动准备】

课件，不同面额人民币若干张，人民币特征记录表若干张。

【活动过程】

（1）创设情境，走进人民币：

① 阅读文章《人民币背面的风景》：

人民币作为在全国流通的货币，设计和印制都十分精美，体现着中国自然、社会、历史、文化的特点。为了适应经济发展的需要，进一步完善我国的货币制度，提高人民币的防伪性能，自 1999 年 10 月 1 日起陆续发行了第五套人民币。

10 元券主要是以墨兰色为主，背面以"长江三峡"为主景，看着那波涛汹涌的长江水，真叫人心惊胆寒。20 元券主色调为棕色，背面以"桂林山水"为主题，那里山水连天，几座高大的石头直插入水中，如同几位天神太过喜爱这桂林山水，就下凡在此地安下了家。50 元券的主色调为绿色，背面主景是"布达拉宫"。只见布达拉宫耸立在高山之上，显得非常雄伟壮观。从中体现了古人的建筑既美观又坚固的特点。从低往高处看布达拉宫，真感觉它像一座空中之城。100 元券的主色调是红色，背面的主景是人民大会堂，那一根根粗粗的柱子倍显气势。

我国的人民币真实设计独特，每一张人民币都是绽放着祖国的灿烂文化和美丽景色。

② 视频欣赏：自中华人民共和国成立以来发行的五套人民币。（板书：大美人民币）

（2）体验探究——人民币上的文化：

① 以小组形式探究不同面额人民币上的文化，将观察所得结果记录在表格中。

面额	样币	主要颜色	正面图案	背面图案	正面团花
100 元	图	红色	毛泽东肖像	人民大会堂	茶花

② 汇报交流。

③ 全班交流分享你了解的人民币上的学问。

• 人民币的简写及由来：

RMB 由汉语拼音 Ren Min Bi 的开头字母组成。

• 学生正确认知人民币的符号：¥（读音为：YUAN）。

"元"也是人民币的单位。人民币按照材料的自然属性分，分为硬币和纸币。（多媒体展示）

• 交流分享学生已知的图案设计意图。

（国徽——国家的标志，代表国家）

（中国人民银行——国家管理人民币的主管机关，负责人民币的设计、印刷、发行）

（毛主席——中华人民共和国第一任国家主席）

（盲文——是专门供盲人书写摸读的文字符号）

（菊花——花卉四君子之一，是中国名花）

（数字编码——每张人民币的数字编码都不相同，就像人民币的"身份证"一样，不会重复）

（面值——清楚地告诉人们每一张纸币的价值）

（3）火眼金睛——辨别真假人民币：

① 基本辨别方法有：看人像水印；看雕刻凹版印刷；看隐形面额数字；看光变油墨面额数字；看安全线；仪器识别法。其中高仿币光变油墨，以及人像水印，在夜间容易误判。（以 100 元为例）

② 实践体验：

人民币不仅是货币，也是国家形象、民族文化的窗口。

• 小组活动：根据已经学会的辨别方法，分组辨别自己手中的第五套其他面值的（1 元、5 元、10 元、20 元、100 元）人民币纸币。

• 小组学生汇报辨别结果及辨别过程。

（4）爱护人民币：

① 将假币送交银行，这也是对人民币的爱护！爱护人民币就是从这样的细节开始的。生活中，我们还有哪些爱护人民币的行为呢？

不乱揉乱折人民币，不在人民币上写字画画，不弄脏、不撕毁、不弄湿人民币……

② 总结：爱护人民币是每个公民的义务。

（5）活动延伸：

① 向父母或他人进一步了解人民币及识别假币的知识；

② 当"爱护人民币"宣传小使者，向他人宣传爱护人民币的知识；

③ 有条件的同学上网查阅更多有关货币的资料，并和同学交流。

《我家最老的"货币"调查活动》 活动方案

【活动背景】

古钱币作为收藏品，自有物质、精神两方面的意义。一方面，它是承载历史、文化、艺术信息的商品。另一方面，收藏在改变人们物质生活的同时，也提升着人们的精神生活；收藏可以陶冶情操、修身养性。在收藏的过程中，收藏者将自己培养成理性和感性结合得相当和谐的"文明"人。这些藏品对无经济来源的学生来说有些遥不可及，但是我们想借收藏提起孩子们的兴趣，陶冶孩子们的情操，留住一些美好的东西，使他们初步感受收藏与理财的关系，培养孩子们的财商。

【活动要点】

（1）实物欣赏，激发兴趣。

（2）知识竞答，温故知新。

（3）交流分享，调查家中最老的"货币"，分享它的特征及背后的故事。

【活动目标】

（1）了解收藏的基本意义以及相关的收藏知识，培养学生的理财意识。

（2）通过知识竞答的方式，回顾货币的发展，感受中国文化几千年源远流长的历史，以及社会文明的进步历程。

（3）通过调查家中最老的"货币"，分享它的特征及背后的故事，让学生感受收藏的乐趣与意义，以此培养理财意识，培养财商。

（4）能留心生活，培养热爱生活的情感，陶冶情操，形成良好的艺术修养，感受收藏与理财的联系。

【活动对象】

小学中段学生。

【活动准备】

课件、课前收集素材，并完善"我家最老的'货币'调查表"。

【活动过程】

（1）实物欣赏，激发兴趣：

① 今天老师给大家带来了我家中最老的"货币"。

② 简要介绍老师的收藏品以及收藏和理财的关系。

③ 学生谈感受。

④ 听完老师收藏的故事后，大家有什么感受呢？为什么要收藏？它有什么意义吗？

（2）知识竞答，温故知新：

① 货币的发展过程。

（实物货币、金属货币、纸币、电子货币。）

小结：物物交换—金属货币—金银—纸币。

② 在纸币出现之前，各地流通的货币有哪些？

（布币、刀币、半两钱、五铢钱）

③ 公元 621 年，唐朝铸行的货币叫什么？

（开元通宝）

④ 最早的纸币叫什么？

（交子）

⑤ "交子"发行于哪个朝代？最早出现在哪个地区？

（北宋、四川）

⑥ 请说出"钞票"的来源？

（大清宝钞、户部官票）

⑦ "金元宝""银元宝"是什么时期出现的？

（元代）

（3）自主调查，交流分享：

调查家中最老的"货币"，分享它的特征及背后的故事。（事先记录在调查表上）

我家最老的"货币"调查表

收藏人：

收藏品：

来源（时间，如何获得）：

背后的故事（对自己的意义）：

同学对收藏品的评价：

---

① 学生在小组内展示自己带来的最老"货币"，并做简单的介绍。

② 小组交流：讲一讲货币收藏的途径以及货币收藏背后的故事。

③ 全班交流，学生互评，教师评价。

使学生懂得收藏既是兴趣也是理财的一部分。

（4）活动总结：

货币中蕴涵了许多丰富的知识，有研究的价值。在收藏的过程中能丰富我们的精神生活，提升生活的品位，还能使我们形成良好的艺术修养。因此，用收藏理财，何乐而不为呢？

（5）活动延伸：

课后调查搜索更多关于收藏的知识，有机会还可以去博物馆参观各种珍贵的藏品，去获取更多的知识。

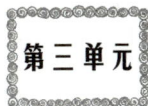

第三单元 钱从哪里来

《我是小小职业调查员》活动方案

【活动背景】

职业规划教育是实施素质教育的有效手段。随着社会的快速发展，职业规划已显得尤为重要，关系到未来人才的质量和发展方向，而认识自我、认识职业、认识教育与职业的关系、学会职业决策是中小学生职业规划的重要内容。为帮助和引导中小学生开展早期规划职业，使他们在未来能做自己最想做的事，做最好的自己，我们决定开展职业调查活动，从而使孩子们能从别人口中了解各种职业的特质，更好地进行职业规划。

【活动要点】

社会职业调查是学生整个学习过程中一个极其重要的教学环节，是学生运用在校学习的基本知识和基础理论去研究和探讨实际问题的实践锻炼，是培养学生养成运用专业的眼光去观察社会职业现象的一个重要手段。可以增强学生对管理实践活动的了解，锻炼学生的协调能力、沟通能力和对理论知识的综合运用能力。

【活动目标】

（1）帮助学生多样性地了解不同职业的特性，培养他们乐观向上和积极进取的人生态度；

（2）帮助孩子了解自身优点，提高自我认知能力；

（3）帮助孩子建立良好的情感沟通模式，增强他们人际交往的能力；

（4）帮助孩子培养组织能力，更好地、全面地展现他们的优秀人格魅力；

（5）帮助孩子磨炼意志、挑战自我；

（6）尊重孩子的个性发展，帮助他们设定目标、快乐成长，塑造健康的心态。

【活动对象】

中段三、四年级学生。

【活动准备】

联系好朋友的父母；制作职业表格；准备录音设备或纸和笔；做好调查提纲；准备狮山币。

【活动过程】

（1）准备阶段：

① 联系好好朋友的父母，对好朋友父母的职业做一下调查，然后填在表格里。

② 在对各职业进行调查前，事先查阅相关资料，了解一些大众职业的特性，比如：医生、教师、个体、公司职员等。

③ 事先做好分组，四人一组，全班分为十组，可以组内进行调查，也可以各小组之间进行调查。

（2）实施阶段：

孩子们，你们都知道哪些职业呢？在小组内和你的组员们进行交流，采访一下彼此，完成职业调查表。

① 填写职业调查表（至少三种职业）：

朋友姓名	父亲职业	母亲职业

② 对调查者进行调查访谈：

刚才孩子们已经知道并了解了一些职业，那么之前你在做职业调查时，又获得了哪些有用的信息呢？请孩子们对照下面的访谈提纲，进行自查，看看你在调查中是否都提到了。

• 您对目前从事的职业是否满意？

• 您之前的理想职业是什么？是否和现在一致？如果不一致，那是什么原因致使您选择了目前所从事的行业？

• 您认为在校所学的学科知识有利于今后的就业吗？

• 您认为您的职业有哪些优势和劣势？

• 您认为您的职业前景如何？

自查结束，请同学们在四人小组内先分享一下各自的调查结果。

学生组内交流后请每组代表发言，在全班进行分享。

（3）活动总结阶段：

从刚才孩子们的组内交流和个别分享中，我们对一种职业有了更深的了解，更知道了这个职业的未来发展趋势。那么现在请各小组完成下列任务：

① 小组内交换调查意见，完善所调查职业的资料；

② 每小组将调查时的照片、记录笔记或录音资料整理在 A4 纸上；

③ 各小组之间进行交流，互换调查资料，拓宽职业种类，了解更多的职业特性。

（4）活动交流分享阶段：

现在每个小组都已经整理好了职业调查资料，那么现在请各小组成员上台来为全班同学展示一下你们的成果。

① 各小组将整理好的职业调查资料在班队会上进行分享展示，并将成果张贴在教室里。

② 将班级活动方案、小组活动计划、学生活动成果装订成册，上交学校德育处。

③ 各小组展示交流后在全班内开展讨论，主题围绕各种职业的过去、现在和未来进行讨论。

看过了各组的展示，老师觉得你们都整理总结得很棒，现在请大家投票评出本次活动的优秀小组，并给予"我是优秀调查员"荣誉称号。

（5）活动延伸：

推荐好书：《选对池塘钓大鱼》《把孩子培养成财富：知心姐姐卢勤成功家教秘诀》《洛克菲勒留给儿子的 38 封信》。

（6）活动照片：

《"我相信，我能行"职业体验》活动方案

【活动背景】

通过"我相信，我能行"职业体验活动，同学们走入父母的工作单位，体验了工作一天的辛苦，有了很多难得的体验和感受。本学期我们继续开展第二阶段的职业体验活动，在校内、校外挖掘更多的资源，设立更多的岗位，让同学们进一步感知职业。

【活动要点】

（1）提高学生的社会实践活动能力。

（2）通过模拟社会生活，体验社会角色，了解成人社会的劳动过程。

（3）将品德教育、法制教育、安全教育、劳动教育等融入实践体验活动之中，从而培养学生的独立意识、自主能力、合作态度和自信品质。

【活动目标】

（1）体验生活，感悟人生，帮助他们从小确立成才目标。

（2）体会父辈们的辛苦，懂得并学会感恩父母，更加珍惜幸福生活。

（3）在实践体验中不断成长，养成不怕失败、坚持不懈、为他人服务、团结协助等优良品质。

【活动对象】

中段三、四年级学生。

【活动准备】

联系好相关机构；开展亲子职业体验；准备狮山币。

【活动过程】

（1）准备阶段：

① 撰写活动方案。

② 分工分组。

将班级学生按4人一组分成10个小组，每组选好组长，负责小组分工，每小组安排一人负责带好相机。每个小组写好本组的活动计划。

③ 学生分组查找、搜集有关职业体验的文字或图片资料，做到对活动充分了解。

④ 安全文明教育。

• 一切行动听从老师指挥，紧跟队伍，不掉队、不喧哗、不拥挤。乘车

时不要将头手伸出窗外。

- 在来回途中要注意交通安全，不乱穿马路，走人行道和斑马线。
- 在活动过程中要注意卫生文明，不乱丢垃圾，将垃圾丢进垃圾桶，离开休息地时，要搞好卫生。
- 在活动过程中要注意语言文明：不讲脏话、不大声喧哗；如有同学或游客等询问，要热情回答。请求别人帮助要说"您好！请问……，谢谢！"得到同学、老师或他人的帮助要说"谢谢！"
- 在活动过程中要注意行为文明：不追赶打闹、不损坏公共财物，做到文明、安全。
- 节约教育：带适量零食和零花钱。
- 互助教育：小组成员团结互助，主动帮助有困难的同学；在活动中，高年级同学注意谦让，能主动照顾低年级同学；懂得谦让，懂得关爱他人。

（2）参观调查阶段：

① 行程安排：

8：00 在教室分小组集合，上午 8：30 从学校出发前往酷贝拉综合实践基地。

② 活动任务：

实行组长负责制，每组组长负责带领组员开展活动，同时注意组员的文明礼貌及安全防范。组内如有问题，由组长及时向老师汇报。每组中一位同学负责活动图片的拍摄。在活动中，注意帮助有困难的同学。每个学生寻找一个岗位，扮演好一个角色，在体验中学到一些知识，掌握一点本领，体会一份劳动的快乐，获得一份难得的感受。

（3）活动展示分享：

孩子们，职业体验活动已经结束了，但是我们的任务还在继续，下周的班队会我们将进行此次活动的展示分享，请孩子们回去完成以下任务：

① 将照片打印出来，配上文字进行解说，贴在 A4 纸上，在班队会上进行分享展示，并将成果张贴在教室里。

② 写好小组合作感受和体验感受，誊写在 A4 纸上，在班队会上进行分享展示，并将成果张贴在教室里。

③ 将班级活动计划、小组活动计划、学生活动成果装订成册，上交学校德育处。

④ 评出本次活动的优秀小组，给予学生加星的奖励。

（4）活动总结：

在这次活动中，孩子们通过亲自模仿成人的职业、实际操作、亲身体验工作流程，并在"工作"中获取酬劳，学习分配所得，感悟到社会工作的不易，提高了合作能力，增加了社会阅历。开展这类活动是当今很有意义的一种儿童教育方式。

（5）活动延伸：

到爸爸妈妈的工作单位进行一日工作体验，和父母商量一下需要做的工作，体验后可以和父母交流一下你的体会。

（6）活动剪影：

《今天我当家》活动方案

【活动背景】

本活动是在学生掌握了一些统计知识的基础上设计的。通过记录家里一周的日常开支，一方面可使学生经历收集、整理和分析数据的过程，巩固前面所学的知识；另一方面还能让学生试着学习理财，合理安排日常开支，感受数学的实际应用，逐步形成应用意识，培养学生的理财意识与能力，使之养成勤俭节约的好习惯。

【活动要点】

（1）了解家庭经济来源及收支情况。

（2）知道消费要量入为出，学会合理消费，勤俭节约。

（3）了解现代家庭理财的基本方式，初步树立科学理财的意识。

【活动目标】

（1）让学生了解家庭经济来源的多种形式和家庭生活必要的开支情况。通过"今天我当家"的实践活动，使学生知道管理家庭的有关知识，掌握一些节约开支的小窍门。

（2）使学生体验父母的辛苦，感悟"当家才知柴米贵"的道理，学会合理消费、勤俭节约，树立家庭责任感，珍惜劳动成果。

（3）通过课前的调查与实践，以及课上各种形式的交流体验，使学生主动探究，培养他们发现问题、解决问题的能力，激发学生的生活热情，增强家庭责任感。

【活动对象】

中段三、四年级学生。

【活动准备】

（1）学生准备：课前调查家中一周的开支情况并记录下来，形成统计表；走进父母，采访父母，记录父母一周活动。

（2）教师准备：课件、实物投影仪、狮山币。

【活动过程】

（1）前阶段活动反馈：

① "家庭劳动小岗位"活动情况反馈：

孩子们，上一周我们进行了"家庭劳动小岗位"的实践，你们感觉怎么样呢？在小组内交流一下自己在实施劳动小岗位中遇到的困难和采用的解决方法。之后小组派代表发言。学生分组交流各自在实施家庭劳动小岗位中的感受。

通过孩子的交流分享，可以把同学们在实践中遇到的问题进行总结，我们先来将问题聚焦，然后再进行逐一突破。

问题一：找不到合适的劳动小岗位。

对策：

- 自己先仔细观察家里需要什么岗位，什么岗位适合自己；
- 与爸爸妈妈商量或者请爸爸妈妈参谋；
- 请教家长所选的岗位职责：需要做什么，该怎么做？
- 签订合同；
- 继续试行，并及时记录过程及体会。

问题二：爸爸妈妈不支持；

对策：与爸爸妈妈沟通，说服父母做自己的"参谋"。

问题三：遇到困难半途而废。

对策：不怕困难，坚持到底。

- 格言激励。如："别想一下造出大海，必须先由小河川开始。"
- 故事感悟。如：《蜘蛛织网》等。

孩子们通过自己发现问题，自己想办法解决的方式，顺利地完成了"我是家庭大管家"的任务，相信你们下次会做得更好！

②父母一周活动记录情况反馈：

同学们，上周我们除了进行家庭小岗位的尝试外，我们还进行了父母一周活动记录的活动，你们还记得吗？现在请孩子们在小组内交流一下：

- 小组交流：交流父母一周的活动；
- 引导感悟：从这张记录表中，你发现了什么？你体会到了什么？

（启发：父母这样操劳是为了什么？作为子女，应该怎样体谅自己的父母？）引导学生体会父母的辛苦，以促使学生体验父母每天的生活和感受。

（2）后阶段活动预设：

我们上一个"家庭小岗位"的体验活动已经结束，其实，在家里我们有很多的岗位可以进行尝试，本周我们将要尝试的是"今天我当家"，看看谁是管家能手。请同学们小组讨论，想想我们应该怎么做，有哪些步骤。等会儿我们进行交流。

①出示本阶段活动任务："今天我当家"；小组讨论，预设活动步骤；

②交流反馈，引导补充完整的活动步骤：

- 活动准备：

周五晚，与妈妈进行面对面的交谈，了解妈妈周六或周日一天的日程安排，并记录下来。

根据了解到的情况，我准备学妈妈当一天家。在妈妈的帮助下，制订一个计划，将次日要做的事情记下来。（别忘记安排好大约的时间段）

• 活动实践：

周六或周日当一天家。（请妈妈当你的助手，活动时出谋划策；活动后做好评价。）

• 活动后续：

记录活动中遇到的问题和自己的感受。

③ 引导设计活动表格：

孩子们，通过刚才的小组讨论，"今天我当家"活动步骤已经罗列出来了，现在请同学们设计一份活动表格，用表格的形式来展现活动的步骤会更加清晰。可以小组交流一下：

• 小组或个人按照以上步骤尝试设计表格；

• 交流设计的表格，引导分析亮点及不足之处；

• 出示参考表格，根据刚才的分析修改自己（小组）设计的表格：

今天我当家				
当家人：			班级：	
妈妈周末一天日程安排				
我的当家计划				
当家过程中遇到的困难				
解决对策				
我最自豪的地方				
妈妈对我的评价				

• 困难预设：当家过程中可能遇到的困难；应对困难的态度及解决的途径、方法。

• 课后活动：

按照活动步骤当一天家（有条件的同学把自己在劳动的场景拍摄下来）。

孩子们设计的表格很完善，果然集体的智慧是巨大的！

（3）活动交流（第二周）：

同学们，"今天我当家"你们开心吗？是不是也遇到了很多的困难呢？相信你们有很多话要诉说，现在小组内分享一下吧。交流后小组推荐当家成功者介绍经验。

① 小组交流当家历程（包括碰到的困难及解决对策）；

② 小组推荐当家成功者介绍经验；

③ 当家不成功者介绍碰到的困难，共同探讨问题所在。

听了孩子们的分享，老师真佩服你们的坚持和聪慧。在活动中你们遇到了这样或那样的问题，但是你们没有退缩，而是发挥自己的聪明才干，努力去解决。有的同学虽然当家不成功，但是你们勇于参与的勇气是值得表扬的，希望这些孩子能够吸取教训，下次表现得更好！

（4）课后活动延伸：

① 继续当一天家；对照两次当家历程，撰写体验日记。（争创"实践星""进步星""孝敬星"）

② 继续坚持每天完成自己的家庭劳动小岗位。

（5）成果展示：

① 引导：同学们，我们进行了一次有意义的活动，相信大家一定很想告诉其他同学你做了哪些事情。请将活动记录（图片、手抄报）展示给同学看。

② 小组交流展示。

③ 小组推荐展示（学生边展示边介绍）。

（6）情感升华：

① 学唱歌曲《我有一双勤劳的手》。

② 教师总结：经过这次活动，老师发现你们变了，变得更懂事了。

第四单元 消费的学问

《家庭购物计划》活动方案——算算亲情账，感知父母恩

【活动背景】

现在的小学生，多数对家里事务不关心，不了解父母的收入情况，不清楚家中的日常支出，沉溺于虚拟的网络，脱离现实生活，缺乏家庭责任感。

上学期，孩子们已经有了自己的"账目"，有了一定的经济意识。于是我又让孩子们进行自己家庭月收支调查：我们家的可支配收入是多少？我们家每个月的开支是多少？都用到哪些地方，花了多少钱？我将来要每个月挣多少钱，才能维持我的家庭的正常运转？

有位女生调查自己的家庭支出：

"房贷1600元，汽车1500元，家庭生活支出1500元以上，服装1500元左右，水、电、气、电话费等800左右，自己的培训费每月1000左右，家庭的交际应酬每月1000左右，每周末一家人出游月开支1000元左右……"

孩子发现，要维持家庭周转，每月大概要花费 10000 元。然后她和父母商量在哪些项目上可以缩减开支。最后得出结论："如果将来我要维持家庭的正常运转，我和我的伴侣至少每个月要挣 6000 元。"

很多孩子调查后得出的结论都是：维持一个家庭正常运转需要大量的钱，养一个家不容易，必须学会节约，学会理财。

基于以上原因，我们决定再展开一次体验调查，让孩子了解家庭中的各项开支，学会节俭。

【活动要点】

（1）调查家庭支出，了解家庭中的各项开支。

（2）反馈调查情况，感知父母恩。

（3）制订家庭开支计划，学会合理消费。

【活动目标】

（1）让孩子从身边的小事中感受到父母给予他们的爱，懂得感知父母恩。

（2）通过计算家庭账，让孩子学会体谅、关心父母，从现在做起，从小事做起，以实际行动来回报父母。

（3）通过亲身体验和探究，让孩子了解家庭中的各项开支，学会合理消费，培养学生勤俭节约的好习惯。

【活动对象】

小学中段学生。

【活动准备】

调查表。

【活动过程】

（1）前期准备——家庭支出调查：

算算亲情账，感知父母恩

亲爱的同学们：

又到了每年 11 月的"感恩"活动月。"感恩"这个词让人感到温馨和美好，在学校开展的各种感恩活动中大家都曾真诚地向长辈表达自己的感激之情。是的，生活需要感恩，只有懂得珍惜和感恩的人，才能收获真正的幸福和快乐。在我们的成长过程中，父母给予了我们最大的支持和鼓励，他们用生命在全心全意地爱着我们，从他们身上，我们索取了许多许多，有物质上的，有精神上的，谁能说得清呢？借这次感恩活动，我们就来算算亲情账，看看这一年父母在我们身上一共花费了多少钱？

2016年1月—2016年12月，父母在我身上的开支调查表

姓名：　　　　　班级：　　　　　调查日期：		
项目	各项支出	总计
教育经费	学费：	
	培训班：	
	书籍、学具：	
生活支出	衣：	
	食（一日三餐、零食）：	
	住：	
	行（交通费、外出游玩费）：	
	其他（如玩具、手机等）：	
医疗保健	生病治疗费用：	
	身体保健：	
合计		共　　　元

（2）调查表反馈：

① 小组交流调查感受，了解自己曾经不知道的家庭开支。

② 看到这个调查的结果，你有什么感受呢？这还只是父母在经济上为我们的付出。他们平时教导我们，养育我们，陪伴我们成长，付出了很多的心血，这些都是无法用金钱来计算的。读到这里，你想说些什么？写下来吧！

爸爸妈妈，我想对您说：

_____

③ 教师对调查表进行反馈：的确，生活需要感恩，只有当我们懂得珍惜和感恩他人时，才能收获真正的幸福和快乐。

（3）家庭开支计划表：

① 明确家庭收入来源：

为了帮助家庭节约开支、计划消费，我们首先就得明确家庭的各项收入究竟从何而来。

家庭收入的种类主要有四种：

• 劳务收入：是指从事各种工作所取得的报酬，即支付劳务所取得的收入。常见的有工资收入。

• 经营收入：是指通过经常性的生产、经营活动而取得的收益。如父母做生意所取得的收入。

• 财产收入：家庭拥有的动产和不动产所获得的收入。如将钱存在银行里所获得的利息，出租房屋所获得的房租等。

• 转移收入：不同个体或企业之间的收入转移。如父母获得的离退休金、失业救济金等，还有长辈给晚辈的压岁钱、零花钱等。

除此之外，还有偶然所得、奖学金等其他形式的收入。

② 了解家庭消费记录：

我们不仅需要明确家庭收入的各项来源，还应了解家庭中各项开支情况，以便我们开源节流。

消费分类	家庭消费项目	消费金额
房屋及相关固定开支	房租、物业、房贷、车贷	
	水、电、燃气费	
	有线电视、宽带、电话费	
日常生活开支	食品费	
	服饰费	
	交通费	
	保健（美容）费	
家庭娱乐费用	旅游、娱乐等	
家庭成员发展	教育培训费	
家庭外联	交际费、人情费	
其他	赡养费、医药费、保险	

③ 为家庭消费设计计划表：了解了家庭消费情况，为了帮助家庭更合理地支配钱财，我们也来当一次家，为家庭设计一份消费计划表。

	月		月		月	
	计划	实际	计划	实际	计划	实际
饮食						
交通						
娱乐						
医疗						
教育						

（4）活动总结：

作为一名小学生，要学会理性支配钱。完全不会花钱不行，乱花钱也不行。父母赚钱很辛苦，不能随便浪费，要学会勤俭节约。少花那些不需要花的钱，把省下来的钱用来做更多有意义的事情，比如买对自己有用的书，过节给家人买小礼物，捐赠给偏远地区的小朋友。把钱花到刀刃上，感知父母恩。

（5）活动延伸：

① 写一封信给父母，表达自己的感恩之情。

② 和爸爸妈妈一起完善家庭计划表格。

购物清单（计划）

购买物品	价格	是否为必要物品（打钩）
购买心得：		

《我是砍价高手》活动方案

【活动背景】

本课教学内容全面揭示了价格的秘密及购物的小窍门，旨在通过教学活动的设计，引导学生形成正确、合理的消费观念，"做聪明的购物者"。

【活动要点】

（1）通过课堂体验，形成正确、合理的消费观念。

（2）掌握一些购物的简单常识和砍价技巧，知道购买时应讲究货比三家、经济适用的原则，形成独立地购买简单的生活和学习用品的能力。

【活动目标】

（1）让学生了解影响商品价格的因素，具备初步的消费常识。

（2）使学生掌握一些购物的简单常识和砍价技巧，知道购买时应讲究货比三家、经济适用的原则，形成独立地购买简单的生活和学习用品的能力。

（3）引领学生在活动中积极感受生活、体验生活，增加生活经验，引导学生形成正确、合理的消费观念。

（4）具备初步的消费者自我保护意识。

【活动对象】

中段三、四年级学生。

【活动准备】

PPT，布置前期调查，准备狮山币。

【活动过程】

（1）谈话导入：

你买过东西吗？你会买东西吗？你们可别小看这买东西啊，买东西不光有趣，里面还藏着许多学问呢！如果你掌握了这门学问，就能买到物美价廉的商品。否则，就有可能买到质量差、价钱高，甚至是假冒伪劣商品。

同学们，你们想不想了解购物中的学问呢？好，这节课就让我们一起去探究购物的学问。（板书课题）

（2）学问探究：

① 活动一："价格的秘密"。

教师活动：引语——现在老师要和你们先做一个"我猜猜猜"的游戏，你们愿意吗？

教师活动：依次出示实物（盐、油画棒、桶装薯片）三种商品，请各小组商量后将你们认为合适的价格写在卡片上，最后我们要看看哪个小组给出的价格最准确或最接近。

学生活动：根据实物猜价格，并请猜得准确的小组派代表发言，说一说：为什么猜的价格准确呢？有什么窍门吗？（教师小结：亲自实践、细心观察）

教师活动：课件出示香蕉旅行图，让学生了解同类商品因为有各种因素的影响会出现不同的价格。

学生活动：看商品猜价格。

A. 地摊上的散饼干　　B. 包装合格的饼干

C. 文具店的普通剪刀　　D. 超市里的多功能剪刀

教师小结：看来呀，商品的价值不同，商品的价格也就不同。同样的商品也会因为"质量""时间""地点""产地"的不同，价格也有所不同。原来商品的价格还藏着这么多的秘密，知道了它们的秘密，对我们的购物可是大有帮助。告诉老师，你们想不想做一个聪明的消费者？那知道这些还远远不够，就让咱们一起去体验购物，从中找寻更多的学问吧。

② 活动二："我是班级好当家"。

教师活动：引语——为了切实搞好我们的班级卫生，让大家有一个整洁舒适的学习环境，本学期学校给每个班级发了 30 元的卫生工具费，咱班里需要买些什么工具呢？去哪儿买呢？请大家结合课前调查，积极出谋划策，以小组为单位完成购物清单。

学生活动：

• 小组合作出主意，要求：先把自己的好建议写下来，再读给小组同学听听，互相补充。

• 四人小组共同完成"购物清单"。

购物清单

物品名称	数　量	价　格	合　计

组长：（　　）共（　　）元

• 共同交流、评价、修改。

③ 活动三："砍价窍门大放送"。

教师活动：引语——原来，买东西里面有不少窍门哪！其实，在人们购物的一些细节中，也能发现购物窍门。现在就让我们去找一找砍价的技巧。

• 杀价要狠。漫天要价是集贸市场一些卖主欺骗消费者的手法之一，杀价狠是对付这种伎俩的要诀。

• 不要暴露你的真实需要。有些消费者在挑选某种商品时，往往当着卖主的面对商品赞不绝口，这时，卖主就有可能趁机把价格提高好几倍。

• 尽量指出商品的缺陷。卖主向你推销时，总是挑好听的说，而你应针锋相对地指出商品的不足之处，最后以一个双方都满意的价格成交。

• 运用疲劳战术和最后通牒。在挑选商品时，可以反复地让卖主为你挑选、比试，最后再提出你能接受的价格。这时，卖主不卖给你吧，又为你忙了一通，有点儿不合算。在这种情况下，卖主往往会向你妥协。若卖主的开价还不能使你满意，你可发出最后通牒："我的给价已经不少了，我已问过前面几档都是这个价！"说完，立即转身往外走。这种讨价还价的方法往往会有显著的效果。

• 假装内行，仔细地看，指出商品的缺点，说话要中气十足，商家唯恐失去主顾，会自动提出降价。

• 翻拣一番又找理由假装不买，这几乎是爱讲价人的必杀招。一个价不合就潇洒离去，以试探对方的底线。往往走不了多远，商家就会开出很低的价格挽留顾客："回来吧，赔本卖给你一件！"

- 回头草也要吃。如果商家没有叫你回头，而你又确实中意那件靓衫，不妨回头与商家讲和，"老主顾啦！多卖一件是一件，少赚点卖给我得了！"好声好语一番劝说，可能会使商家心里一顺，少赚点也愿意卖。

- 成立砍价联盟，拉上个同伙唱着双簧去砍价。若有看中的衣服或产品，千万不要表现得非常喜欢，你可以先看其他的产品，最后转到你喜欢的产品上。在两个人中，一个表现得想买，一个表现得不想买。

- 守住价钱的底线，当商家说出"再加××元就卖给你时"，千万不要动摇，这说明商家已经可以接受你的价了，只是试图让你多花点钱罢了。你只管转身就走，或是用坚决的语气告诉他你不会再加了，那多半会以你原先的价格成交。

- 唐僧式，就是不停地说话，如绵延江水一般滔滔不绝地和老板说好话，说到他投降为止。

- 比货。价讲不下来的时候，可以说"这一款衣服我同学之前在哪里也买过，我记得好像没有这么贵"。老板通常会讲"那是我们的货不一样，你看看我们的质量绝对比它好"。这个时候不要慌，尽量砍价。他要比货你就跟他比，但是价不能退。

- 此招适合学生——哭穷。读书的时候，"学生没什么钱"是口头禅。这样老板往往会便宜一点。

- 套近乎。表示店里的衣服风格自己很喜欢，以后会多带朋友过来，自己也会多光顾。这样既交了个朋友，又买到了自己心仪的东西的。时间久了，老板往往会一有新货便给你消息。

（3）课堂小结：

今天我们学习了一门可以应用于生活的学问——购物的学问，这次活动真让老师大开眼界，小朋友们太了不起了！在以后的生活中，希望大家都做个有心人，个个都成为购物高手、理财专家。

（4）活动延伸：

听了小朋友们的经验介绍，我们知道了原来购物也有这么多的学问。其实生活中购物的小经验、小窍门还有很多，老师建议你们运用所学知识购物一次，比比谁是最聪明的消费者。

《我的选择》活动方案——"货比三家"市场调查

【活动背景】

随着社会物质生活的不断提高，小学生手里有了更多的零花钱，加之学校地处大学校园内，有得天独厚的购物条件，吃喝玩乐应有尽有，孩子们平时外出的购物场所也比较多，而且商品的价格也参差不齐。虽然各个商厦经常会有各种打折促销，但是许多孩子甚至家长们并没有"货比三家"的意识，每次需要购买物品时看到打折，就觉得很划算，都会毫不犹豫地购买，有时会买下一堆其实并不是很需要的物品。

因此，如果将学生的生活实践与理财课相整合，在学习、考察、讨论的过程中，树立起初步的理智消费、合理消费的意识，就能更好地达成教会孩子合理购物和理财的目的。

【活动要点】

（1）分小组调查探究，并将调查所得结果记录在表格中。

（2）小组代表汇报交流，货比三家，理性消费。

（3）实践交流，增强理财意识。

【活动目标】

（1）通过调查、分析，提高自己发现问题并解决问题的能力。

（2）初步学会根据商品特性货比三家。利用商品性价比聪明理智地消费，体会、了解不同的生活方式，倡导节约的消费理念。

（3）通过学习、交流和实践，增强理财意识，学会合理购物，树立正确的金钱观。

【活动对象】

小学中段学生。

【活动准备】

课件，调查表。

【活动过程】

（1）小组探究——如何聪明地花钱：

① 情境创设，揭示主题：

我们在有的交易中可以谈判，但是我们购买商品时是不是只看价钱呢？

② 出示情境：

山山家里需要买一台豆浆机，可是商场里有好几种，帮帮她怎样才能让自己花钱花得值呢？

③ 出示表格：

几种豆浆机的信息			
商品名称	豆浆机 A	豆浆机 B	豆浆机 C
价格	119 元	199 元	199 元
容量	1.5L	1.2L	2L
杯体材质	食品级塑料	不锈钢	不锈钢
可选食物	干豆、湿豆、五谷、果蔬冷饮	干豆、湿豆、米糊、五谷、果蔬冷饮、玉米汁、绿豆	干豆、湿豆、米糊、五谷、果蔬冷饮、玉米汁、绿豆
自动清洗	不支持	支持	支持
保温	不支持	支持	不支持

小组展开讨论：

• 这三种商品有什么相同点和不同点？小组讨论记录。（引导：价格、功能、材质……）

• 交流发现，提问：你们如何看待这些差异？

• 如果是你们选购，你更倾向于哪一款。说说理由，在小组内交流，派代表发言。

• 如果山山家需要的是一款能够打玉米汁而且保温的豆浆机，你给她的建议是什么？

• 除了这些，你在购买豆浆机时还会关注哪些特性呢？

（2）自我探索，应用拓展：

① 刚才我们在买生活用具时进行了"货比三家"，那么我们在购买食品时又要注意些什么呢？

情境创设：

狮狮家准备做披萨，他们打算在超市选购番茄酱和奶酪，在看到番茄酱时，狮狮犹豫了，你帮他选择其中一种吧！

出示表格：

	番茄酱一	番茄酱二	番茄酱三
价格	60 元	32 元	38 元
配料	水、番茄泥、果葡糖浆、葡萄糖浆、食用盐、洋葱粉、辣椒粉、香辛料、食品添加剂	有机番（98.5%）、罗勒、食用盐	浓缩番茄酱、果葡糖浆、玉米糖浆、食用盐、洋葱粉、天然食物香精
类别	调味酱	意面酱	果酱
生产日期	2016-08-13	2016-02-15	2016-09-30
保质期	2 年	36 个月	450 天
储存方法	阴凉干燥处	常温保存、开封后冷藏、并在三天内食用完	置于阴凉干燥避光处

② 问题探究：

• 如果你是狮狮，你会选择哪一种？（引导：注意狮狮买番茄酱的用途）

• 购买食品除了价格外，还要注意哪些特性？

（配料、功能、生产日期、保质期、安全标志、储存方法、食品容量……）

③ 讨论：综合以上两个情境，说一说商品的价格会受到哪些因素的影响？

（3）活动总结：

学生总结一节课的收获和感受：购买生活用品时我们要注意什么？购买食品时我们要注意什么？

（4）活动延伸：

回家和爸爸妈妈商量购买近期家里需要的一种商品，做好同类商品的对比，记录下这些商品的信息，写下自己最终的选择及选择的原因。

需购买的商品名称				
同类的商品名称				
价格				
列举几项商品的主要属性（或特征）				
最终购买（打钩）				
选择理由				

第五单元　生财有道

《合理规划零花钱》活动方案

【活动背景】

随着人们生活水平的不断提高，尤其是一些个体商业者家庭收入剧增，用金钱的投入代替了对孩子的教育，独生子女家庭往往又是"缺什么也不能缺了孩子的零花钱"。再加上市场的各种促销越来越迎合孩子的口味，使得相当一部分学生敢花钱、乱花钱，整天零食不离口，玩具不离手，严重危害了小学生的身体健康，又助长了学生追慕虚荣的风气。这为学生良好行为习惯的形成和学校、班级管理带来了很大的负担。为此，确立《合理规划零花钱》的课题，使学生通过积极参与本次活动，规范自己的行为，陶冶高尚的情操。

【活动要点】

（1）通过活动，让学生认识到手中的零花钱来之不易，学会理财，养成勤俭节约的良好习惯。

（2）让学生在活动中获得亲身参与的积极体验和丰富的经验。通过收集资料，培养学生的实践与研究能力。

【活动目标】

（1）在活动中帮助学生正确认识金钱的价值，能够为合理消费做出预算，并能掌握简单的理财方法。

（2）通过观察、访问、调查等方式了解目前小学生的消费现状。

（3）在活动过程中，发现生活中有关小学生消费的问题，并能够通过自己的调查、研究、设想、实际行动，培养学生合理消费的能力，树立学生健康的价值观。

（4）帮助学生形成良好的消费习惯，养成勤奋、积极的生活态度。

（5）通过收集资料，培养学生的实践与研究能力，形成从生活中主动地发现问题、解决问题的态度和能力。

（6）通过活动，让学生认识手中的零花钱，培养学生节约用钱、合理花费的良好习惯。

（7）体会父母赚钱的辛苦，学会感恩，培养关心弱势群体的品质。

【活动对象】

中段三、四年级学生。

【活动准备】

收集资料和信息；小组调查访问；准备狮山币。

【活动过程】

（1）活动一：主题生成。

① 问题情境：

首先，以学生都熟悉的储蓄罐为切入点，吸引学生的兴趣，然后一步步深入设问，引发学生主动思考。其次，选取学生熟悉的现象（如放学后挤在小卖部买零食）进行描述，引发学生的联想；最后，让学生提出要对零花钱进行研究的设想，老师做最后总结。

② 具体设想：

• 同学们，你们看老师手里拿的是什么？（储蓄罐）你们都有它吗？是否会往里面存钱呢？（存一点或不存）那你们都把零用钱花在了什么地方？（零食、玩具等，少数购买学习用品）

• 每天放学后，老师总能看见小卖部边上挤满了孩子，他们从兜里掏出一块、两块，甚至更多的钱，买自己喜欢的玩具和爱吃的零食。我相信大家对这种情形都很熟悉，那你们对此都想到了些什么？

学生自由发言。（想到了零花钱的数量、来源，不应乱买东西，要节约等。）

• 看来对于零花钱，大家有着很多见解，也有很多想要知道的地方。那我们就以"合理规划零花钱"为题，进行一次调查研究活动吧！

• 学生讨论，确定研究主题。

（2）活动二：制定研究方案。

① 确定活动主题：

根据孩子们刚才的讨论，确定出本组的活动主题，注意不要脱离我们的大主题——"合理规划零花钱"。可以根据以下思路提炼主题：

• 回忆提出的问题。

• 确定活动主题。

② 制订计划：

主题已经确定，那么我们就开始着手制订你们的计划吧！以下的建议你们可以用到哦！

• 根据自己的研究主题，自由组合研究小组，推选组长。

• 确定组名，提出口号。提示：分组要求。

• 制订活动计划，教师分组进行指导。

• 小组互评，交流活动计划，共同探讨活动的可行性。

经过孩子们组内的交流讨论，加上老师的完善和建议，你们修改后的计划已经很完美了，现在我们快来实施吧！

（3）活动三：开展研究活动。

① 各小组根据活动方案，开展研究活动。

② 学生上网查资料。

③ 开展采访活动。

④ 到社区开展调查活动。

（4）活动四：汇总、整理资料，展示成果。

孩子们经过开展调查，肯定有很多的收获和感悟，那么现在请各组整理一下调查资料，先在组内进行完善和展示，然后老师会选择一名同学当小记者，以记者采访的形式，对各组进行访问。

① 分组整理资料。

② 展示交流。

③ 形成成果。各组根据自己收集的资料形成不同的成果。

④ 交流评价。以记者采访的形式，进行实践探究的交流分享。

选取一名同学作为小记者，先对各组代表进行访问，汇报调查结果。再针对每组提出启发性问题，让大家积极思考，访问大家的看法或感受，交流应当怎样花零花钱（老师在其中也以被采访者身份，适时地进行引导与点播）。最后由老师总结（肯定大家的实践、点出正确的消费观、感受父母的辛劳等）。

具体设想：

• 零花钱来源的调查汇报。（从家长处获得，打工……）

设问：这些钱有多少是家长们主动给的？你们调查中有学生无零花钱的吗？父母没给零花钱的原因是什么？父母挣钱很容易吗？（让学生感知父母的辛苦）

• 零花钱数目的调查汇报。

设问：你们在调查的过程中有没有遇到什么困难呢？你们是怎么做的？（让学生体会要经过努力，真诚以待，方能完成调查工作。）

• 零花钱用途的调查汇报（零食、玩具、储蓄、小饰物、电脑游戏等，只有极少的钱花在购买一些学习用品、课外书上。）

设问：上网吧对不对？怎样做是对的？怎样就不对？（让学生懂得乱花零花钱的危害）

• 我们应怎样花零花钱？（勤俭节约、合理使用、记账、有储蓄观念、制订消费计划等）

• 老师总结。（鼓励同学树立正确消费观、体会父母的辛劳）

（5）活动五：汇报分享。

同学们，翻翻我们的口袋，似乎都能找到一点零花钱，我们同学的零花钱又有多少呢？我们手中的零花钱到底是从哪儿来的？请开心调查组为我们汇报。

第一组（开心调查组）：我组成员自己动手设计了调查问卷及小学生每天的零花钱消费金额调查表。从图上我们可以看出，我们同学每天的零花钱一般在10元到20元，其次是5元到10元，接着是20元到30元，然后是5元以下，最后是30元以上。零花钱的来源是爸爸妈妈、爷爷奶奶、亲戚或是自己挣的。

教师：看样子我们的零花钱不少哦！同学们到底把这一大笔零花钱花在哪里呢？请听无敌侦探组的汇报。

第二组（无敌侦探组）：我组对零花钱主要用途方面进行调查，经过观察和跟踪采访，发现学校周边的小商店、玩具店等是同学们经常光顾的地方，特别是放学后、上学前，这些店里都挤满了同学，甚至校门口的那些小摊，也吸引了不少同学，看来同学们的零花钱主要消费在这里了。因此，我组动手设计了零花钱主要用途表，由统计结果看，我校学生零花钱用在零食一项最多。

教师：同学们，当我们从兜里掏出钱，买到所谓的"可心"食品、"称心"的玩具时，你是否考虑到家里的生活状况、父母的艰辛呢？下面就请听乖乖天使组的采访汇报。

第三组（乖乖天使组）：我组采访了一部分家长，了解到他们的收入。通过调查采访，了解到我们大部分家庭原来收入并不高，多数收入在 2000 元以下，而且这些家长不管收入多少，每月甚至每天都给孩子一些零花钱，这辛辛苦苦的血汗钱为什么这么轻易地给孩子呢？答案只有一个，我们家长过度疼爱孩子，孩子有什么需求都尽量满足。

教师：在我们的成长过程中，父母为我们付出许多许多，那么我们应该怎样安排好我们的零花钱，做一个好孩子呢？请听可爱精灵组汇报。

第四组（可爱精灵组）：我组分别调查了老师，走访了家长及同伴，请他们对零花钱提出合理建议。我们确实要养成节约、不乱花钱的好习惯，把零花钱放入小小的储蓄罐，直到真正需要的那一天。小小零花钱，用处真不少。我们小学生，不能乱花钱。小钱都集中，要派大用场。可买书和报，学习有长进。我们献爱心，失学儿童笑。合理利用它，养成好习惯。花钱记录在心头，争当节俭小卫士。

（6）活动六：总结。

同学们，通过这次对零花钱的调查活动，我觉得你们成长了许多，有些平时不爱和别人交流的同学，通过这次活动，也锻炼了自己的社交能力和表达口才的胆量。在活动中你们还掌握了很多分工、分析、调查、统计等科学的研究方法，这为你们以后适应社会、终身学习提供了良好的前提！通过活动，你们更加体会到父母挣钱确实不容易，自己花的真的是父母的血汗钱。我还看到，经过这次活动，你们更有爱心、孝心了。更主要的是你们进一步增强了合理使用零花钱的意识。让我们养成勤俭节约的好品质，做个理财的小能手，能够有目的、有计划、有条理地合理使用零花钱，做新时代的好少年！

（7）活动七：拓展延伸。

以幻灯片展示贫困地区小朋友艰苦学习和生活的图片，老师伴随音乐进行动情描述（其实还有许多贫困地区的小朋友，不要说零花钱了，他们甚至连买书本的钱都没有），让学生谈自己的感想，表明应帮助他们，可以把节约的钱寄给灾区的小朋友。

《小小储蓄家 成就大梦想》活动方案

【活动背景】

本次主题活动深入浅出地为孩子讲解金融理财知识，培养了孩子的财商，帮助其树立正确的金钱观、价值观，让孩子们懂得父母赚钱的辛苦，学会如何合理管理零花钱，让孩子从小就懂得金钱的价值、合理使用金钱、节约用钱。一方面让小孩体会到钱不是从天而降的，另一方面也教育孩子花钱要有计划，将不该花的钱存起来，让他们早日养成良好的理财习惯。

【活动要点】

（1）培养科学合理的生活习惯，建立文明健康的生活方式。公民在基本生活资料得以满足的情况下，通过有计划地安排生活，既有利于增加个人收入，也有益于形成勤俭节约的社会风尚，是科学合理的消费习惯和文明健康的生活方式的体现。

（2）学会选择存款储蓄的方式。存款储蓄有不同形式和不同的期限，选择存款储蓄的形式和期限不同，得到的利息收入就不同，要学会选择最佳的存款储蓄形式和期限，以取得最大的利息收入。

【活动目标】

（1）识记储蓄存款的含义以及存款利息的计算方法、储蓄存款分类及其特点；分析我国居民储蓄快速增长的利与弊。

（2）通过情景探究培养学生的综合概括能力、运用所学知识分析问题的能力、参与经济生活的实践能力，使学生能运用所学知识为家庭投资提出建设性意见。

（3）引导学生正确地认识便捷的投资方式——储蓄存款，形成储蓄的良好习惯，培养学生为国家经济建设做贡献的观念，积极参与各种投资活动。

【活动对象】

中段三、四年级学生。

【活动准备】

（1）学生准备——活动前了解储蓄存款的含义及类型，利息和利率。
（2）教师准备——教学 PPT，电影《天下无贼》片段，狮山币。

【活动过程】

（1）导入：

播放电影《天下无贼》片段。在影片中，小伙子傻根带着辛苦打工赚来的 6 万块钱，准备回家盖房子、娶媳妇儿，没想到在火车站时被盗贼盯上了，正遭遇着一段"危险之旅"。那么，我们替傻根想想办法，这6万块钱还可以通过哪些方式更安全、更方便、更快捷地到家呢？

提示：傻根可以把钱存到银行，自己带着卡回去，就算卡丢了，别人不知道密码也没办法，这样既安全又便捷。到银行存钱就涉及我们今天要学习的知识——储蓄存款。

（2）合作探究一：

想一想：假如傻根去存钱了，那么他应该怎样去存？存了之后又该如何取？存取钱包括哪些步骤？

提示：傻根带着钱，到储蓄机构存钱，然后储蓄机构会给傻根开出存款凭证（存折或银行卡），等傻根回到家后可以把钱取出来。

引导学生归纳总结：根据大家对存款过程的描述，我们就可以得出储蓄存款的含义。

储蓄存款，是指个人将属于其所有的人民币或者外币存入储蓄机构，储蓄机构开具凭证，个人依据凭证可以支取存款本金和利息，储蓄机构依照规定支付存款本金和利息的活动。

（3）合作探究二：

想一想：傻根去存钱了，那么他可能会去哪些机构存钱呢？

提示：商业银行或信用合作社

引导学生归纳总结：我国的储蓄机构主要是各商业银行，此外还有信用合作社等。商业银行举例：中国农业银行、中国银行、中国工商银行、中国建设银行、交通银行等。

（4）合作探究三：

傻根拿了身份证走进银行大厅时，等候存款的年轻人有30多个。傻根想：原来这些人存款的目的和我一样啊，都是为了资金安全。

问题：傻根的想法对不对？人们存款的目的还有哪些？

提示：不对。人们的储蓄目的各不相同，如上学、买房、养老等。

引导学生归纳总结：人们的储蓄目的各不相同，有的是为孩子上学做准备，有的是为了购房、买车，有的是为了养老，还有的是为了资金安全。

（5）合作探究四：

等待了40多分钟，轮到傻根存款了。营业员问他："请问您是存活期还是定期？""别人没告诉我。"傻根回答道。营业员就对他说："您先到那边看看存款利率表再决定吧。"

问题：同学们能告诉傻根什么是活期储蓄，什么是定期储蓄吗？二者有什么区别呢？

提示：活期储蓄就是不限存期，随存随取的储蓄方式；定期储蓄就是事先约定存款期限的储蓄方式。定期储蓄的利息率高于活期储蓄；活期储蓄的流动性比定期储蓄强。

引导学生归纳总结：

① 活期储蓄：是储户可以随时存入和提取，不规定存期、存款的金额和次数不受限制的储蓄方式。

② 定期储蓄：是事先约定期限，存入后不到期一般不得提前支取的储蓄方式。对于未到期的定期储蓄，如果储户提前支取存款，银行只支付活期存款利息。

③ 活期储蓄和定期储蓄的比较：

种类	活期储蓄	定期储蓄
存取方式	随时，1元起，自由	整存整取　零存整取 存本取息　整存零取
存期	不定	3、6个月，1、2、3、5年
优点	流动性强，灵活方便	利率较高，收益较高
缺点	利率低，收益低	存期限定，流动性差
风险	通货膨胀的情况下存款贬值	通货膨胀的情况下存款贬值以及提前支取而损失利息
相同点	储蓄的方式、便捷的投资、有利息、比较安全	

（6）活动延伸：

储蓄知识测试题

1. 公民的储蓄存款行为（　　　）
① 是一种投资行为　　　② 是一种信用行为
③ 是一种消费行为　　　④ 以获取利息为直接目的
A. ①②③　　　　　　　B. ②③④
C. ①③④　　　　　　　D. ①②④
[答案]　D
2. 张先生于 2011 年 10 月将家中的 20 万元人民币存入银行，存期为 5 年，整存整取。2013 年 6 月，张先生的父母因病住院，需要 3 万元医药费，张先生迫不得已提前支取，存款利息也只得按照活期存款利率计算。上述材料反映了定期存款（　　　）

A. 适合个人日常生活待用资金存储

B. 存取方便灵活

C. 具有存期长、比较固定、积累性强的特点

D. 可能面临提前支取损失利息的风险

[答案] D

3. 活期储蓄是百姓非常熟悉的一种投资方式。它与定期储蓄相比（   ）

A. 流通性更强   B. 流动性更强

C. 风险性更高   D. 收益性更大

[答案] B

（7）活动掠影：

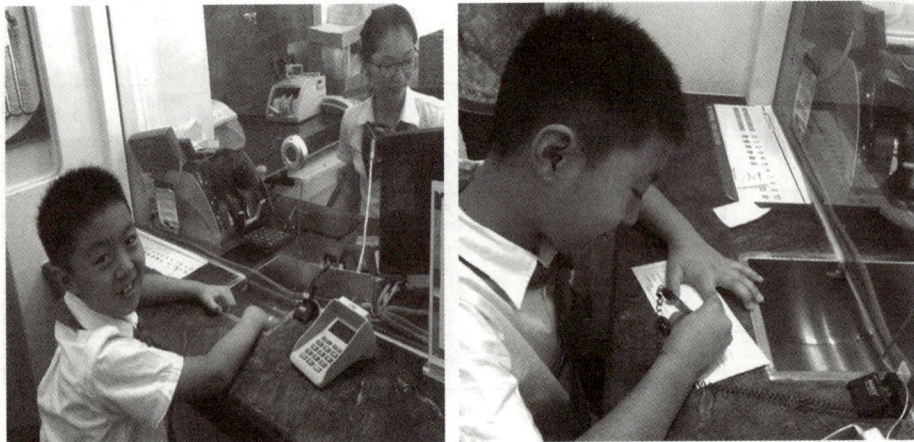

《高效的时间管理》活动方案

【活动背景】

在学校，我们经常可以看到有些学生上课迟到、听讲不认真，写作业拖拖拉拉，做事情磨磨蹭蹭等不珍惜时间的现象。有些家长也经常反映学生在家不抓紧时间做事。小学生往往自制力比较弱，对时间的重要性认识缺乏切身体会。彼得·德鲁克说："不能管理时间便什么都不能管理。"时间管理是为了提高时间的利用率和有效性，对时间进行合理的计划和控制，有效安排与运用的管理过程。时间易逝，每个人都应当对自己的时间进行高效管理。因此，本活动通过多种活动体验，培养学生珍惜时间的意识，帮助学生学会科学地管理自己的学习时间，以更高的效率投入到今后的学习、生活中去，

做好小升初的准备。

【活动要点】

检视个人的时间管理状况，学会分析自己的时间利用情况，增强高效管理时间的能力。

【活动目标】

（1）培养良好的学习态度，树立时间宝贵的观念，培养珍惜时间、合理管理时间的意识。

（2）学习高效管理时间的方法，学会制定"放学时间管理表"并应用到学习、生活中。

【活动对象】

中段三、四年级学生。

【活动准备】

（1）制作多媒体课件；准备实验材料；制作量表。

（2）教师课前要了解学生管理时间的现状。

（3）学生体验一分钟能做的事，做好数据记录；收集有关珍惜时间的故事等。

（4）狮山币。

【活动过程】

（1）创设情境，体验时间：

① 课前热身：

• （课件：播放一分钟动画）孩子们，看够了吗？还想看吗？你有什么想说的？学生交流感受。

• 闭上眼睛静静地体验 1 分钟到底有多长。（课件：60 秒倒计时）学生谈感受。

• 教师导入：同样是一分钟，看动画片时，感觉那样短暂；在等待时，感觉又那么漫长。这就是神奇的时间！这节课的主题就与"时间"有关。

② 一分钟的价值：

• 一分钟，能做哪些事呢？学生交流课前体验。

• 一分钟的价值有多大呢？（投影出示）

• 怎样看待一分钟的时间？学生交流感受。

• 教师引出课题：时间很公平，每天都给我们 24 小时，1440 分钟。这是我们人生最大的财富。而人生又是有限的，如果你不会管理时间，这笔财富就会白白流逝。这节课，我们就来研究怎样管理时间。板书课题：时间管理。

（2）自查自省，发现不足：

① 你是否会管理时间？打开面前的自查表，带着自省的心态，真实地评价自己。（投影出示：管理时间自测表）

② 学生自查后，再对照标准查看。（课件出示：检测标准）

③ 你发现自己在时间管理上存在什么问题呢？学生交流，教师随机评价。

④ 教师小结：想不想提高时间管理的能力，让自己的每一分钟都有意义？希望通过我们的探讨，你会有所收获。

（3）瓶子体验，感悟时间：

孩子们，刚才你们已经通过自查发现了自己在管理时间上的不足，但是有的孩子还对"时间"感受不深，那么接下来我们一起来做一个实验，感受一下时间。

① 投影出示：实验要求。

② 学生分小组做实验。

③ 各小组交流操作的顺序及实验结果。

④ 教师再演示加水，学生猜测结果。

⑤ 学生分享实验感悟，教师随机点拨。板书：主次排序，见缝插针。

⑥ 教师总结：时间就像瓶子的容量一样，是有限的，在时间管理上我们要遵循"整块时间办大事，大事在前；零碎时间办小事，小事靠后"的原则，也就是按事情的主次排序，还要会见缝插针。

（4）案例分析，方法指导：

① 学生交流：在放学后到睡觉前这个时间段内，经常做的事情。

教师帮助提炼：在放学后，读书、写作业是我们必须做好的事情；休闲娱乐是我们喜欢做的事情；帮妈妈分担些家务更是我们应该做的事情。

② 怎样在有限的时间内合理地安排这些事情，考验的就是我们管理时间的能力。昨天，小阳同学和妈妈发生了一番争吵。我们一起来听。（课件播放：小阳与妈妈的争吵）

讨论：这娘儿俩为什么吵起来了？

③ 播放课件：小阳写作业的视频。

讨论：小阳写作业所用的时间长的原因。

教师师帮助学生提炼：对，有畏难情绪；边写边玩；易受干扰……

④ 出示投影：时间大盗。

学生结合自己的实际具体地谈：在这些时间大盗中，你遇到过谁？该怎么对付他呢？

老师补充。（课件出示：对付时间大盗的锦囊妙计）

小结：这些都是自我控制、提高做事效率的法宝。板书：自我控制。

⑤ 进行"定时间定目标"训练。（课件出示）

训练后小结：写作业时我们也可以给自己定时间、定目标，完成后奖励自己。只要坚持做下去，你一定会养成高效做事的习惯！

⑥ 学习统筹方法。（投影出示）

学生讨论：这些事情小阳同学要用 1 小时完成。谁能巧妙地安排，节省时间？

随机板书：统筹安排。

小结：运用统筹方法也可以提高做事效率，我们的时间又可以增值啦。（课件逐条出示）

我们还有很多节省时间的方法，期待着大家去寻找。（板书）

（5）自我安排，运用实践：

孩子们掌握了方法，更要学会运用。请结合自身的生活经验，自主安排制订自己放学后的时间表，巩固学习效果。并通过班级交流、个人交流的互动，赏析别人、完善自己。

① 安排自己的放学后时间。（课件出示要求）

② 学生交流，集体评议。

③ 教师小结：回家后，同学们可以和爸爸妈妈一起，继续对自己放学后的时间安排做进一步的完善。

（6）名人引领，提升认识：

"他山之石，可以攻玉。"同学们，我们来看看名人是怎么珍惜和利用时间的。

① 学生交流名人珍惜时间的故事。

② 课件播放：名人故事。

③ 交流：听了这些故事，你们想说什么？

教师帮助提炼：名人的成功，就在于他们把管理时间当作管理人生。（投影出示）

④ 总结：我们现在已经是中段了，随着课程和作业的增加，需要我们更加高效地管理时间。通过这节课的学习，你相信自己能做好吗？老师衷心祝愿大家，管理好自己的时间，管理出精彩的人生！

第六单元　儿童创业

《我为产品写广告》活动方案

【活动背景】

了解广告的相关知识，意识到广告的巨大作用，在进行销售和模拟买卖过程中，可以为产品写广告，促进销售活动更好地开展，同时也让孩子在生活中对广告有更全面的了解。

【活动要点】

（1）回顾广告的相关知识。

（2）怎样设计广告。

（3）广告的成本与投放。

【活动目标】

（1）再一次了解广告的相关知识。

（2）补充销售知识，使学生掌握更好的营销方法。

（3）发挥学生的想象力和创造力。

【活动对象】

小学中段学生。

【活动准备】

广告视频，白纸，彩色笔，PPT，狮山币。

【活动过程】

（1）回顾旧知：

孩子们，我们生活在现代商业世界，在这里有琳琅满目的商品，为了提高销量，卖家往往会进行广告推销。回顾我们所学的知识，想一想以下问题：

① 广告经历哪些发展历程？

② 广告的特点和形式有哪些？

③ 广告的作用。

④ 常见的两种广告陷阱。

（2）怎样设计广告？

看来广告确实非常重要。有的广告也很有趣，你想设计一条你喜欢的广告吗？今天我们就来学习如何设计广告。

① 模仿学习：

• 视频1：突出产品特色的广告。

你从这条广告中发现什么？（产品的特点）

• 视频2：突出广告的创意。

你觉得这条广告出彩在什么地方？（想法新颖）

• 视频3：突出购买产品的优势。

这条广告让你有购买欲望吗？是哪些方面让你有购买的欲望？

• 小结：设计广告时，我们要从产品的特点出发，采用新颖的表现方法（比如：广告词新颖、创意新颖等），突出购买产品的优势，从而达到吸引顾客的目的。

② 小组合作——设计广告：

看了这么多优秀广告，狮狮和山山准备开一个百货商场，请你们帮忙设计一条广告，你们愿意吗？我们一起来试试吧。

步骤：

• 小组讨论选择一件物品作为广告设计对象。

• 明确产品的特点及特色。

• 将广告设计想法写或画下来。

• 展示。

③ 小组展示——我们的广告：

大家的想法非常有意思，设计的广告很有自己的特色，展示一下吧。

Showtime：我来自**小组，我叫**。我们的广告是……

教师及时对学生的作品进行点评并给出相应的建议，并引导学生判断是否为虚假广告。为优秀小组颁发狮山币。

④ 广告的其他知识（补充与拓展）：

除了广告本身的创意和质量以外，还需要考虑制作广告的成本、广告的投放形式和地点。

（3）全课总结：

教师：在设计广告时，需要注意哪三点？你学会了什么？

《社区义卖》活动方案

【活动背景】

孩子已经学习了关于义卖和销售的相关知识，也感受了学校的义卖。其实义卖在我们生活的社区中也可以进行，学校义卖由学校组织，而社区义卖是孩子自己的行为，需要自己做很多准备，所以建议将社区义卖放在学校义卖后面进行，这样孩子可以借鉴学校义卖的前期准备、义卖过程、资金整理和运用。本节课主要引导孩子在课堂里弄清楚整个义卖流程，为自己的社区义卖做准备。

【活动要点】

（1）回顾学校爱心义卖的流程及经验。

（2）制定社区义卖方案。

（3）预设社区义卖问题并讨论解决。

【活动目标】

（1）在学校爱心义卖的基础上，孩子可以自主设计执行社区义卖。

（2）充分利用理财知识和相关资源，将爱心扩大到更大的范围。

（3）独立管理义卖收入，记录资金的收入和支出。

【活动对象】

小学中段学生。

【活动准备】

学校义卖图片，总结课图片，PPT。

【活动过程】

（1）回顾学校义卖：

孩子们，我们已经进行了过程热闹、收获颇丰的学校爱心义卖，在义卖中，我们不仅丰富了自己买与卖知识以及理财知识，还通过自己的努力献出爱心，非常有意义。

①说说我们义卖的过程。

引导孩子关注义卖的前期准备、义卖过程、义卖结果：

市场调查（确定义卖物品）→市场调查、成本计算（确定商品价格）→设计广告、布置义卖摊位→分工、合作进行义卖→记录管理收入和支出→捐赠。

②分享你在学校义卖中的收获和经验。

（2）制作"社区义卖"方案：

① 提出问题：

爱心是一生的良好品格，我们在学校里一起为贫困地区和灾区进行这样的爱心义卖，这是非常有意义的。其实爱心义卖不仅仅可以在学校进行，在我们生活的社区一样可以。假如我们要在社区进行一次义卖，结合之前学校的爱心义卖，请你思考一下我们有哪些问题需要解决。

② 小结：

我们在义卖前要明确：为谁义卖（目的）、在哪儿义卖（场所）、义卖什么（物品）、怎样义卖（方法）、收入安排（怎样募捐）。

③ 解决问题：

教师：孩子们提的问题真棒，我们一个一个来解决。

④ 观看：严寒里流浪猫狗的生存视频。

• 义卖目的：为流浪猫狗安家，将义卖基金捐给动物协会。

• 义卖场所：为了帮助这些可爱的小动物，我们要在社区进行义卖，一起来制订一个社区义卖计划吧！

• 义卖计划：

计划1：场地选择

义卖场地需选择人流量大、显眼的位置，这样才有更多的人购买；地面平坦、开阔，便于摆摊和销售；不能在交通要道摆摊，保证安全；因为是在社区公共场所进行，建议大家要先跟物管工作人员先协商好。

计划2：义卖物品

场所确定好了，因为社区不同于学校，人员更加复杂，你准备卖些什么？

（小结）顾客群范围变大，年段不同，所以种类可以多一些。

计划3：怎样义卖

首先，社区义卖跟学校义卖的区别在哪儿？我们怎样应对这样的区别？

小结：在学校义卖中，我们是一组同伴分工进行，而社区义卖只有自己，所以可以邀请小伙伴或自己的父母帮忙。不管是谁，但都需要细心、热心地销售。

其次，进行宣传。

计划4：收入管理

还有一个非常重要的事情，那就是怎样管理你的收入？

小结：要准备一个专门的包用来装收入的钱，可以像学校义卖一样，列一张资金收入和支出的表格，进行记录。

⑤ 总结：

　　学校义卖的经验让大家成长不少，可以将学校义卖积累的经验用于社区义卖，让自己的爱心再一次点亮需要帮助的人和物。

　　因为这是大家在校外自己挣的钱，相信大家也特别有成就感。老师将动物基金会的公益账号告诉大家，由你们自己将这份爱心传递给可爱的小动物吧！

　　（3）全课总结：

　　由于你们年龄较小，老师建议大家邀请爸爸妈妈一起参与，可以把我们这节课的内容与爸爸妈妈讨论，商量义卖的过程，然后一起进行！

《爱心义卖总结》活动设计

【活动背景】

　　孩子们学习了消费、购买、义卖等相关知识，搭着学校"六一义卖"的顺风车，孩子们既体验了卖家角色，又通过自己劳动挣钱体验了买家角色，在卖与买中运用了理财知识，提升自己的理财意识。本次活动是在开展了"六一义卖"后进行的活动总结，旨在解决义卖过程中遇到的问题，巩固和提升理财知识。

【活动要点】

　　（1）回顾和分享。

　　（2）突破和解决问题。

　　（3）总结。

【活动目标】

　　（1）回顾"爱心义卖"活动，懂得捐助是每个人的善良行为，我们可以根据自己的能力来实施这种行为。

　　（2）在分享和交流中进一步理清义卖的基本方法，在销售中合理分工合作，合理定价、算钱，使销售活动更加有效。

　　（3）在购物过程中，分清想要和需要，在献爱心的同时，学会合理用钱。

【活动对象】

　　小学中段学生。

【活动准备】

　　义卖活动照片，PPT，奖状。

【活动过程】

　　（1）回顾义卖过程：

① 出示义卖活动照片，回顾义卖活动。

孩子们，看到热热闹闹的义卖场面，你还记得义卖中有哪些过程吗？

② 你们有什么感受呢？

教师总结：老师很高兴大家能把自己生活中一些旧的、用不上的东西拿出来进行交换或卖出，这样既节约了资源，又帮助了他人。

（2）作为"卖家"的总结：

引导语：在义卖过程中，我们有买方和卖方，那孩子们在进行"销售"环节时，有哪些经验想分享给大家？

① 学生交流分享。

② 教师根据学生分享适当总结：

• 义卖的物品要准备充分，分类清晰，把销量好的物品摆在显眼位置。

• 广告要符合所卖物品的特点，有创意，有吸引力。

• 可根据物品的受欢迎程度逐步进行价格调整，但不能低于底线价格。

• 可开展类似"买一送一""买三送一"的促销活动，以吸引顾客。

• 整理好钱款并做好记录，便于统筹规划。

③ 解决遇到的问题：

同学们说得真好，老师很高兴大家在义卖过程中收获了这么多。那在销售过程中，你们有没有遇到什么问题？你们又是怎么解决的呢？

④ 小结：

虽然我们学了关于"义卖"的知识，但是缺少一些实际经验，所以或多或少都会遇到一些问题或留下一些遗憾。但是只要我们细心、耐心并及时进行反思和总结，就会不断提升自己。

（3）作为"买家"的总结：

① 引入语：

老师真为你们自豪，这次的义卖非常成功，为你们鼓掌。另外，你们也参加了"义买"，说说你们是怎么花自己的零花钱的，怎么献出爱心的？

② 先小组交流，再派代表汇报。

③ 小结：

• 根据自己的需要来买东西。

• 购买东西时货比三家，试着讲价、参与折扣。

• 给自己的家人买了礼物，有孝心。

• 购买物品时检查物品的质量，有无损坏，如果是食物，应该查看生产日期和保质期。

④ 遇到的问题：

有没有小朋友对自己买的物品后悔的？为什么后悔？以后怎样避免这样的"后悔"？

⑤ 小结：

虽然我们是在献爱心，但是也要分清楚"想要"和"需要"，合理用钱，不乱消费。还可以多看看几个摊位，买自己真正需要的东西。

（4）全课总结和颁奖：

本次义卖活动顺利开展，大家在活动中不仅献了爱心，更学到了许多理财知识，为自己鼓掌！在活动中有部分孩子表现优秀，现在为他们颁奖。（最佳销售奖、最佳团队奖、最佳买家、最佳礼仪奖、鼓励奖。）

（三）高　段

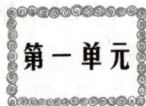 **第一单元　狮狮团队建设**

【活动背景】

高段的财商课程更强调团队智慧，只有在团队中学会分工合作，学会安排和规划，体会到发挥集体智慧的巨大力量，才能在集体活动中充分参与，发挥每一位受教育者最大的潜能。以任务为驱动的财商集体活动会有效开发这种潜能。

【活动要点】

（1）明白团队合作对个人潜能发挥的重要性.

（2）明白团队活动组织的重要性。

【活动对象】

五、六年级学生。

【活动目标】

（1）确定团队组织，有效分工。

（2）学会在活动中安排和筹划。

【活动准备】

若干塑料瓶，纸团，丝线，狮山币，PPT。

【活动过程】

（1）游戏分组——寻找有缘人：

每个人拿一个字，七个人可以拼凑成一句诗，在人群中去寻找和你凑成诗句的有缘人，组成一个合作小组。

（2）建立团队：

刚才大家通过游戏找到了自己的队友，你们接下来将一起面临财商活动中的各种挑战，你们的合作默契程度影响着你们狮山币的获得，为了以后更好地合作，我们先来组建各自的团队。

组队提示：

① 从刚才的诗句中寻找灵感，为你们的团队取一个诗意的名字，名字最有意义、最有内涵的前三个小组将获得不同面值的狮山币。

② 分工安排：

队长——组织每一位组员参与活动，使每一位成员在组内感受到平等与受尊重；组织大家合理安排狮山币的开支。

监督员——监督大家遵守团队规则。

发言人——活动需要汇报时作为主要发言人。

记录员——将大家在活动中需要记录的尽可能完整地记录下来，做到条理清晰与尊重每一个人的言论，特别是与自己不同的看法。

财务管理（2名）——负责管理本组的狮山币，并记录收入和支出记录。

（3）团队合作需要什么：

① 团队行动和个人活动不一样，在团队活动中我们要怎么做呢？玩一个游戏，大家再来做出结论。

游戏名称：拉纸团。

在一个瓶子里，有和组员人数相同数量的纸团，纸团上系有一根线，瓶口很小，你们怎么在最快的时间里拿出纸团？

思考2分钟，开始比赛。

② 获胜的小组和得最后一名的小组分享刚才游戏的经验。

教师总结：团队活动应该有组织、有领导、有方案、听从安排、有序开展，不计较先后和自己的得失……

③ 根据刚才的游戏经验，总结出你们团队接下来的分工和团队共同约定的规则。

（4）团队游戏——建塔游戏：

① 游戏说明：每组使用15分钟的时间使用分发的材料来建立一座塔，这

座塔应该是稳固的、高耸的、美丽的。15 分钟后，每个小组展示自己建的塔并由其他小组进行打分。

② 在开始之前给每个小组 5 分钟的时间讨论如何建塔，5 分钟后将不允许发出任何声音，小组成员可以通过眼神、肢体或其他方式进行沟通。

③ 评分环节：根据塔的稳定性、高度和外观三个标准来评判每一座塔。（每个标准的分值从一到十，十分为最佳。）

④ 活动交流：

• 玩这个游戏的感觉如何？如果不与小组成员交流，建个塔是不是很困难？

• 你的小组选择了什么类型的塔？你觉得在活动中构思方案的作用是什么？选择的时候你们是如何在短时间内做出决定的？

• 小组是如何分工的？所有人都参与了吗？

• 当队员的意见有所不同时，你们是如何调和，如何抉择的？

⑤ 发奖励。

（5）活动延伸：

总结团队活动中各个环节的操作策略和重要性：

	有效策略	意义
领导人的确立		
团队分工		
活动的规划和方案构思		
成员间矛盾的调和		
成员积极性调动		

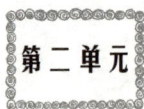

第二单元　关于钱的那些事儿

《货币的价值》教学设计

【设计背景】

（1）货币的价值是怎么定的？不同国家的货币的价值不同，最初是谁来定的？后来又是随着什么改变的？

（2）货币的增贬值是怎样体现的？

【教学要点】

（1）了解哪里可以获得金钱。

（2）了解怎么获得金钱。

（3）讨论"我"的赚钱计划。

【教学目标】

（1）让学生清楚什么是货币的价值。

（2）让学生初步对货币的增贬值有一定概念。

（3）针对货币的增贬值，我们如何规划自身的财富。

【教学对象】

五、六年级学生。

【教学准备】

PPT，盒子，狮山币，表格资料。

【教学过程】

（1）竞猜引入：货币是什么？

① 展示多种货币：你认识这些货币吗？

教师相机提问：什么是货币？

教师相机总结：流通货币（简称通货），是一种或一组用于物资交换的工具，有时也仅称"货币"。它根源于商品，是一种特殊的商品。它是金钱的具体表现形式和度量单位。

② 我们可以从哪里获得货币？我们可以怎样获得货币？填写表格，小组代表交流，老师相机指导。

货币的来源	获得的方式
工资收入	挣来的钱
奖金	赢得的
捡到的	意外收入
贷款	借来的
礼物红包	收到的
遗产	继承的
……	……

（2）货币的价值：

① 教师提问：货币的价值是怎么定的？

② 教师引导：

• 举例：

本来日本有 100 亿美元的资产，却印发总值 10000 亿元的日元，所以 10000 日元也只能等于 100 美元。而中国有 100 亿美元的资产，印发总值 800 亿人民币，所以 800 人民币就等于 100 美元了，比日元值钱。

• 举例：

物品	人民币	韩元	日元
买一件衣服	300	50000	7000

③ 相机提问：

• 货币价值又是随着什么改变的？

• 不同国家的货币的价值不同，最初是谁来定的？

④ 教师总结：主要按发行量、黄金储备、外汇储备、市场需求情况而定。

（3）货币的增贬值是怎样体现的？

① 游戏演示，感受人民币的增贬值。

地点	法　国
道具	二十张一元的人民币，两块一欧元硬币
需购买物品	一瓶标价为 1 欧元的矿泉水
角色	一名老师扮演导游，一名学生扮演老板，两名学生扮演游客
过程	两名学生分别用 7 元和 5 元人民币去导游处兑换一欧元硬币。然后购买矿泉水

② 教师相机提问：同样是 1 欧元的矿泉水，用 7 元和 5 元人民币去兑换，你觉得哪个划算？

③ 学生亲身经历后开始讨论。

④ 教师相机总结：

• 如果你觉得划算，就是人民币升值（欧元相对贬值）：不划算，就是人民币贬值（欧元相对升值）。

• 随着人民币升值，人民币与欧元的比值会越来越小，即原本 7 元人民币换 1 欧元，然后是 6∶1、5∶1……。兑换等量欧元用的人民币越少，就说明人民币在升值。

总结：有了货币与实物的真实交易，学生很快明白抽象的货币增贬值体现在什么地方了，也明白货币增贬值对自身的影响。

（4）分享交流：

① 想想货币的增贬值对你的影响是什么？

② 每人两分钟展示：

大家下午好，

我是……

我觉得货币增贬值对我的影响是……

谢谢大家！

③ 教师归纳总结：

• 人民币升值对进口贸易、海外投资以及偿还外债等比较有利，毕竟升值就说明我们可以用更少的钱去获得更多的货物，结算的时候更划算。此外，越接近1∶1就意味着人民币地位的提升，使人民币朝着区域同行货币迈进。

• 货币的升值对出口不利，因为结算的时候对方必须用更多的货币来换算成人民币，等于变相增加的费用，会降低出口的竞争力。

• 在旅游业方面，因为货币升值，外来旅游的费用会提高，变相地减少了外来旅游的人数；相对地对外旅游人数会增加，但是这个对外旅游我们赚不到什么钱。

（5）课后延伸：

① 回家和爸爸妈妈一起讨论货币增贬值的意义。

② 想想自己能利用货币这一特点规划自己的财富吗？

《虚拟货币》教学设计

【设计背景】

互联网为消费者提供了大量的交流和沟通场所，同时也给企业提供了经营市场。电子金融的出现是虚拟货币的一个开始，随着互联网的发展，货币存在的形式更加虚拟化，出现了摆脱任何事物形态，只以电子信号形式存在的电子货币。电子支付的基础架构，提供了虚拟支付的技术环境。很多网络公司提供的网络虚拟产品和服务的单价都不高，需要进行的大多是几元钱的小额支付，而且网络公司提供的产品和服务依托于互联网这个载体，产品提供者并不直接和消费者见面交易，很难像传统商品那样"一手交钱，一手交货"。如果每次交易都通过银行卡进行转账，大量的交易将给网络公司的服务器造成巨大的交易负荷，而且多频次银行卡支付会给消费者带来很多不便，所以各大网络公司纷纷推出自己的虚拟货币。在网络发展的今天，了解、认识和使用虚拟货币势在必行。

【教学目标】

了解现有的虚拟货币种类和应用现状。

【教学对象】

小学高段学生。

【教学准备】

虚拟货币照片，PPT，狮山币。

【教学过程】

（1）什么是虚拟货币？

虚拟货币是指非真实的货币。

① 世界上著名的虚拟货币——比特币。

② 国内虚拟货币：知名的虚拟货币如百度公司的百度币，腾讯公司的Q币、Q点，盛大公司的点券，新浪推出的微币（用于微游戏、新浪读书等），等等。

教师出示PPT。

名称	简　介	功能服务
Q币	由腾讯推出的一种虚拟货币，可以用来支付QQ的QQ行号码、QQ会员服务等服务	Q币卡目前暂时可以用来支付QQ的所有服务
百度币	百度公司针对个人用户在互联网上消费而推出的唯一虚拟货币	用来消费的业务有：百度影视
U币	新浪网推出的一种虚拟钱币	使用新浪U币积分可以参加U币积分频道的所有抽奖兑换活动
V币	统一电话支付工具	可以向网站或网游进行充值
金币	淘宝网发行的一种兑换币	有些商品可以用它来抵消一笔货款，使得实际支付的钱更少

（2）创设游戏，认识、使用虚拟货币。

创设游戏：QQ充值购买虚拟币，直接在电脑上演示操作。

学生讨论虚拟货币的好处。

教师总结虚拟币的特点：为用户提供方便，网络公司有固定的客户与大额资金流出。

（3）多渠道购买虚拟货币，发现虚拟货币的缺点。

① 活动：

学生在不同的"经销商"（由不同学生扮演）购买后发现人民币兑换率不固定；"经销商"之间存在低入高买。

② 讨论：

学生发现虚拟货币购买价差大；更发现有些"经销商"低价收购各种虚拟货币、虚拟产品，然后再高价卖出，依靠这种价格差赢取利润。

③ 总结：

教师总结：随着技术的不断进步，电子支付（包括虚拟货币）在改变人们支付习惯的同时，也在潜移默化地改变人们的消费习惯，促进消费信贷的扩大。

（4）拓展延伸：

家庭使用情况调查。

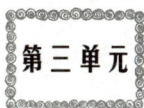

第三单元 钱从哪里来

《我的职业规划》教学设计

【设计背景】

认识社会中形形色色的行业，了解职业与行业的联系，引领孩子规划未来的职业。

【教学要点】

了解社会中的各种职业，树立正确的择业就业观。

【教学目标】

（1）了解现代社会中的职业，让学生明白每个职业都是靠智慧创造财富。

（2）让学生了解一些不为人知的职业，拓展学生的了解，再让学生根据自己的兴趣规划自己的职业。

（3）让学生对自己的想法有一个更好的梳理。

【教学对象】

小学高段学生。

【教学准备】

资料，图片，纸，狮山币。

【教学过程】

（1）什么是职业？

① 老师出示图片，学生竞猜：

清洁工、医生、魔术师、消防员……

② 游戏总结：五彩缤纷的行业。他们运用自己的知识和技能；获得了物质财富和精神财富；取得合理报酬。

• 职业与行业：

行业树的秘密。

学生上台交流。

小结：行业是一些紧密工作的总称。

• 行业分类游戏：

产业树：服务类、工业类、农业类三大产业。

产业是某种同类型行业的总称。

• 职业与行业的联系。

（2）你理想的职业是什么呢？

① 猜猜看，这些人所从事的非比寻常的职业。（展示图片）

• 水滑道测试员（测试安全，评判好不好玩）。

• 动物心理咨询师。

• 专业排队员。

• 职业陪跑师。

• 螃蟹去壳师。

• 试睡师。

② 未来还会出现什么职业？

学生讨论交流，汇报。

③ 老师拓展：闻臭师。

（3）课外拓展：名人名传——世界上会赚钱的小孩。（展示图片）

（4）课外拓展：

你未来想做的新兴职业是什么？（可以画图、可以剪贴画、可以写字）

《钱给我的感觉》教学设计

【设计背景】

对于金钱，学生并不陌生，但是他们在认识和对待金钱方面还没有形成系统而全面的认识，因此，教师有必要对此进行引导，对学生进行正确对待金钱方面的教育。

【教学要点】

树立正确的金钱观。

【教学目标】

（1）使学生能够清楚知道金钱的作用。

（2）培养学生剖析各种观点的思辨能力，引导学生树立正确的金钱观，做金钱的主人。

【教学对象】

小学高段年级。

【教学准备】

PPT，名人故事，狮山币。

【教学过程】

（1）回顾旧知：

我们学习了货币是商品交换发展到一定阶段的产物，货币的本质是一般等价物，货币的基本职能是价值尺度和流通手段，纸币是国家发行的、强制使用的货币符号。

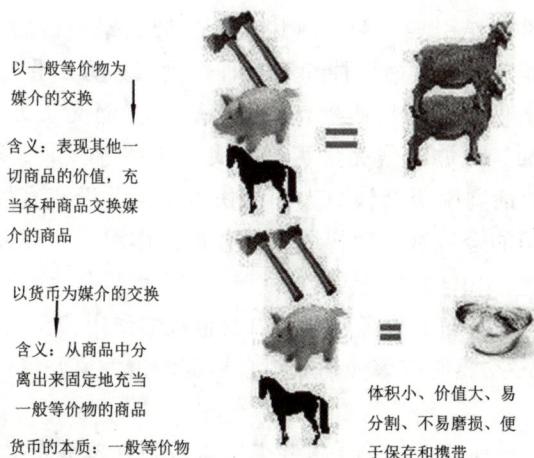

以一般等价物为媒介的交换

含义：表现其他一切商品的价值，充当各种商品交换媒介的商品

以货币为媒介的交换

含义：从商品中分离出来固定地充当一般等价物的商品

货币的本质：一般等价物

体积小、价值大、易分割、不易磨损、便于保存和携带

（2）引出主题，金钱是什么？

教师引导：从货币产生，到今天的现金货币，我们通常认为就是金钱，金钱能做什么？如何取得金钱？又怎样花钱呢？这一系列熟悉而又模糊的问题，就是我们今天所要探讨的内容——正确对待金钱。

说到正确对待金钱呀，我们不得不首先问：什么是金钱呢？下面，老师想听听同学们对金钱的定义。

教师总结：看来大家对于金钱都有自己的定义，有人认为……有人认为……（略）

其实呢，我们大家可以结合已经学过的知识来进行思考：金钱其实就是货币。货币的本质是一般等价物，它本身也是商品，也有价值，现代社会中出现的纸币是国家发行的、强制使用的货币符号，它是没有价值的。

（3）引入故事，讨论金钱能做什么？

其实啊，不只是我们在对金钱进行认识和探索，古今中外的很多人都对金钱发表过自己的看法（课件列举名言）：

我国古代有句话叫作"有钱能使鬼推磨"。

挪威剧作家易卜生说：钱能买来食物，却买不来食欲；钱能买来药品，却买不来健康；钱能买来奉承，却买不来信赖。

还有人说呀，"金钱不是万能的，但没有钱是万万不能的"。

拿破仑拥有无上的荣誉和财富，可他却说"我这一生从来没有过一天快乐的日子"。

教师相机提问：

对于以上几种说法，你怎么看呢？金钱到底能做什么？它不能做什么呢？请大家进行讨论发言。

教师结合课件总结引导：第一种说法盲目夸大了金钱的作用，我们应该否定这种金钱万能的观点；第二种和第三种的观点一方面肯定了金钱的作用，即它可以为我们提供必要的物质生存资料等，一方面又认为金钱在某些方面是不能发挥作用的，比如金钱无法买到健康、感情等，应该算是比较正确的观点；而拿破仑的话则说明金钱与人们的快乐幸福并没有直接的关系。由此，我们应该树立正确的金钱观，理智地看待金钱的作用，不可盲目地崇拜金钱。

（4）故事讲述：如何获得金钱？

现在，我们已经明确了什么是金钱以及金钱的作用，我们每个人每天都要与金钱打交道，那么，我们应该如何获得金钱呢？请大家看课件上的两个故事。（展示课件）

教师总结：从上面两个故事中，我们可以看到袁隆平先生因为研究杂交水稻，为我国粮食产量的增加做出了巨大贡献，大大解决了我国人民的吃饭问题，国家对此进行了表彰和奖励，袁隆平也因此获得了国家最高科学技术奖，获得奖金500万元，他是通过诚实劳动、刻苦钻研，才获得了这些金钱和荣誉；反观刘青山、成克杰等人，却因贪污受贿、谋取不法之财而断送了自己的生命。

同样都是获得金钱，两个不同的故事告诉我们什么？

教师相机总结：对待金钱应该取之有道，只有通过合法渠道劳动经营获得的金钱，才是受法律保护的，否则就会受到法律的惩罚和社会的摒弃。因此，我们同学们在以后的生活中，要树立正确的取财观念，要通过自己的诚实劳动和合法经营来取得金钱，要做金钱的主人。

（5）课后延伸：

我们已经知道了对待金钱要取之有道，金钱不只是财富的象征，它的价值更体现在它的用途上，那么我们又该怎么使用金钱，才能更好地体现它的价值呢？这就是我们接下来要探讨的——金钱怎么用？

回家和爸爸妈妈讨论：家人的"金钱观"。

第四单元 消费的学问

《促销活动的奥秘》教学设计

【设计背景】

随着生活水平的提高，孩子们手中的零花钱越来越多。面对商店里各式各样的玩具和零食，孩子们很难抵挡它们的诱惑，加之商场推出各种各样的促销活动，让孩子们感觉只要参加促销活动就得了便宜，原本没有购物的打算，也会被这样的促销活动所吸引，而花费了许多不必要的钱。因此，教师有必要对此进行引导，使学生了解促销活动的奥秘，学会合理购物。

【教学目标】

（1）增强辨别促销活动的能力，学会合理购物。

（2）通过学习、交流和实践，初步树立正确的购物观。

【教学对象】

小学高段学生。

【教学准备】

PPT。

【教学过程】

（1）课前调查：

周末，布置孩子自行到自己家附近的商场进行调查采访，看看商场中都有哪些促销活动，大概了解这些促销活动的方式。比如：打折、赠送代金券、赠送赠品、抽奖、多倍积分、免费体验等。

（2）小组交流：

① 学生汇报：

你们在商场里都看到了哪些促销活动？说说你们的调查结果。（根据学生汇报，进行统计，显示数据）

商品种类	优惠活动	优惠额度	心动指数	促销活动的优势	促销活动的劣势
服装					
鞋类					
食品					
玩具					
其他					

② 教师总结：

现在的商店几乎离不开促销活动，大到各种购物广场，小到蔬菜商店、药店等，基本上都有各自的促销活动。根据同学们的调查，我们发现了有打折、送代金券、送赠品、抽奖、积分等促销活动。

③ 分组交流：

根据调查时你们的分组情况，按小组将你们调查到的促销活动简单给大家介绍一下。（学生讨论、交流，确定汇报方案，选出优惠额度最具吸引力的促销手段）

学生：我们汇报的是打折。打折就是在原来售价的基础上降价销售，几折则表示实际售价占原来售价的百分之几十。比如打八折，则表示实际售价是原来售价的80%。

优惠活动确实在经济上给我们带来了实惠，但优惠活动真的就没有问题了吗？

商品种类	打折方式	打折原因	打折的优点	打折的缺点

（3）全课总结：

通过大家的汇报、交流，我们发现，促销活动有好处也有缺点。因此，我们不能一看到商场有促销活动就去购物，一定要认真考虑，合理购物。

（4）作业设计：

到商场再去调查促销活动背后的质量、服务等有无改变。

《网购的学问》教学设计

【设计背景】

在信息技术飞速发展的今天，网络购物已经成为许多人主要的购物方式。通过网络购物，足不出户便可以购买各种自己所需的商品。然而，网购也有一些弊端，例如网购的商品与服务的质量得不到很好的保障，买家有时甚至会上当受骗。因此，让我们的学生掌握一定的网购知识便显得非常必要了。

【教学目标】

（1）了解网购的步骤。

（2）了解网络购物的利与弊。

【教学对象】

小学高段学生。

【教学准备】

PPT。

【教学过程】

（1）了解网购：

什么是网购？你们在哪些网站上尝试过网购？谈谈你们网购时的感受。

刚才有同学提到了"淘宝"，没错，淘宝网是很多人网购时会选择的网站。除此之外，再说说你们听过的其他的购物网站吧。

学生1：我知道当当网。

学生2：我知道京东。

学生3：我知道亚马逊。

选择了购物网站，接下来，要在网站上买商品该怎么操作呢？请大家讨论交流。（学生互相讨论交流）

以淘宝网为例，需要做的准备工作有：

①在购物网站上注册，牢记用户名和密码。

②注册一个支付宝账号，牢记用户名和密码。

③ 将支付宝账号绑定一张银行卡，卡主姓名必须是你自己；开通网上支付功能。

④ 下载并安装"阿里旺旺"这类聊天软件，用来与商家沟通交流，用户名和密码与网站的用户名和密码一样。

准备工作做好后，该怎么进行购物呢？请大家讨论交流。

① 查找要买的商品，比较价格、运费、商家信用度，浏览买家的评价，然后选择一家店铺。

② 与卖家进行沟通，甚至可以讨价还价。

③ 确认购买，点击"立即购买"，按提示填写信息。

④ 按提示付款。

⑤ 买家收到货物时，登录网站进行"确认收货"，交易就结束了。

（2）了解网购的利与弊：

提前布置调查：采访你家里或身边喜欢网购的朋友，了解他们喜欢网购的原因，以及对网购的意见或建议。

网购的优势与不足

优 势	不 足
1. 快捷 2. 方便 3. 省时省力 ……	1. 商品质量难以保障 2. 等待时间长 3. 服务质量难以保障 4. 有上当的可能 ……

（3）全课总结：

通过大家的汇报、交流，我们发现，网购有利有弊，希望大家谨慎对待。

（4）作业设计：

在父母的陪同下体验网络购物。

《捆绑消费的陷阱》教学设计

【设计背景】

近年来，由于商业竞争的加剧，商家不断变换促销手法，以最大限度地争夺买方市场，其中运用较多的是捆绑销售。比如顾客在购买某种商品时，经营者附带赠送一定数量的同种或异种商品，也就是时下最为常见的"买几赠几"现象。孩子们在面对这一类销售方式的时候，很难抵挡其诱惑，总认为只要商家送了东西就是占了便宜，因此我们有必要让孩子了解这种销售方式的利与弊。

【教学目标】

（1）了解捆绑消费。

（2）了解捆绑消费的陷阱。

【教学对象】

小学高段学生。

【教学准备】

PPT。

【教学过程】

（1）新课引入：

大家在超市购物时见过"酸奶买 5 送 1""面包买 2 送 1"等情况吗？像这样的现象就叫作捆绑消费。今天我们就来学习捆绑消费的陷阱。

（2）讨论交流：

刚才我们提到的"买几赠几"的现象就叫作开放式捆绑消费，对于这种方式，你怎么看？请填写表格：

利	弊	解决办法

学生 1：我会觉得购买这样的商品比较划算。

学生 2：我也这样认为，因为这样商品的单价就比原来便宜了。

学生 3：我看到这样的情况的话，我会先去了解一下，至于买不买我会认真考虑考虑。

学生 4：我买过这样的商品，但有时我发现那个赠品其实不是很好，有的赠品质量不太好，有的赠品都快到保质期了。

……

教师：大家的想法都非常真实，非常棒。通过交流，我们发现其实捆绑式消费有利也有弊，好处自然是刚才大家提到的，花相同的价格可以获得更多的商品，即商品的单价比原来便宜了，但随之而来的，也可能有一些陷阱，比如质量问题。接下来请同学们回想一下，你被捆绑消费过吗？你获得的赠品都是你想要的吗？

（学生交流沟通）

学生：有一次我在某超市买酸奶，我买的是那种"买5赠2"的酸奶，回家后发现送的那2杯酸奶是还有2天就到保质期的了，因此我赶紧把这两杯酸奶喝掉。

教师：这位同学的经验提醒大家，看到有赠品的时候应该关注一下赠品的保质期。

学生：有一回我在电影院看电影，想买一些爆米花当作零食，结果那个地方卖的爆米花都是很大一杯的，我很想吃但又担心吃不了，结果后来我还是买了，到电影结束的时候我果然没有吃完。

教师：这就是捆绑消费成功的地方，它抓住了你们的欲望和心理，迫使你做出了购买的行为，商家也成功地挣到了钱。当大家遇到这样的情况的时候，应该谨慎考虑。

学生：上次爸爸带我去买手机，我买了一个2888元的手机，卖手机的跟我说，加188元可以获赠贴膜和一个充电宝，我想着手机肯定要贴膜，充电宝我又可以自己用，于是我就答应了，结果后来我才发现，充电宝我根本就没怎么用，在外面地摊上贴个膜只需要几十块。

教师：这位同学的经验告诉我们，当我们得知多花一小笔钱（与我们所购商品相比）便可获赠许多物品时，往往会忽略我们的真实需求，从而脑子一热便让商家得逞。

（3）全课总结：

通过大家的汇报、交流，我们发现，捆绑消费其实暗藏许多陷阱。因此，当我们面对这种销售方式时，一定要认真考虑，合理购物。

（4）作业设计：

调查商场中常见的捆绑消费模式。

商品名称	捆绑商品	质量	后期服务	性价比

《影响消费的因素》教学设计

【设计背景】

影响消费的因素有许多，其中主要的因素有：商品的价格、消费者的收入水平、消费者的偏好和消费者对该商品价格的预期等。从社会宏观层面看，一定时期的社会消费需求主要取决于一定时期的物价水平和人们的收入水平。作为高段的孩子们，有必要对这些因素建立初步的认识与了解。

【教学目标】

（1）了解一些影响消费的因素。

（2）初步建立理性消费的意识。

【教学对象】

小学高段学生。

【教学准备】

PPT。

【教学过程】

（1）新课引入：

在新学期即将开始时，你想要更换你的文具吗？你想更换哪些文具呢？

学生1：我想要新的笔袋。

学生2：我想要新的书包。

……

（2）讨论交流：

今天我们就一起来讨论，哪些因素会影响大家购买新书包？首先请大家讨论，并罗列出使你做出购买新书包的决定的因素。

（学生分组讨论交流并做好记录）

学生1：我的书包已经用了很久了，我想要一个新的书包。

学生2：那天我在商场里看到一个又好看又便宜的书包，我就想要那个书包。

学生3：我过年时领了一大笔压岁钱，买个书包绰绰有余。

看来影响大家购买新书包的因素有这样几点：个人的需求、商品的价格、个人收入等。

请大家回忆一下，你的消费经历中有因为上述原因而消费的吗？

学生1：我觉得这样的经验太多太多了，比如我们学习圆的时候需要用到圆规，所以我就去购买了圆规。

学生2：有一次妈妈带我去商场买衣服，路过一家鞋店，发现正在打5折，才100多块钱一双，刚好又有适合我的尺码，妈妈就给我买了一双。

学生3：每当过年时我都会收到许多压岁钱，我会拿出一部分购买我平时不能买但特别喜欢的东西。

看来我们的消费行为都会被这些因素所影响，而影响消费的因素有很多很多，大家可以在课下做一次调查。

（3）全课总结：

通过大家的汇报、交流，我们发现，影响消费的因素有个人的需求、商品的价格、个人收入等。大家在购物的时候可以多考虑考虑，合理消费，谨慎购物。

（4）作业设计：调查影响家人更换物品的因素。

姓名	更换的物品	理由

第五单元　生财有道

《银行产品的保险与风险》教学设计

【设计背景】

现在是经济高速发展时期，很多经济型产品层出不穷。经过了解，选择了与学生生活贴近的信用卡作为此次课程了解的重点。通过研究、体验活动让学生认识此类银行产品，知晓其优势与风险，并懂得在使用银行产品时我们要根据自身情况量力而行，诚信而为。

【教学目标】

（1）了解银行产品——信用卡。

（2）了解银行产品——信用卡的保险与风险。

（3）体验信用卡的使用，知晓诚信的重要性。

【教学对象】

五、六年级学生。

【教学准备】

画存提款机图，信用卡，班级银行，班级商店。

【教学过程】

（1）了解银行产品——信用卡：

故事导入：

孩子们，国庆期间商场进行了大规模的促销活动，老师也去热闹购物了。看！这些都是老师的战利品。

但是，买到一半的时候，老师的现金不够了，储蓄卡里的钱也用完了，怎么办呢？老师用了这个办法，就是使用——信用卡。你们家里有人使用信用卡吗？你知道什么是信用卡吗？

（发给每组一张信用卡）

（学生直观感受信用卡）

同时给出信用卡的定义：

信用卡（Credit Card），又叫贷记卡，是一种非现金交易付款的方式，是简单的信贷服务。是银行向个人和单位发行的，凭此向特约单位购物、消费和向银行存取现金。信用卡由银行或信用卡公司依照用户的信用度与财力发给持卡人，持卡人持信用卡消费时无须支付现金，待账单日时再进行还款。

信用卡分为贷记卡和准贷记卡，贷记卡是指银行发行的，并给予持卡人一定信用额度，持卡人可在信用额度内先消费后还款的信用卡；准贷记卡是指银行发行的，持卡人按要求交存一定金额的备用金，当备用金账户余额不足支付时，可在规定的信用额度内透支的信用卡。通常所说的信用卡，一般单指贷记卡。这就是我们长辈们常用的可以透支金钱的信用卡。

（2）通过视频初步了解信用卡的优势与风险。

① 信用卡属于银行产品的一类，它到底有什么优势和风险呢？我们一起来看看这个视频吧！

（播放视频——《神奇的信用卡》）

② 你都知道了哪些关于信用卡的信息？四人小组填表。

信用卡的优势与风险

填表人：

优　势	风　险

孩子们，这仅仅是我们通过短片了解的有关信用卡的信息。接下来，我们来完成一项体验互动，你就能更真实地了解到信用卡的优势与风险了

（3）体验活动：

① 互动道具——制作两幅存取款机图纸（并标示信用卡利率），用 PPT 制作一个商场（里面有许多的货品）、一个银行名字标识。

② 孩子们现在手里都有一张信用卡，请你来购物，并记录使用的金额和货品。

购买记录

透支金额	货品

③ 还款日期到了，本月你的工资是 1000 元。请还款。

还款前请四人小组商量是全额还款、部分还款，还是拖欠？

④ 与银行人员进行交涉。（此时老师扮演银行人员，与学生进行交流。）

⑤ 交流：你在这个体验活动中收获了什么？

总结：所以我们要根据个人自身情况办理银行产品，量力而行。并且一定要诚信！

（4）活动延伸：

了解信用卡更多的信贷方式。

《现金流的意义》教学设计

【设计背景】

从生活中了解"现金流"这一个生僻的概念，同时学会理财。

【教学目标】

（1）知道什么是"现金流"。

（2）了解家庭的收入与支出。

（3）懂得合理安排钱财。

【教学对象】

五、六年级学生。

【教学准备】

调查表，计划表。

【教学过程】

（1）导入：

同学们，上节课我们初步了解了银行产品的保险与风险。我们都知道，要想购买银行产品，我们自己必须有富余的钱。那如何能够很好地掌握自己家里的金钱呢？这几节课，我们就要通过几个案例去进行了解。

（2）了解家庭收入：

① 这是狮狮一家一月的收入，通过表格你们知道了什么？

家庭一月收入明细表

收入项目	金额
爸爸的工资	8000
妈妈的工资	6000
银行理财收入	150
旧房出租收入	2000
总计	16150

② 学生根据表格汇报。

③ 是的，这就是狮狮一家人一个月的收入情况。同时，老师还想告诉大

家，一般我们家庭收入会有以下几种：

·劳务收入：是指从事各种工作所取得的报酬，即支付劳务所取得的收入，如常见的有工资收入。

·经营收入：是指通过经常性的生产、经营活动而取得的收益，如父母做生意所取得的收入。

·财产收入：家庭拥有的动产和不动产所获得的收入。如将钱存在银行里所获得的利息，出租房屋所获得的房租等。

·转移收入：不同个体或企业之间的收入转移。如父母获得的离退休金、失业救济金等，还有长辈给晚辈的压岁钱、零花钱等。

除此之外，还有偶然所得、奖学金等其他形式的收入。

④ 你们看看，狮狮一家的收入是不是都在其中啊！只有了解了收入的来源与金额，我们才能够安排家庭生活。

（3）了解家庭支出，知晓"现金流"的意义。

① 这张表里则是狮狮一家一个月的支出，你们看到了什么？有什么想说的？

家庭一月消费明细

消费分类	家庭消费项目	消费金额
房屋及相关固定开支	房租、物业、房贷、车贷	2500
	水、电、燃气费	600
	有线电视、宽带、电话费	300
日常生活开支	食品费	2500
	服饰费	1500
	交通费	100
家庭娱乐费用	旅游、娱乐等	1000
家庭成员发展	教育培训费	1200
家庭外联	交际费、人情费	1000
其他	赡养费、医药费、保险	1000
总计		11700

② 学生汇报。

③ 教师总结：是啊，一个家庭的支持真的是不可细算，一算下来就需要

这么多。那一月下来，狮狮一家还能结余多少钱呢？（4450元）孩子们，一个家庭的收入和支出，就叫作"现金流"。通常"现金流"就是指企业某一期间内的现金流入和流出的数量。我们这里采用家庭的收入和支出让大家直观地感受这一概念。

（4）尝试计划家庭支出，学会合理安排。

① 如果狮狮家想多结余一些钱，我们能不能给他们一些建议呢？

② 借助这张表，请四人小组讨论一下。

一月家庭消费设计计划表

项　目	预计金额
1.	
2.	
3.	
……	

③ 学生汇报。

④ 看来大家都很会思考，都是做计划的小能手。

（5）课堂延伸：

① 了解家庭一月收入与支出。

② 制作家庭一月支出计划表。

《梦想存钱罐》教学设计

【设计背景】

现在的学生生活条件普遍比较优越，压岁钱、零花钱等较多，但孩子们疏于对财务的管理，也不太会合理使用自己的钱财。与此同时，当下的学生在优越的生活下，很难坚持实现每个阶段自己许下的梦想。为此，我们借由财商课程，在辅助学生知晓存钱罐的作用的前提下，讨论如何使用存钱罐，并通过实际动手操作，制作一个阶段性的梦想存钱罐，帮助学生坚持、努力，实现自己的梦想。

【教学目标】

（1）了解梦想存钱罐。

（2）知道如何使用梦想存钱罐。

（3）借助梦想存钱罐实现自己的梦想。

【教学对象】

五、六年级学生。

【教学准备】

一个纸盒，各色卡纸，装饰品，彩色笔。

【教学过程】

（1）导入：

① 教师：同学们，上节课我们知道了什么是"现金流"，回顾和再次安排了自己一个月现金的使用方式。今天我要介绍一个朋友给大家，看，这是什么？（出示普通的存钱罐）

你们有吗？你们平时会怎么使用它？

② 学生各抒己见。

（2）认识"梦想存钱罐"：

教师：我们会把自己的钱存进钱罐中。存钱罐中的钱你们都会怎么使用呢？（学生谈论）是的，这就是我们几乎人人都有的存钱罐。我们把自己的钱存进存钱罐中，在需要使用的时候我们会拿出来。但这个存钱罐还不是老师今天要介绍给大家的朋友。我要介绍给大家的是它——（出示老师自己制作的存钱盒）

短期	长期	爱（与爱有关的梦想）

① 你看到了什么？

（一个盒子用卡纸分成了 3 等分的小格子，上面还有"短期、长期、爱"这几组字。）

② 这个存钱罐是不是有些与众不同？

③ 如果是你，你会如何使用这个存钱罐呢？四人小组讨论一下吧！

④ 小组汇报。

⑤ 有的小组说将钱分为短期、长期和爱心基金来存放；有的小组说这里面可以存下我们短期、长期和与爱有关的梦想，然后根据这些梦想来慢慢存放需要的资金或者其他物品。老师觉得你们的想法都非常好！

（3）制作梦想存钱罐：

① 教师：心动不如行动，我们现在就来制作一个属于自己的梦想存钱罐吧！

② 学生拿出材料，开始制作。

③ 学生展示自己的梦想存钱罐。

（4）如何使用梦想存钱罐？

教师：说说你会怎么使用你的梦想存钱罐。（学生讨论、交流）希望你们好好使用梦想存钱罐，帮助自己实现更多的梦想！

（5）互动延伸：

利用梦想存钱罐，有计划地实现金钱目标。

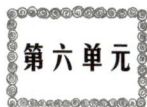

第六单元 儿童创业

《创业之路》教学设计

【设计背景】

现代社会高速发展，涌现了许多新兴产业，同时也带出了一大批优秀的创业者。创业的艰辛难以想象，正好通过本次课程让同学们感受这份艰辛，体会创业之不易，学习创业者的精神。

【教学目标】

（1）认识成功的创业者。

（2）学习创业者的精神。

【教学对象】

五、六年级学生。

【教学准备】

成功的创业者的图片；乔布斯的创业故事。

【教学过程】

（1）导入：

"路漫漫其修远兮，吾将上下而求索。""天生我材必有用。"同学们，今天咱们可不是来参加诗词大会哦。今天我们要来认识一些优秀的创业者。而这两句话，就体现了他们在刚开始创业时的心境。

（2）看图片，认识当下成功的创业者：

① 看，你们认识吗？（展示图片）

• 马云——阿里巴巴集团创始人。

• 王石——万科集团创始人。

• 史蒂夫·乔布斯——美国苹果公司联合创始人。

• 比尔·盖茨——美国微软公司联合创始人。

② 孩子们，看来你们都很了解现在的实事。这些成功人士都是通过不懈努力，最终创业成功的企业家。

③ 那创业是不是我们想象的这么简单呢？

（3）读创业者的故事：

① 让我们来看看乔布斯是如何让苹果诞生的。

苹果诞生

1955 年 2 月 24 日，史蒂夫·乔布斯出生在美国旧金山。刚刚出生，就被在美国旧金山一家餐馆打工的父亲与潇洒派的酒吧管理员的母亲遗弃了。幸运的是，一对好心的夫妻收留了他。

虽然是养子，但养父母却对他很好，如同亲子。学生时代的乔布斯聪明、顽皮、肆无忌惮，常常喜欢别出心裁地搞出一些令人啼笑皆非的恶作剧。不过，他的学习成绩倒是十分出众。

当时，乔布斯就生活在后来著名的"硅谷"附近，邻居都是"硅谷"元老——惠普公司的职员。

在这些人的影响下，乔布斯从小就很迷恋电子学。一个惠普的工程师看他如此痴迷，就推荐他参加惠普公司的"发现者俱乐部"。这是个专门为年轻工程师举办的聚会，每星期二晚上在公司的餐厅中举行。就在一次聚会中，乔布斯第一次见到了电脑，他开始对计算机有了一个朦胧的认识。

在上初中时（1976 年），乔布斯在一次同学聚会上，与斯蒂夫·沃兹尼亚克（Steve Wozniak）见面，两人一见如故。斯蒂夫·沃兹尼亚克是学校电子俱乐部的会长，对电子有很大的兴趣。

19 岁那年，乔布斯只念一学期就因为经济原因而休学，成为雅达利电视游戏机公司的一名职员。他借住朋友（沃兹）家的车库，常到社区大学旁听书法课等课程。1974 年，他赚钱往印度灵修，吃尽苦头，只好重新返回雅达利公司做了一名工程师。

安定下来之后，乔布斯继续自己年少时的兴趣，常常与沃兹尼亚克一道，在自家的小车库里琢磨电脑。他们梦想着能够拥有一台自己的计算机，可是当时市面上卖的都是商用的，且体积庞大，极其昂贵，于是他们准备自己开发。制造个人电脑必需的就是微处理器，可是当时的 8080 芯片零售价要 270 美元，并且不出售给个人。

两个人不灰心，仍继续寻找，终于在 1976 年度旧金山威斯康星计算机产品展销会上买到了摩托罗拉公司出品的 6502 芯片，功能与英特尔公司的 8080 相差无几，但价格只要 20 美元。

带着 6502 芯片，两个狂喜的年轻人回到乔布斯的车库，开始了自己伟大的创新。他们设计了一个电路板，将 6502 微处理器和接口及其他一些部件安装在上面，通过接口将微处理机与键盘、视频显示器连接在一起，仅仅几个星期，电脑就装好了。

乔布斯的朋友都震惊了，但他们都没意识到，这个其貌不扬的东西，会给以后的世界带来多大的影响。但是精明的乔布斯立即估量出这种电脑的市场价值所在。为筹集批量生产的资金，他卖掉了自己的大众牌小汽车，同时沃兹也卖掉了他珍爱的惠普 65 型计算器。就这样，他们有了奠基伟业的 1300 美元。

1976 年 4 月 1 日那天，乔布斯、沃兹及乔布斯的朋友龙·韦恩做了一件影响后世的事情：他们三人签署了一份合同，决定成立一家电脑公司。随后，21 岁的乔布斯与 26 岁的斯蒂夫·沃兹尼亚克在自家的车房里成立了苹果公司。公司的名称由偏爱苹果的乔布斯一锤定音——称为苹果。后来流传开来的就是那个著名的商标——一只被人咬了一口的苹果。而他们的自制电脑则被顺理成章地追认为"苹果 I 号"电脑了。

②读了这个故事，你有什么想说的？

③是的，创业并非我们想象的这样简单，它需要我们花费许多，就像你们总结到的，要有为了理想努力拼搏、坚持不懈的精神，要能够吃苦耐劳，

要学会不断创新，还要做好准备，抓住机遇。

（4）将这种精神运用到学习、生活中：

① 创业之路荆棘坎坷，但是只要创业者努力拼搏，善于思辨，那成功的概率就会很大。

② 而作为小学生的我们，在学习和生活中，也应该借鉴创业者、企业家们的精神。

（5）作业：

读一读更多的优秀创业者的故事。（推荐书目：《乔布斯传》）

《我们的创业方案》教材设计

【设计背景】

新新产业越来越多，孩子们几乎每天都能听到或看到许多店铺开张、关闭。在和孩子们交流的过程中，发现他们认为开店是一件很容易的事，所以很多老板才会轻易地闭店。其实并不是。为了让孩子们了解开店的辛苦，特意设计了这节课。

【教学目标】

（1）让学生知道什么是创业。

（2）了解创业的不易。

【教学对象】

五、六年级学生。

【教学准备】

表格；前期教师寻找相关资料。

【教学过程】

（1）什么是"创业"？

① 同学们，首先我们来做一个小调查。爸爸妈妈是自己做生意或者开公司的，请举手。

② 他们是自己创业的吗？

③ 哇！那什么是创业呢？仅仅是买卖东西、信息互换等我们常常看到的现象吗？

④ 当然不是了。"创业"是一项系统工程，作为老板你得考虑到人、财、物、进、销、存、竞争、市场细分、定位、管理体系、财务控制、退出机制、

预算等一系列的事情。

⑤ 是不是听着都觉得复杂。没关系，只要我们头脑清晰，一一梳理，我们也可以创业成功哦。

（2）我们的创业：

① 今天我们就来做一次创业者，一同来制作我们的创业方案。

② 在调查和制作创业书之前，你们觉得应该先做什么？

③ 对，首先定下自己想要做什么，也就是在哪一行创业。"民以食为天"，而大家最喜欢的食物类型中肯定有"零食"这一个。那今天我们就来做一个"零食专卖店"的创业方案吧！

④ 定下来在哪一行创业，接下来我们应该做什么？

⑤ 是的，我们要开始对零食行业进行调查，包括进货渠道、零食种类、店铺地点及周边环境考察，再做出资金分配，以及我们做零食专卖店的优势与劣势。

⑥ 因为今天我们是在课堂中进行方案制作，那我们就截取其中一两点来进行讨论。

⑦ 以我们学校商业街作为销售地点。现在我们分小组来讨论一下，我们的"零食专卖店"的优势和劣势。

零食专卖的优劣势

讨论人：

优 势	劣 势
1. 2. 3. ……	1. 2. 3. ……

⑧ 学生汇报交流。

⑨ 从大家的讨论、汇报中，我们知道了创业不是一件简单的事，仅仅是这一个点，就让大家费尽了心力。在了解了优劣势之后，我们就要开始制定系统的营销方案，还需要进行财务预算。

（3）尝试制作销售策略：

① 让我们开动脑筋，为零食专卖店制作一个营销方案。

我们的营销方案

讨论人：

	策略	
销售渠道	促销活动	价格策略

②学生汇报，老师相机板书。

我们的营销方案

	策略	
销售渠道	促销活动	价格策略
质量保证 微信、传单宣传 微笑服务 "良心推荐" ……	买赠活动 打折活动 捆绑销售 ……	根据购买总价进行奖励 ……

（4）正确对待创业：

同学们，这仅仅是创业方案中的冰山一角，在思考的过程中，我们感受到了创业的不易，但同时也克服了重重困难，制订出了我们的计划，将来有机会大家可以尝试创业。

（5）活动延伸：

查找资料，多方调查，继续完善自己的创业方案。

《项目策划》教学设计

【设计背景】

项目策划是一种具有建设性、逻辑性的思维的过程，在此过程中，总的目的就是把所有可能影响决策的决定总结起来，对未来起到指导和控制作用，最终借以达到方案目标。小学高年级学生已初步具有规划意识，通过对项目策划的学习和了解，锻炼他们的思维能力，使他们养成计划的好习惯，同时也对未来职业的选择有一个初步的想法。

【教学要点】

（1）了解项目策划及其完成方法。

（2）有初步的职业选择想法，体会团队的力量。

【教学目标】

（1）知识与技能：掌握项目策划的重要性以及内容。

（2）过程与方法：体会项目策划完成的过程，掌握项目策划的方法。和团队一起写作完成策划，体会团结合作的力量。

（3）情感态度与价值观：养成计划的好习惯，锻炼学生的思维能力，使学生对未来职业的选择有个初步的想法，同时体会团队合作的力量。

【教学对象】

小学高段学生。

【教学准备】

PPT，狮山币。

【教学过程】

教师引导：同学们有没有参加过自己好朋友的生日会或者自己举办过生日会？自己举办一场生日会会有哪些步骤呢？首先要确定自己有哪些朋友要来。（教师相机：人员）那么还有呢？我们还要确定地点、时间等。（教师相机：地点、时间）我们还得有个预算才行。（教师相机：预算）同时，还要确定怎么玩，也就是这个生日宴的流程。（教师相机：流程）讲到这个地方，我从一场生日会中发现同学们已经大体具备了项目策划的能力了。表面上，同学们觉得"项目策划"四个字非常高大上，其实我们的生日会、我们的班会都是一次小小的项目策划。今天，我就带领你们走进项目策划的世界。

（1）什么是项目策划？

① 定义：项目策划是一种具有建设性、逻辑性的思维的过程，在此过程中，总的目的就是把所有可能影响决策的决定总结起来，对未来起到指导和控制作用，最终借以达到方案目标。（PPT 展示）

关键词：计划、指导。

② 内容：

教师引导：刚刚同学们已经从一场生日会中归纳出一个项目策划需要的部分内容。那么大家再开动脑筋想一想还需要什么？

• 确定项目目标和范围；定义项目阶段、里程碑。

• 估算项目规模、成本、时间、资源；建立项目组织结构。

• 项目工作结构分解。

• 识别项目风险。

- 制订项目综合计划。

总体而言，可将其浓缩为 5W+2H：

5W：

what：计划做什么或完成什么——明确工作任务。

who：计划由谁、哪些人执行——明确工作任务的担当者。

when：什么时候执行到什么程度——明确工作任务进度。

where：在什么地方进行工作——明确工作开展地点、区域。

why：为什么要这样做——明确工作起因、动机。

2H：

how：怎么开展工作——明确工作方式方法。

how many：完成多少工作——明确工作量。

布置工作任务或做工作计划需要具备以上要素，才为一项基本完整的计划。

③ 项目类别：

- 会议项目策划。
- 建筑项目策划
- 文化项目策划。
- 主题项目策划。
- 节日项目策划。
- 旅游项目策划。
- 婚庆项目策划。

④ 注意事项：

教师总结：这么多内容有时候一个人是忙不过来的，那么就需要一个团队来帮忙。这时候就凸显了团队的力量。一般来说，项目策划都是一个团队一起负责。就像一个班会，有的负责主持，有的负责写黑板，有的负责表演，大家各司其职。我们用一个流程图来表示一个项目策划的全过程。

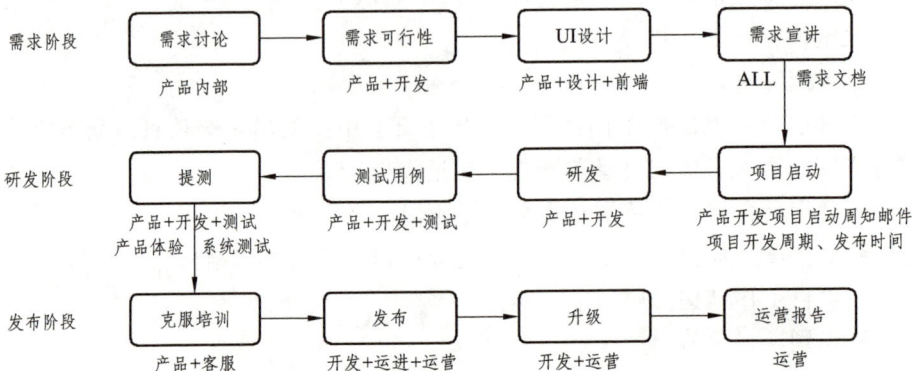

同学们平时喜欢的零食、玩具都是产品，那么上图就是一个好的产品项目策划的流程。以后如果大家要开公司，你们公司的产品基本都是按照这个路线来的哦。那么以这个图为例，如果你是这家公司的老板，在这些生产线上，你可以安插哪些部门？

（2）假如我是老板？

同学们可以拿出自己手上的笔，在自己的作业本上画出你要插入的部门。

教师引导：产品一开始，会有一个领头人，我们叫他产品负责人，也就是最大的 boss。产品负责人会有一个团队，他们负责调研。调研什么呢？就是看看这个产品会不会有人期待、有人需要。同学们想一想，如果没有人需要，还会有人设计这种产品吗？一个生日会，如果没人参加，那就没有要开的必要了是不是？

接下来会有研发团队，对产品进行制作。制作需要经费，经费从哪里来？我们就要有公关部门去找赞助商。这就像我们的爸爸妈妈，你们没钱了，就会让爸爸妈妈"赞助"你。

之后还会对产品进行预测。同学们注意！还有风险预估哦！开生日会的时候，明明在室外，如果下雨了怎么办？你得想一个备用方案啊，这个备用方案就是风险预估哦。

（3）为什么要进行项目策划？

如果项目策划没有以下内容，请同学们认真思考可能会出现的问题，并填入空白处。

项目策划内容	可能发生的问题
项目资金策划	
对政府政策、法规和城市总体规划的调查研究	
了解用户需求	
确定项目实施时间	
明确人员分工	
对项目风险进行预估	
明确工作的方式方法	

（4）活动延伸——合作当老板：

在以上的活动中，我们已经知道了一个项目策划的具体内容和重要性。我们 5 个人为一组，以半个月为限，同学们策划出一场校园招聘会，我们半个月后进行"招标"，获胜的小组将获得奖金支持来办一次真正的模拟招聘会。

《爱心义卖》教学设计

【设计背景】

爱心义卖一直以来都是小学德育教育活动的热点之一，孩子们收集自己已经用过的物品，进行自我估价，然后通过个人或者团队的方式将物品作为商品进行卖出，收入所得用于爱心捐款、贫困救助等方面。义卖活动的开展，不但能够锻炼孩子的综合能力，而且也可以借此对孩子进行感恩教育的分享教育。但是目前很多义卖活动都是让学生作为买方来进行活动。而此次活动则将角度变为卖方。学生作为卖方，要考虑怎样的商品才是同学喜欢的，不同年级的学生喜欢的商品又是怎样的，该如何制定适合的价格，采用怎样的营销策略。以此开发其中的理财知识，对学生进行浅显的理财教育。

【教学要点】

了解义卖及掌握其方法，形成初步的理财观。

【教学目标】

（1）知识与技能：掌握义卖的方法，在卖方的角度下有初步的理财观念。

（2）过程与方法：体验义卖活动中管理者与服务者的过程，形成初步的理财方式。

（3）情感态度与价值观：形成良好的理财观，同时为社会奉献自己的爱心。

【教学对象】

小学高段学生。

【教学准备】

调查表，相关商品价格，狮山币。

【教学过程】

教师引导：义卖活动大家都很喜欢，之前同学们参加的义卖活动大都以竞买者的身份参加。而这一次我们是以卖者身份去管理规划。那我们准备买什么呢？课前各小组都做了相应的调查，现在我们来交流一下吧。

（1）分小组交流。

（2）各小组针对大家的想法提出建议。

① 学习用品大家要经常用，所以不仅要新奇，还要质量好，方便使用。

② 日用品和玩具虽然好，但是价格要亲民。

③ 如何计算成本和定价？

（3）了解消费群体的消费价格。

① 在班中调查：

• 你这次会带多少钱参加义卖？

• 你能接受最贵的商品是多少钱？

• 你是否有购买意向了？是什么？

• 小组进行交流统计并汇报。

② 根据调查结果，作为管理者要计算好成本。

• 各小组选取自己看中的一件商品，进行成本的计算。

• 定价和利润的关系：

公式：（卖价 – 成本价）÷货品数量

• 各小组选取自己看中的一件商品进行利润计算。

• 讨论如何制定价格。

（4）教师总结：

若价格定得过于便宜，我们赚不到钱，便无法献出爱心。但另一方面，我们还要考虑到我们的目的是"义卖""慈善"，不是完全以挣钱为目的，还要考虑学生的消费能力和接受程度。

（5）活动拓展：

在这次活动中，我们了解到要成功做一次义卖需要学会调查，先了解同学们的需求，再对商品进行采购。还学习了如何计算成本，合理制定价格。接下来就请各小组计算自己的准备出售的商品的成本和制定价格。对不足的地方进行适当的修改。

《网络营销》教学设计

【设计背景】

网络营销是随着互联网进入商业应用而产生的，随着互联网影响的进一步扩大，人们对网络营销理解的进一步加深，以及出现的越来越多网络营销推广的成功案例，人们已经开始意识到网络营销的诸多优点并越来越多地通过网络进行营销推广，因此我们有必要让孩子对网络营销有一定的了解。

【教学目标】

（1）初步认识网络营销。

（2）通过学习、交流，了解网络营销的特点与优势。

【教学对象】

小学高段学生。

【教学准备】

PPT。

【教学过程】

（1）课前调查：

课前的周末，布置孩子自行分组调查关于网络营销的知识，请大家交流汇报。

（2）交流汇报：

① 什么是网络营销？

我们小组查到，网络营销是企业整体营销战略的一个组成部分，是为实现企业总体经营目标所进行的，以互联网为基本手段营造网上经营环境的各种活动。其中可以利用多种手段，如 E-mail 营销、博客与微博营销、网络广告营销、视频营销、媒体营销、竞价推广营销、SEO 优化排名营销等。总体来讲，凡是以互联网或移动互联为主要平台开展的各种营销活动，都可称之为整合网络营销。简单地说，网络营销就是以互联网为主要平台进行的，为达到一定营销目的的全面营销活动。

② 网络营销有哪些特点？

我们小组查到，网络营销的特点有两个方面：一方面是基于互联网，以互联网为营销介质；另一方面，它属于营销范围，是营销的一种表现形式。企业网络营销包含企业网络推广和电子商务两大要素，网络推广就是利用互联网进行宣传推广活动，电子商务指的是利用简单、快捷、低成本的电子通讯方式，买卖双方无需谋面地进行各种商贸活动。网络营销与传统营销一样都是为了实现企业营销目的，但在实际操作和实施过程还是有比较大的区别。

③ 网络营销的优势。

我们查到网络营销主要有以下优势：

• 网络媒介具有传播范围广、速度快、无时间地域限制、无时间约束、内容详尽、多媒体传送、形象生动、双向交流、反馈迅速等特点，可以有效降低企业营销信息传播的成本。

• 网络销售无店面租金成本，且有实现产品直销功能，能帮助企业减轻库存压力，降低运营成本。

（3）全课总结：

通过大家的汇报、交流，我们发现，网络营销是一种新兴的营销模式，它正处于高速发展的阶段。

（4）作业设计：

调查网络营销。

网络营销

特　　点	优　　势
1. 2. 3. ……	1. 2. 3. ……

《慈善筹款的渠道》教学设计

【设计背景】

中华民族是一个热情、好施的民族。慈善捐助应该是我们的孩子从小就养成的关爱的品行。只是我们在做慈善活动的时候，往往只注重了表面，而忽略了背后的意义。孩子们是没有收入的，在很多捐助活动中孩子们都是从父母那儿拿钱，这就造成了对慈善捐助的困惑和反感。因此，我们有必要让孩子们对慈善活动作一个全面的了解。

【教学目标】

（1）使学生初步了解慈善活动。

（2）了解慈善筹款的渠道。

【教学对象】

小学高段学生。

【教学准备】

PPT。

【教学过程】

（1）课前调查：

课前的周末，布置孩子自行分组调查关于慈善筹款的知识，请大家交流汇报。

（2）交流汇报：

① 什么是慈善活动？

慈善活动是为帮助改善社会上的弱势社群的困难生活而发起的团体活动。例如：金钱捐助、物资捐助、慈善表演。

中国的慈善事业，有着自己悠久的传统。汉唐寺院济贫、赈灾、医疗、戒残杀的长盛不衰；宋代养老扶幼事业的勃兴；元朝医疗救助的兴起；明清民间慈善群体在中国慈善史上首屈一指。现代社会中，更是涌现出一批批社会贤达、名流、企业家、离退休干部为水灾，为贫困大中小学生，为艾滋病、白内障的贫困患者，默默从事的慈善救助。

②说说你熟悉的慈善活动。

•我知道中华慈善总会，作为中国规模较大、扶助弱势群体最多的公益组织机构之一，于1994年4月在民政部老部长崔乃夫的倡导下成立。中华慈善总会发扬人道主义精神，弘扬中华民族扶贫济困的传统美德，帮助社会上不幸的个人和困难群体，开展多种社会救助工作。

•我知道成都市慈善总会，他们主要有扶老、助残、救孤、济困、赈灾等救助工作，形成了以帮困助学为主，涵盖建房、助老、扶贫等方面的慈善救助体系，发挥了慈善事业在社会保障体系中的重要补充作用，让成都慈善事业像阳光一样温暖着全市城乡贫困群体，为构建和谐社会做出了积极贡献。

•我知道我们学校每年6月1日的义卖也是一种慈善活动。

③慈善筹款的渠道。

•向个人的筹款：这种方式在欧洲比较广泛地被采用。因为在欧洲国家，有公开的地方通讯录，里面会把个人的名字和地址写出来，很方便这件事的执行。在欧洲，每个人都会有详细的个人出入境记录，国际残联曾利用这样的记录，寻找曾经去过非洲的人，为非洲助残项目向他们筹款。采用直接发信给个人筹款这一方式时，最重要的是，需要比较准确地抓住个人的感觉，让他感觉到，这封信是直接写给他的，他就会读完这封信。在写这样的信的时候，不要只写一两张纸，而是要同时寄一些卡片或物品，让收信人摸上去会有厚厚的感觉，所有这些物品，也都是精心设计的。比如在信里放一张卡片，印有整幅的伤残儿童的图片，在他缺少的那条腿的部分，做成活动的，可以取下来，上面写着"用多少钱可以帮助一个人装个假肢？"背后则是价格以及捐助签。再比如，在每年开学的时候，所发的筹款信中，则会放入装着一只小小的铅笔的小信封，信封上写"所有孩子都能上学吗？"提醒人们，残肢儿童，需要一个假肢才能上学。

•向基金会筹款：大宗款项主要来自一些实力雄厚的基金会，但规定必须要有一定的公众捐助者，才能向大基金会申请捐款。需要注意：首先，写的报告要非常标准化，可以申请资金的基金会很多，如果对每个机构都要写一份报告的话，是非常麻烦的，所以，尽量把一份报告写得标准化。内容基本分为这样几块：第一，面临的问题是什么；第二，将启动什么项目，在这个项目中，将针对的人群，有多少人会受益；第三，成功的经验以及遇到的困难；第四，计划和预算；第五，非常重要的是，要让对方明白，你的项目在继续，所以需要这笔钱继续这个项目，如果项目停止，也要告诉他们我们会用这个项目的经验继续别的项目。

• 活动筹款：西方主要是在圣诞节前，中国也可以在春节前，举办慈善性质的晚餐会。这种晚餐会邀请的主要是一些潜在的对筹款有帮助的大的公司和机构。卖点除了捐钱以外，则是可以通过这样的晚餐让捐助者彼此找到商业伙伴。

• 商业筹款：关键是要知道如何要求别人给你捐款。需要商业企业赞助的话，一定要面对面地交流；要对商业机构的人表现出你很专业的形象；不要只给他们看简单的纸面报告，要给他们看宣传影片，改变他们的印象。

（3）全课总结：

通过大家的汇报、交流，我们发现，慈善筹款主要有 4 种渠道。

（4）作业设计：

设计一个慈善收款活动。

《社会公益实践》教学设计

【设计背景】

社会公益事业是中国优良传统的延续，是构建社会主义和谐社会的内在要求。公益活动是指一定的组织或个人向社会捐赠财物、时间、精力和知识。公益活动几乎都是由单位、学校等各个场所组织的，义务植树、义务大扫除、爱心满世界、献血、捐款/捐物、爱心助学、关爱失独都是很常见的公益活动。这是一份爱心，一份帮助别人的希望。

【教学目标】

（1）初步了解社会公益活动。

（2）体验社会公益活动。

【教学对象】

小学高段学生。

【教学准备】

PPT。

【教学过程】

（1）课前调查：

课前的周末，布置孩子自行分组调查关于社会公益活动的知识，请大家交流汇报。

（2）交流汇报：

① 什么是社会公益活动？

公益活动是指一定的组织或个人向社会捐赠财物、时间、精力和知识等的活动。公益活动的内容包括社区服务、环境保护、知识传播、公共福利、帮助他人、社会援助、社会治安、紧急援助、青年服务、慈善、社团活动、专业服务、文化艺术活动、国际合作等。

② 说说你参加过的慈善活动。

• 我去过敬老院为那里的老人服务，在敬老院中，我耐心、仔细地帮助老人们整理房间、打扫卫生。尽可能地多和老人聊天、谈心，竭尽所能使老人感到温暖。这次看似普通的活动中实际上蕴含了巨大的人性价值，这是一种美德。

• 我去过孤儿院陪伴小朋友，我们的活动是在他们的食堂里举行的，我们要先去那里布置好场景等小朋友来。当我们刚布置完，他们就很有秩序地一个跟一个地走进礼堂，而且很有礼貌地跟我们打招呼。活动刚开始他们就显得很热情，积极地参加我们设计的活动。他们对我们完全没有陌生的感觉。记得有一个环节是跳舞，很多小朋友都举手要一齐跳，他们以前都没有跳过，这次是第一次，虽然他们跳得不是很好，但我们看到了都觉得很开心。当我们要走的时候，有几个小朋友还跟着我们，嘴里不断地喊着"姐姐"，那样子是很舍不得我们离开的。虽然相处的时间很短暂，但他们与我们建立起一种纯洁的友谊，一种很多人都无法理解的友谊。

③ 我们一起参与社会公益实践。

"创建绿色校园之节能从我做起"活动。

活动地点：校园（本校内）。

活动内容："节约一滴水、节约一度电、节约一张纸"

倡导学生志愿者经常在教学楼内各个楼层中"巡逻"，关掉空教室里的电灯，同时向同学们宣传节能观念，唤醒大家的节能意识。引导全校广大学生树立"节约光荣、浪费可耻"的观念，为节约能源、创造绿色校园尽自己的一份力。

（3）全课总结：

通过大家的汇报、交流，我们发现，社会公益任重道远，永无止境，希望我们每个同学都能积极参与各种公益活动。

（4）作业设计：

和父母一起参与社会公益活动。

高段各单元对应财商活动

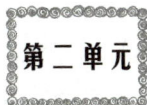

第二单元　关于钱的那些事儿

《银行货币兑换体验活动》活动方案

【活动背景】

不同国家的货币的价值不同，最初是谁来定的？后来又是随着什么改变的？货币的增贬值是怎样体现的？在交通信息便利的今天，银行外币兑换与我们息息相关。

【活动要点】

根据不同的汇率兑换人民币。

【活动目标】

（1）让学生清楚什么是货币的价值。

（2）通过体验活动，会计算货币的增贬值，会运用汇率计算购买商品价格。

【活动对象】

小学高段学生。

【活动准备】

PPT，狮山币。

【活动过程】

（1）货币的价值：

① 教师引导：

货币价值的多少是怎么定的？为什么货币的价值在每一国家会不一样呢？

• 举例：

本来日本有100亿美元的资产，却印发总值10000亿元的日元，所以10000日元也只能等于100美元。而中国有100亿美元的资产，印发总值800亿人民币，所以800人民币就等于100美元了，比日元值钱。

• 举例：

物品	人民币	韩元	日元
买一件衣服	300	50000	7000

② 相机提问：

• 货币价值又是随着什么改变的？

• 不同国家的货币的价值不同，最初是谁来定的？

③ 教师总结：主要按发行量、黄金储备、外汇储备、市场需求情况而定。

（2）货币的汇率，以及计算兑换：

① 游戏演示，感受银行兑换货币：

地点	银行 巴黎 大阪 香港 首尔
道具	二十张一元的人民币，各国汇率，各国钱币
需购买物品	一瓶标价为1欧元的矿泉水
角色	一名老师扮演导游，一名学生扮演银行职员，两名学生扮演游客。
过程	1. 两名学生在不同的时间分别到银行兑换当地钱币，教师在过程中引导学生根据汇率计算各地兑换钱币。 2. 当汇率出现浮动时，用一样的人民币兑换统一国家的钱币，出现兑换金额不一样，引导学生发现人民币的增贬值。 用7元和5元人民币去导游处兑换一欧元硬币。然后购买矿泉水。 教师相机提问：同样是1欧元的矿泉水，用7元和5元人民币去兑换，你觉得哪个划算？

② 学生亲身经历后开始讨论。

③ 教师相机总结：

• 不同国家的兑换率由当地当天的汇率决定，每天汇率都会有浮动。

• 如果你觉得划算，就是人民币升值（欧元相对贬值），如果你觉得不划算，就是人民币贬值（欧元相对升值）。

• 随着人民币的升值，与欧元的比值会越来越小，即原本7元人民币换1欧元，然后是6：1、5：1……兑换等量欧元用的人民币越少，就说明人民币在升值。

总结：有了货币与实物的真实交易，学生很快明白抽象的货币增贬值体现在什么地方了，也明白货币增贬值对自身的影响。

（3）分享交流：

① 想想货币的增贬值对你的影响是什么？

② 教师归纳总结：

• 人民币升值对进口贸易、海外投资以及偿还外债等比较有利，毕竟升值了就说明我们可以用更少的钱去获得更多的货物，结算的时候更划算；另外，越接近 1∶1 就意味着人民币的地位的提升，使人民币朝着区域同行货币迈进。

• 货币的升值对出口不利，因为结算的时候对方必须用更多的货币来换算成人民币，等于变相增加的费用，会降低出口的竞争力。

• 旅游业方面，因为货币升值，外来旅游的费用会提高，变相地减少了外来旅游人数，相对地，对外旅游人数会增加，但是我们并不能从这个对外旅游中赚到多少钱。

（4）活动延伸：

回家和爸爸妈妈一起讨论近期货币兑换率，看看去哪个国家玩你是"大富翁"。

《调查家里使用虚拟货币及用途》活动方案

【活动背景】

随着技术的不断进步，电子支付（包括虚拟货币）在改变人们支付习惯的同时，也在潜移默化地改变人们的消费习惯，促进消费信贷的扩大。

【活动要点】

根据家里人群设计调查表格并进行调查收集。

【活动目标】

了解身边人对虚拟货币的接受能力以及哪些虚拟货币最为普及。

【活动对象】

小学高段学生。

【活动准备】

调查表，PPT，狮山币。

【活动过程】

（1）调查前的活动准备：

① 了解国内各种虚拟货币：

名称	简介	功能服务
Q 币	由腾讯推出的一种虚拟货币，可以用来支付 QQ 的 QQ 行号码、QQ 会员服务等服务	Q 币卡目前暂时可以用来支付 QQ 的所有服务
百度币	百度公司针对个人用户在互联网上消费而推出的唯一虚拟货币	用来消费的业务有：百度影视
U 币	新浪网推出的一种虚拟钱币	使用新浪 U 币积分可以参加 U 币积分频道的所有抽奖兑换活动
V 币	统一电话支付工具	V 币可以向网站或网游进行充值
金币	淘宝网发行的一种兑换币	有些商品可以用它来抵消一笔货款，使得实际支付的钱更少

② 设计调查表：

根据家里人的不同文化、不同年龄、不同环境设计调查表。

（2）调查表发放及有效数据统计：

虚拟货币使用情况调查

你好！这份问卷是关于虚拟货币使用情况的调查，我们所指的虚拟货币是 Q 币、百度币、盛大币等可以作为虚拟世界支付手段并能在网上一定范围流通的"货币"。耽误您一点时间，请帮我们填写以下问卷。非常感谢！

1. 请问您的性别是？

    A. 男   B. 女

2. 请问您的年龄属于以下哪个阶段？

    A. 14 岁以下   B. 15～17 岁

    C. 18～24 岁   D. 25～30 岁

    E. 31～35 岁   F. 36～40 岁

    G. 40 岁以上

3. 您最常使用以下哪几种虚拟货币？[多选题]

    A. Q 币   B. 点卡

    C. 盛大元宝币   D. K 币

　　　E. 百度币　　　　　　　　　　F. U 币

　　　G. 我从来没用过　　　　　　　H. 其他＿＿＿＿＿＿＿（请注明）

4. 一般在什么情况下您会使用虚拟币支付？　[多选题]

　　　A. 打游戏　　　　　　　　　　B. QQ 空间、QQ 宠物等腾讯服务

　　　C. 看电影　　　　　　　　　　D. 在网上买东西（非虚拟物）

　　　E. 在现实世界中交易　　　　F. 其他＿＿＿（请注明）

5. 您有使用过下列虚拟货币的业务吗？[多选题]

　　　A. QQ 会员　　　　　　　　　　B. QQ 黄钻

　　　C. QQ 红钻　　　　　　　　　　D. QQ 紫钻

　　　E. QQ 蓝钻　　　　　　　　　　F. 其他＿＿＿＿＿＿（请注明）

6. 一般通过哪些途径获得虚拟币？

　　　A. 购买充值卡　　　　　　　　B. 拨打声讯电话充值

　　　C. 手机充值　　　　　　　　　D. 银行卡、财付通充值

　　　E. 代销商处购买　　　　　　　F. 从"倒爷"处购买

　　　G. 其他＿＿＿（请注明）

7. 您觉得现在购买虚拟币是否方便？

　　　A. 能通过各种渠道很快购买，相当方便

　　　B. 购买的渠道不多，不是很方便

　　　C. 各种渠道价格不一，购买不是很方便

　　　D. 渠道太多、太杂无人监管，购买不方便，还可能受骗

8. 平均每月花费在购买虚拟币上的钱的数额大约是＿＿＿＿

　　　A. 10 元以下　　　　　　　　　B. 10~30 元

　　　C. 30~50 元　　　　　　　　　D. 50 元以上

9. 有没有发生过被盗用 Q 币等虚拟币的事情？

　　　A. 有　　　　　　　　　　　　B. 没有

10. 请问您的 QQ 有没有被盗过？

　　　A. 没有　　　　　　　　　　　B. 被盗过一两次

　　　C. 经常被盗

11. 游戏装备涨价或降价的发生频率如何？

　　　A. 经常发生　　　　　　　　　B. 偶尔会这样

　　　C. 很少发生　　　　　　　　　D. 从未发生

12. Q 币与人民币的兑换比率是否经常发生变动？

　　　A. 在腾讯官方指定点买 Q 币则很少变动

　　　B. 在私人（"倒爷"）处买则常发生变动

C. 无论在哪里购买都经常变动

D. 无论在哪里买都不太变动

13. 有无用虚拟币兑换人民币的经历？

A. 有　　　　　　　　B. 没有

（3）调查表统计数据后课堂交流反馈：

① 学生讨论：

使用年龄："80 后"占多数。

文化层次：高中以上文化都会操作使用，也能接受。

环境：喜欢打游戏、打电话的人群最易使用虚拟货币。

发现问题：购买渠道不一样，有手机绑定后出现诈骗短信的情况；虚拟币的价值不统一，不敢大量买入。

使用最为频繁的虚拟货币：QQ 币、淘宝金币。

② 教师总结：

对于虚拟货币，需要研究后谨慎量力使用；不参与炒作虚拟货币活动。

《家里的信用卡账单》活动方案

【活动背景】

经常使用信用卡的人都知道，银行每月都会给持卡人邮寄一份信用卡账单，账单上会十分清楚地记载每笔消费的时间、地点和金额。这份账单可以成为持卡人衡量每月消费的"晴雨表"。如果合理利用，不失为一个理财的好帮手。理财专家表示："有了这份完整又准时的'晴雨表'，就能较为精确地统计每月的支出，然后根据收入准确算出每月的储蓄额，仔细比对后，可制定出每月的储蓄和支出预算，形成理性消费。久而久之，自然就能摆脱不理性消费的习惯，并且能用自己每月的储蓄，购买合适的理财产品，提高收益。"

【活动要点】

了解持卡人自己的消费明细、还款日期、还款金额等。

【活动目标】

帮助持卡人更加理性地消费；也可以提醒持卡人防止逾期产生不良信用等。

【活动对象】

小学高段学生。

【活动准备】

信用卡账单，PPT，狮山币。

【活动过程】

（1）认识信用卡账单信息的重要性：

教师引导：信用卡账单可以让持卡人了解自己的消费明细，帮助持卡人更加理性地消费；也可以提醒持卡人还款日期与还款金额，防止逾期产生不良信用等。但是，信用卡账单上的每一个条目，你真的看懂了吗？

（2）如何看懂账单信息？

① 这是信用卡的电子账单，随着网络技术的发达，电子账单已经渐渐取代了传统的纸质账单，电子账单既环保又方便。

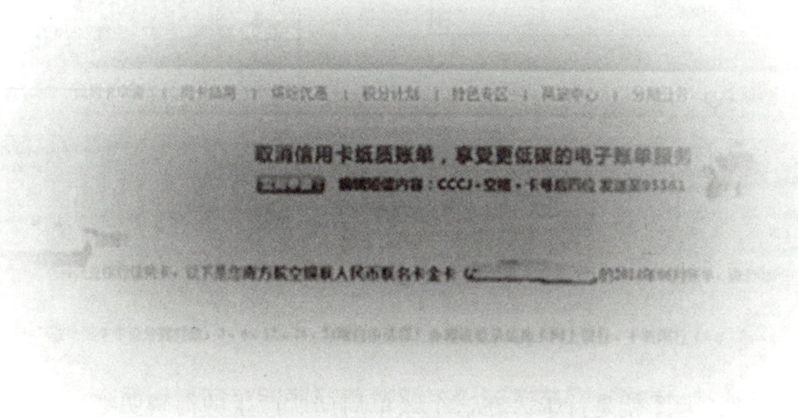

② 账单周期：要想知道账单周期，先要知道几个信用卡常用名词。账单日、到期还款日，这两个名词就不需要解释了。兴业银行的到期还款是账单日后的 20 天，从上图可以看出，到期还款日是 29 日，可以推算出此卡友的账单日是每月 9 日，账单日是固定的。

③ 最低还款计算：这个最低还款额，简单来讲就是只要还款这一小部分金额就不会影响信用记录。计算也非常简单，用你全部应该还款的金额乘以 10%就行了。

④ 新增里程计算：这个就更加简单了，如果是南航明珠的信用卡，金卡 15 元人民币=1 个里程，普卡 18 人民币=1 个里程，白金卡标准版 8 元人民币 =1 个里程，白金卡尊贵版 12 元人民币=1 个里程。如果是其他信用卡，不知道怎么计算的，可以拨打发卡银行电话问问。

本期账务明细 Transaction Details

人民币账户 RMB A/C	本期应缴余额:3,415.43元 New Balance	本期最低还款额:1,065.63元 Minimum Payment

本期应缴余额 New Balance	上期账单余额 Previous Balance	已还金额 Payment & Credit	本期新增金额 New Activity	本期调整金额 Adjustment	循环利息 Finance Charge
3,415.43	1,938.58	1,000.00	2,457.09	0.00	19.76

积分账户 Bonus Point Account

本期积分余额 Bonus Point Balance	上期积分余额 Previous Bonus Point	本期新增积分 New Bonus Point	本期调整积分(含到期失效积分) Adjusted Bonus Point	本期兑换积分(含兑奖积分) Used Bonus Point
81	13	1,718	-1,650	0

这个最低还款额就是3415.43的 10%=1065.63

循环利息：若持卡人还款了这个最低还款额，会产生循环利息。每天是未还金额的万分之五

交易日期 Trans Date	记账日期 Post Date	交易摘要 Trans Description	人民币金额 Amount(RMB)
		**** 主卡交易(卡号末四位 4107) ****	
2014-05-10 20:19	2014-05-10	北京华联综合超市股份有限公司上地分公司	34.30
2014-05-10 20:29	2014-05-10	屈臣氏 - 海淀第十一	113.90
2014-05-10 21:21	2014-05-11	支付宝快捷支付	0.60
2014-05-12 12:06	2014-05-12	柒一拾壹(北京)有限公司	12.80
2014-05-13 19:13	2014-05-13	甲乙丙丁餐饮管理有限公司知春路银网	42.00
2014-05-13 20:13	2014-05-13	钱袋宝支付(客服电话4006725007)	8.50
2014-05-14	2014-05-14	跨行还款	-500.00

⑤ 消费金额：上图就是持卡人在这个账单周期所产生的消费明细。

分期说明：截至2014年06月09日,您的人民币分期未还总金额为2,541.10元。

账单说明："本期应缴余额"栏目显示为"-***"(***为金额),是指您在还款时多缴的或您报失存放在信用卡账户内的资金,该资金将抵您的刷卡消费金额。

Statement description: If the column "New Balance" displays "-***"(where ***represents account balance), it indicates that there is a credit balance maintained in your account. No payment is required.

★ 兴业银行提醒您:请注意按时还款(至少还足最低还款额),避免影响个人信用记录。如您未能按时还款,相关逾期欠款又会上报至全国信用信息基础数据库以及其他依法设立的征信机构。

如果持卡人做了账单分期或者消费分期或者其他分期项目,这里就会显示持卡人的分期未还金额

（3）学生信用卡账单交流分享：

① 学生投影交流家里的信用卡账单。

② 教师总结：当然，各个银行的账单日和最后还款日不同，持卡人的消费和还款习惯也不同，可能账单呈现的方式也不同。但是总归来讲就是几个：账单周期、账单日、最后还款、本期应还总金额、最低还款额。搞清楚了这几个信用卡的名词，看懂信用卡账单完全 No Problem!

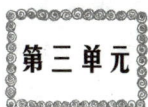

第三单元　钱从哪儿来

《社会实践》活动方案

【活动背景】

随着经济的发展和人们生活水平的提高，家长给学生零花钱越来越多，很多孩子养成了看不起小钱的坏习惯；部分家庭用金钱代替了对子女的教育，使得孩子们树立了不正确的价值观，一些学生从小养成了追求享受、铺张浪费甚至相互攀比的不良习惯。为了让学生认识到父母挣钱很辛苦，手中的零花钱来之不易，从而养成勤俭节约的良好习惯，正确引导学生的消费方向，使其形成良好的金钱观，特设计了此课程。

【活动要点】

（1）选择一种方式进行社会实践，计算两小时内能挣多少钱。

（2）交流在这次实践活动中对挣钱的感受。

【活动目标】

（1）知识与技能：了解各种工作的内容及其创造的价值。

（2）过程与方法：体验简单的社会活动。

（3）情感态度与价值观：体会父母工作的辛劳、钱财来之不易、劳动创造财富。

【活动对象】

小学高段学生。

【活动准备】

活动单，狮山币。

【活动过程】

（1）完成活动单：

财商活动单——社会实践

姓名： 　　　　　　班级： 　　　　　　　　成绩：

　　每个人的生活都离不开金钱，钱能买到漂亮的衣服、美味的食物……我也好想试试自己挣钱呀！那么，挣钱要经历一个怎样的过程？我们理解的"金钱"和爸爸妈妈理解的"金钱"一样吗？

①我认为我能胜任这份工作！

实践工作	
工作名称	
工作地点	
工作时长	2 小时
工作内容	

②算算我挣了多少钱？

_____

_____

③经过这两个小时，我有什么感受？

_____

_____

_____

④用自己挣的钱，感觉怎么样？

_____

_____

_____

（2）交流：

①选择这份工作的原因。

② 经过实践，这份工作和你原本想象中的一样吗？

③ 实践中遇到的困难以及解决办法。

④ 收获与反思。

（3）教师总结：

财富来之不易、弥足珍贵，体验过挣钱不易后，我们更不能挥霍、浪费父母辛苦挣来的钱。

《家人讨论"金钱观"》活动方案

【活动背景】

随着经济的发展和人们生活水平的提高，家长给学生零花钱越来越多，很多孩子养成了看不起小钱的坏习惯；部分家庭用金钱代替了对子女的教育，使得孩子们树立了不正确的金钱观，一些学生从小养成了追求享受、铺张浪费甚至相互攀比的不良习惯。为了让学生认识到父母挣钱很辛苦，手中的零花钱来之不易，从而养成勤俭节约的良好习惯，加强与父母的沟通交流，达到正确引导学生的消费方向，使其树立良好的金钱观的目的，特设计本次课程。

【活动要点】

（1）明白金钱的来源、用途和意义。

（2）对"金钱"有自己的理解。

（3）与父母平等交流各自对"金钱"的理解。

【活动目标】

（1）知识与技能：了解金钱所代表的价值。

（2）过程与方法：学会与父母平等交流看法。

（3）情感态度与价值观：明白金钱应怎样使用，增进与父母的交流。

【活动对象】

小学高段学生。

【活动准备】

活动单，狮山币。

【活动过程】

（1）完成活动单：

财商活动单——与父母交流"金钱观"

姓名：　　　　　　　　班级：　　　　　　　　成绩：

每个人的生活都离不开金钱，钱能买到漂亮的衣服、美味的食物……我也好想试试自己挣钱呀！那么，挣钱要经历一个怎样的过程？我们理解的"金钱"和爸爸妈妈理解的"金钱"一样吗？

① 假如我有 500 元钱，我会怎样使用它？

项目	支出（元）
生活必需品（食物、水等）	
漂亮的衣服、鞋子	
娱乐	
给家人买礼物	
存起来	
其他（备注：　　　　　）	

② 问问爸爸妈妈，他们怎么使用这 500 元钱？

项目	支出（元）
生活必需品（食物、水等）	
漂亮的衣服、鞋子	
娱乐	
给家人买礼物	
存起来	
其他（备注：　　　　　）	

③ 我怎样看待爸爸妈妈的使用方式：

_____

_____

④ 爸爸妈妈怎样看待我的使用方式：

_____

_____

⑤ 想一想，我和爸爸妈妈的使用方式有哪些不同？问问这是为什么？

（2）交流：

① 小组成员交流感受。

② 经过与父母的交流，你有什么收获？

③ 交流中遇到的困难以及解决办法。

（3）教师总结：

财富来之不易，对金钱的使用更不能随意为之。正确的金钱观对每个人来说都是非常必要的，但金钱观的最终形成需要经历一个长期的过程，因此，在这个过程中，我们一定要坚持好的金钱观。

第四单元　消费的学问

《市场促销方案调查》活动方案

【设计背景】

随着生活水平的提高，孩子们手中的零花钱越来越多。但是，面对商店里各式各样的促销活动，孩子们很难抵挡它们的诱惑。孩子们总以为只要在这种活动中购物，就是得了便宜。有时本来没有购物的打算，也会被这样的促销活动所吸引。

【活动要点】

通过调查了解商场中常见的促销活动。

【活动目标】

（1）通过调查了解商场中常见的促销活动。

（2）渗透合理消费的理财观念。

【活动对象】

小学高段学生。

【活动准备】

调查表。

【活动过程】

（1）导入：

① 同学们，你知道市场上有哪些促销方案吗？

② 把你调查到的促销方案和大家分享。

（2）市场促销活动方案调查：

① 上个周末，大家去市场上进行了促销活动方案的调查，请四人一组交流你们的调查结果。

促销活动方案调查表

商场名称		商店名称		促销活动方案	
方案大致描述					
举例说明					
优点			缺点		

② 学生汇报。

促销活动方案调查表

商场名称	万达商场	商店名称	JACK JONES	促销活动方案	全场七折起
方案大致描述	全场商品有的打七折，按原价的70%出售；有的打八折，按原价的80%出售；有的打九折，按原价的90%出售；有的不打折				
举例说明	一条牛仔裤，原价399，打七折后价格为279.3元				
优点	能吸引更多的顾客		缺点	无	

促销活动方案调查表

商场名称	万达商场	商店名称	万达商场	促销活动方案	满600送100代金券
方案大致描述	在商场中购物满600元，获得一张100元的代金券				
举例说明	在商场中购物满600元，获得一张100元的代金券				
优点	能吸引更多的顾客		缺点	代金券有时间限制	

促销活动方案调查表

商场名称	国美电器	商店名称	华为手机	促销活动方案	买手机送大礼包
方案大致描述	在店里购买3000元以上的手机将获得大礼包一个				
举例说明	在店里购买3000元以上的手机将获得大礼包一个				
优点	能吸引更多的顾客		缺点	大礼包中可能会有不适用的物品	

大家的调查都非常棒，调查得非常仔细。

（3）理性面对促销活动。

① 经过调查，大家对促销活动有了一定的了解，那我们以后在面对各式各样的促销活动时，应该如何选择呢？

② 四人一组讨论。

③ 汇报讨论结果。

④ 总结：首先考虑我们是否需要这件商品，其次多比较几家商店，总之，我们要理性购物。

（4）活动延伸：

和父母一起逛商场，多留心关注商场的促销活动。

《网购的学问》活动方案

【设计背景】

在信息技术飞速发展的今天，网络购物已经成为许多人主要的购物方式，通过网购，足不出户便可以购买各种自己所需的商品。然而，网购也有一些弊端，例如网购的商品与服务的质量得不到很好的保障，有时甚至会上当受骗。那么，让我们的学生掌握一定的网购知识便显得非常必要了。

【活动要点】

了解网购。

【活动目标】

（1）增强辨别捆绑消费的能力，学会合理购物。

（2）通过学习、交流和实践，初步树立正确的金钱观。

【活动对象】

小学高段学生。

【活动准备】

调查表。

【活动过程】

活动：调查网购的利与弊。

（1）导入：

周末，在父母的帮助下网购一件自己需要的商品，然后完成自己的体验卡。

网购体验卡			
商品名	网站名	网购流程	感受

（2）网购体验卡分享：

以淘宝为例：

首先，你要注册一个淘宝账号，然后下载一个在线聊天工具，阿里旺旺。登录后，可以在"我的淘宝"中先选择你要购买的商品进行查询，在查询出的页面，你可以选择以商家信誉排列商品或以价格高低排列商品，这样可以比较一目了然地看到你所要选的商品。

其次，选定一家信誉尚可、价格较佳的商家，就你所要的商品和他详谈商品的品质、价格、售后和所走的物流，一切谈妥后，选择支付方式，在这里推荐使用第三方支付平台——支付宝，这一支付平台是先把货款打入一第三方账户，只有当你收到货时确认货品与商家承诺的一致，支付宝才会把你的款项转入商家户头，这样对你购物比较有保障。你可以用网上银行给支付宝充值，如果没有网上银行，可以让有网上银行的朋友给你充值；还有部分商家是支持信用卡在线支付的。

最后，当你收到货物后，及时查验是否与卖家所描述的相符合，如果没有问题，可以就货物是否与卖家所描述的相符、卖家的服务态度、卖家的发货速度对卖家进行评价，这有助于提高双方的信誉，也为其他人购物提供了参考。等到卖家对买家进行了评价，可以说这次交易就完全结束了。

（3）网购的利与弊：

上个周末，大家去对网购做了调查，请四人一组交流你们的调查结果。

网购的利与弊调查表

优　势	不　足
第一，可以在家"逛商店"，订货不受时间的限制；	第一，实物和照片上的差距太大；
	第二，不能试穿；
第二，可以获得较大量的商品信息，可以买到当地没有的商品；	第三，网络支付不安全，密码可能被黑客盗取；
第三，网上支付较传统现金支付更加安全，可避免现金丢失或遭到抢劫；	第四，诚信问题，即店主的信用程度，如果碰到服务质量差的店主，问几个问题就显得不耐烦；
第四，从订货、买货到货物上门无需亲临现场，既省时又省力；	第五，配送的速度问题，在网上购买物品，还要经过配送的环节，快则一两天，慢则要
第五，由于网上商店省去租店面、召雇员、储存、保管等一系列费用，总的来说其价格较一般商场的同类商品更便宜。	一个星期或更久，有时候配送的过程还会出现一些问题；此外，如果对物品不满意，又要经过配送的环节退换物品，这样比较麻烦。

大家的调查都非常棒，调查得非常仔细。

总结：网购有利有弊，因此我们在网购时也要争取做到理性消费。

（4）活动延伸：

和父母一起多体验网络购物。

《家里办的消费卡》活动方案

【设计背景】

近年来，随着商业竞争的加剧，商家不断变换促销手法，以吸引顾客，争夺有限的市场，其中运用较多的是捆绑销售。比如顾客在购买某种商品时，经营者附带赠送一定数量的同种或异种商品，也就是时下最为常见的"买几赠几"现象。孩子们在面对这一类销售方式的时候，很难抵挡其诱惑，总认为只要商家送了东西就是占了便宜，因此我们有必要让孩子了解这种销售方式的利与弊。

【活动要点】

了解家里办的消费卡（捆绑消费的一种形式）。

【活动目标】

（1）了解家里办的消费卡。

（2）初步树立正确的金钱观。

【活动对象】

小学高段学生。

【活动准备】

调查表，消费卡。

【活动过程】

（1）导入：

① 同学们，看，这是什么？

② 你们家有类似的卡吗？

③ 这张卡有什么用处？

④ 那你知道这张卡在哪可以办理，应该如何办理吗？

⑤ 原来我们家有这样的消费卡，卡里存着 1000 元钱，我们去伊藤洋华堂购物时就不必付现金了。

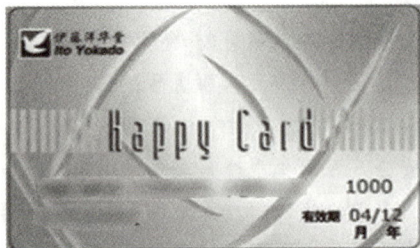

（2）消费卡大调查：

① 上个周末，老师请你们调查了家里办的消费卡，请四人一组交流。

家里办的消费卡调查表

卡 的 名 称	图 片	金 额	备 注

② 学生汇报：

家里办的消费卡调查表

卡 的 名 称	图 片	金 额	备 注
伊藤洋华堂购物卡		1000 元	我觉得带着卡到伊藤洋华堂里消费非常方便，可以代替现金；但是爸爸经常忘记卡里还剩多少钱，我就不知道卡里的钱还够不够买一件商品。

家里办的消费卡调查表

卡的名称	图片	金额	备注
中国石油加油卡		2000 元	我看爸爸每次加油都没有付现金，都是用这张卡付加油费，我觉得这样非常方便。

家里办的消费卡调查表

招商银行	图片	金额	备注
新时尚美发 VIP 卡		1000 元	妈妈用这张卡在新时尚美发店消费时可以打九折，但前提是要先充值 1000 元，我觉得有点贵。

（3）理性面对消费卡：

① 现在我们了解了原来有各式各样的消费卡，那我们在决定是否办理类似的消费卡时应考虑哪些因素呢？

② 四人小组讨论。

③ 汇报结果：有无折扣；有效期限；……

④ 总结：我们应该考虑使用频率、期限、金额等，再决定是否办理消费卡。

（4）活动延伸：

和爸爸妈妈一起体验消费卡的办理和使用。

《家庭一月收支分析》活动方案

【设计背景】

影响消费的因素有许多，其中主要的因素有：商品的价格、消费者的收入水平、消费者的偏好和消费者对该商品价格的预期等。从社会宏观层面看，一定时期的社会消费需求主要取决于一定时期的物价水平和人们的收入水平。作为高段的孩子们，有必要对这些因素建立初步的认识与了解。

【活动要点】

了解家庭一月的收支情况。

【活动目标】

（1）了解家庭一月的收支情况。

（2）初步树立正确的金钱观。

【活动对象】

小学高段学生。

【活动准备】

调查表。

【活动过程】

（1）导入：

① 同学们，看，这是什么？

收入		支出	
本人收入	1000 元	房屋支出	0
其他家人收入	3000 元	公用费	30 元
其他	0	衣食费	1000 元
		交通费	1000 元
		医疗费	100 元
		其他	0
合计	4000 元	合计	2130 元

② 你在家里看过这样的表格吗？

③ 原来我们常常会对每个月的收支做一个简单的分析，称为收支分析表。记账最直接的作用就是摸清收入、支出的具体情况，看看自己到底挣了多少钱，花了多少钱，钱都花在什么地方。此外，还可以知道维持正常的日常生活需要多少钱，剩下的钱可以考虑进行消费和投资，这是家庭财务规划的基础。

（2）一月家庭收支调查：

① 上个周末，老师请大家对自己家庭上月的收支进行了调查，请四人小组交流你的调查结果。

家庭一月收支分析调查表

收入		支出	
父亲的收入			
母亲的收入			
其他			
合计		合计	

② 学生汇报：

家庭一月收支分析调查表

收入		支出	
父亲收入	6000 元	房贷	2400 元
母亲收入	4000 元	食品	1500 元
其他	0	交通	1000 元
		医疗	600 元
		服装	1000 元
		其他	400 元
合计	10000 元	合计	6900 元

家庭一月收支分析调查表

收入		支出	
父亲收入	10000 元	房贷	3600 元
母亲收入	8000 元	车贷	400 元
其他	0	食品	1500 元
		交通	1000 元
		医疗	1000 元
		服装	800 元
		其他	1000
合计	18000 元	合计	9300 元

③ 大家都非常棒，调查得非常清楚。

（3）讨论交流：

① 家庭记账有哪些好处？四人一组讨论。

② 汇报讨论结果。

③ 总结：第一，可以摸清收入、支出的具体情况，看看自己到底挣了多少钱，花了多少钱，钱都花在什么地方。此外，还可以知道维持正常的日常生活需要多少钱，剩下的钱可以考虑进行消费和投资，这是家庭财务规划的基础。

第二，培养良好的消费习惯。"月光族"并不全是挣钱少、不够花，而往往是不能理性消费。通过记账搞清楚钱是怎样花出去的，才能避免大手大脚乱花钱。

第三，起到备忘录的作用。亲友借债、人情往来随礼这类事一般不写字据，时间长了就难免遗忘，记家庭流水账，就可以做到有账可查，心中有数。

（4）活动延伸：

自己动手制作下一月的家庭收支记录表。

第五单元　　生财有道

《银行产品大调查》活动方案

【活动背景】

当下银行随处可见，与孩子们的生活也息息相关，但是很多孩子却不了解银行中到底有哪些产品，也不了解这些银行产品有什么样功能，更不知道如何合理、理性地使用这些银行产品，以及如何更合理地增加或者储蓄自己的财富。在这节课中，通过调查、讨论、案例分析来让学生知晓如何使用银行产品。

【活动要点】

讨论、计划、分配。

【活动目标】

（1）认识银行产品。

（2）对银行产品的理性使用。

【活动对象】

五、六年级学生。

【活动准备】

银行卡，调查表。

【活动过程】

（1）导入：

①同学们，看，这是什么？

②你们家有吗？

③这张卡有什么用处？

④那你知道这张卡在哪可以办理，应该如何办理吗？

⑤原来我们家家户户都有银行储蓄卡。储蓄卡是银行为储户提供金融服务而发行的一种金融交易卡，属于借记卡的一种。储蓄的功能是让我们将家里富余的钱存放到银行，是银行产品的其中一种。

（2）银行产品大调查：

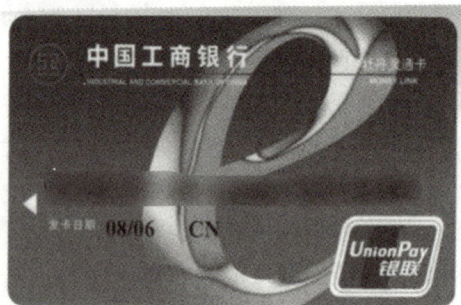

① 上个周末，老师请你们在家长的陪同下走入了银行，对银行产品进行了一次调查。请四人小组交流你的调查结果。

银行产品调查表

调查人：

银行产品	收益特点	收益指数	风险承担	适用特点
活期存款	1 万块放 1 年不动也就 30 来块钱	活期利率较低	低风险	一般用于日常开支，建议留小部分在卡上就可以了
定期存款	……			
……	……			

② 学生汇报：

银行产品调查表

调查人：

银行产品	收益特点	收益指数	风险承担	使用特点
活期存款	1 万块放 1 年不动也就 30 来块钱	活期利率较低	低风险	一般用于日常开支，建议留小部分在卡上就可以了
定期存款	最好选择半年期或 1 年期较划算	相较于活期利率稍高一些	低风险	暂时不用的钱，可以存作定期
通知存款	有 1 天通知存款和 7 天通知存款，即存 1 天和存 7 天的倍数	以 5 万元为例，存 28 天，按目前基准利率算，活期的利息是 13.6 元，1 天通知存款利息是 31.1 元，7 天通知存款的利息是 52.5 元	比活期划算多	假如你有 5 万元以上存款（通知存款起存 5 万元），又不确定最近用不用，或不够定期存期（至少 3 个月），那么可以选择通知存款
理财产品（分享自己家购买的 1~2 种理财产品）				

③ 大家都非常棒！调查得如此清楚。

（3）合理选择银行产品：

① 现在我们了解了原来银行有这么多产品可供我们将家里富余的钱进行

存放。那狮狮现在遇到了一个问题，想请大家帮他出出主意。

② 狮狮家里现在有 5 万元富余的资金，但是狮狮和爸爸妈妈有一个梦想，希望在两年后能去欧洲旅游，他们查了攻略，一家人去欧洲的费用大概在 6 万元左右。你们能借助银行产品来帮助狮狮一家在两年后实现这个梦想吗？

③ 四人小组讨论如何将 5 万元进行分配，存入不同的银行产品中。

④ 汇报讨论结果。

⑤ 谢谢同学们，从大家的建议中，我们知道了要合理、理性地使用银行产品，将钱分块存放，不放在一个篮子里，这样收益会更高、更快。

（4）活动延伸：

尝试和爸爸妈妈一起对家庭钱财进行合理的存放和投资。

《家里的投资利润与风险分析》活动方案

【活动背景】

现在有许多家庭都在进行家庭理财，但是学生们却知之甚少。本次活动的目的在于让学生了解如何理财，通过调查、讨论、分析和规划来帮助自己养成个人合理理财的意识和习惯。

【活动要点】

调查、讨论、计划、分析、掌控。

【活动目的】

（1）了解家庭资产状况。

（2）了解投资方式及内容。

（3）合理投资。

【活动对象】

五、六年级学生。

【活动准备】

（1）家庭收入及富余钱财调查表。

（2）投资利润与风险分析表。

【活动过程】

（1）导入——了解家庭理财：

① 上节课我们一起去了解了银行产品，并能借助这些产品帮助狮狮一家进行合理的财产投资。这周末，老师又请你们回家，对自己家里的财产情况

进行了一个调查。

② 你们知道什么是家庭理财吗？我们又将如何帮助自己的家庭理财呢？

（家庭理财就是管理自己的财富，进而提高财富的效能的经济活动。理财也就是对资本金和负债资产的科学合理的运作。通俗地来说，理财就是赚钱、省钱、花钱之道。理财就是打理钱财。）

③ 通过了解，你们知道家庭理财有哪些呢？

④ 学生汇报，并展示调查表，老师进行相机归类补充。

家庭理财途径调查

产品名称	风险指数	特　点
银行存款	★★	安全性、灵活性好，但收益率较低，一般跑不过 CPI
货币基金	★★	安全性几乎和存款一样，但收益率更高，灵活性接近，缺点是一般需要 1~2 个工作日才能到账，不过目前不少货币基金已经可以实现 T+0 交易了
国债	★	储蓄式国债收益率高于银行存款，安全性最高。国债流动性一般，可提前支取但是收益率需要打折扣
银行理财	★★★	固定收益类的银行理财产品，收益率一般高于存款和国债，但是流动性较差，必须持有到期，银行理财一般适合于投资期限一年以内的情况。起点金额 5 万、10 万、30 万都有，相对较高
保险	★★	理财型保险适合人群和场合比较有限，需要具体问题具体分析。理财型保险投资期限长，灵活性差，一般收益率也不高
房地产	★★★	门槛高，收益高，但目前收益增长放缓趋于平稳
P2P 理财	★★★	比较适合追求高收益的投资者，年化利率在 10%~20% 之间
股票	★★★★★	将活期存款存入个人股票账户，你可利用这笔钱申购新股。若运气好，中了签，待股票上市后抛出，就可稳赚一笔

⑤ 这些就是比较适用于我们当下的家庭理财。

（2）虚拟家庭理财：

① 看了大家所有的家庭财产调查表，我将其中一份调查表整理了出来，我们一起来看看。

家庭月财产收支调查表

收　入		支　出	
家人工资收入	9630	自住房、车还贷	
		水电、燃气、物业	350
		衣食行费	3800
		医疗费	500
		投资放贷款	
		其他非一次性大额的债务还支出	1000
收入合计	9630	合计	6150

② 看了他们家月财产收入调查表，你们对他们家的财产收入及理财有什么想说的？

③ 学生汇报，老师相机归纳、补充。

（从家庭收支情况来看，收入来源主要为工资性收入；没有买保险，一旦发生意外，会对家庭的生活水平产生较大的影响；没有做过任何投资。）

（3）计划理财：

① 现在你们就是一名理财师，你会如何帮助这个家庭进行家庭理财呢？

② 四人小组讨论。

讨论表

方　式	原　因
1. 2. 3. ……	

③ 小组汇报，老师归纳。

讨论表

方式	原因
1. 保险规划	从目前的数据来看，该家庭未投保任何商业保险
2. 现金规划	家庭目前每月的开支在 6150 元左右，且为家庭的必要开支
3. 教育规划	家庭有孩子，面临学习费用的问题，因此，家长应该给孩子准备教育金

④ 当然，我们还可以更多地规划，根据自己家庭的具体情况，我们理性地进行家庭理财。也可以通过这些了解来帮助自己管理自己的压岁钱及零花钱，将自己的财产增值。

《我的一月现金流》活动方案

【活动背景】

通过与学生的交流，发现现在的学生对使用自己的零花钱非常随意。很多孩子在使用零花钱时无目的、无规划，随性而为。为了提高学生合理使用零花钱的意识，通过前期自我规划和后期班级讨论来让学生意识到自己的零花钱浪费严重，从而提高合理支配零花钱的意识。

【活动要点】

估算、计划、分配、风险、总量控制。

【活动目标】

（1）了解自己一月现金流的使用情况。

（2）懂得合理使用自己的零花钱。

【活动对象】

五、六年级学生。

【活动准备】

（1）"预计本月零花钱支出与实际消费明细表"。

（2）"零花钱支持再规划表"。

【活动过程】

（1）谈话导入：

① 孩子们，你们都有零花钱吗？每月有多少？怎么来的？

② 那你们都是如何使用的呢？

③ 有的孩子有计划地使用，而有的孩子则随意使用。今天我们就要来讨论讨论自己的零花钱是如何使用的。

（2）前期计划表分享：

① 这个月初的时候，老师发给你们每人一张规划表，请你们将自己本月预计需要购买的物品或者花费写下来。

预计本周零花钱支出与实际消费明细

预计支出项目	金额	实际支出费用	时间	重要程度 （重要、一般重要）	余额
公交卡	30元			重要	

（每周一张，共四张）

② 请学生来分享自己的月初零花钱预计支出表。

③ 再看自己本月制定的零花钱支出表，你有什么想说的？

（3）分享实际本月零花钱支出表：

① 一个月时间匆匆过去了，现在我们来看看大家这个月的实际消费情况。

② 四人小组分享实际消费明细、总额及收支情况，并讨论花费是否合理。

预计本周零花钱支出与实际消费明细表

预计支出项目	金额	实际支出费用	时间	重要程度 （重要、一般重要）	余额
公交卡	30元			重要	

③ 分享本组讨论结果。

（4）利用收支表再次合理规划零用钱：

① 请四人小组根据自己手中的本月零花钱收支表，一起讨论哪些支持合理，哪些支持不合理。

零花钱支持再规划表

必须支持的	不必支持的	可支持，可不支持	预留金额

总结支持金额：（　　　　）元。

② 小组汇报讨论结果。

③ 看，通过我们对一月现金流的讨论，我们又一次懂得了如何合理使用自己的零花钱，花钱之前做计划，该花的花，不该花的不要乱花，将钱用在有用的地方。

《我为梦想储蓄》活动方案

【活动背景】

小学高段的学生已经有了较强的独立思考能力和执行能力，但是大部分学生不能够做到坚持。再次借由梦想存钱罐，协助学生深追实现梦想的基础是什么，并利用记账本帮助学生努力坚持，最终实现自己的梦想。

【活动要点】

计划、预算、讨论。

【活动目标】

（1）深入了解梦想存钱罐。

（2）明白为实现梦想需要为此储蓄更多。

【活动对象】

五、六年级学生。

【活动准备】

（1）梦想存钱罐。

（2）储蓄分析表、记账本。

【活动过程】

（1）导入：

① 上节课我们自己亲手制作了属于自己的"梦想存钱罐"，你们把它带来了吗？

② 学生通过交流、讨论，认为在梦想存钱罐里不仅可以储存金钱，还可以存入自己的梦想。

（2）分享梦想存钱罐：

① 请大家来说说你都在梦想存钱罐里存了什么？

② 看来大家都经过了仔细思考，慎重地在自己的梦想存钱罐里存入了这么多东西。

③ 你又是因为什么原因要存入这些梦想呢？梦想可以是一个或是一个阶段。

储蓄的梦想	达成时间	达成步骤	达成情况分析
1. 养成专注的好习惯	一周	专注完成作业 每天专注看书 每天专注锻炼半小时	
2.			
3.			
4.			

④ 全班交流，老师总结：良好的习惯、人脉、修养、品行……

（3）我为梦想储蓄：

① 同学们，如何才能实现自己的这些梦想呢？你有没有认真地思考过？

② 请你自己认真地思考一下，你觉得你现在做到了哪些呢？如何帮助自己坚持实现梦想？

• 制作行为银行记账本。

制作行为银行记账本封面，自行创作突出主题。

记账本内页将学生思考到的好的内容制作成列表。

• 四人小组交流分享并展示。

教师提示：每天晚上自己回忆这一周你都为实现梦想做了哪些有意义的事情。如果是你一直做的事情，就为自己储蓄一颗星；如果是有时做的，就储蓄一个月亮；如果忘记，就储蓄一个灯泡，来提醒自己。这样坚持一周，一个月，看看是否能够帮助自己实现存钱罐里的梦想。

例如：

存入的梦想：养成"专注"好习惯　　从 _____ 日到 _____ 日

好习惯	星期一	星期二	星期三	星期四	星期五	星期六	星期日
专注完成作业							
专注看课外书							
专注游戏							
专注吃饭							
专注运动							
……							

③ 希望大家通过梦想储钱罐，好好为自己的梦想储蓄，帮助自己实现更多的梦想。

第六单元　儿童创业

《班级活动策划》 活动方案

【活动背景】

每学期家委会都会组织一次班级活动。但是每一次都是我们家长忙里忙外。为了让学生感受组织活动的辛苦与活动成功后的喜悦和成就，通过讨论、计划等设计了此次活动。

【活动要点】

讨论、计划。

【活动目标】

（1）学会制作活动策划。

（2）了解策划活动的辛苦。

【活动对象】

五、六年级学生。

【活动准备】

计划表。

【活动过程】

（1）导入：

① 同学们，你们有没有参加过班级组织的活动，例如家委会叔叔阿姨组织的班级活动？

② 今天，你们就来当一次家委会的叔叔阿姨，来策划一次班级野餐活动。

（2）制作野餐活动方案：

① 要想开展一次完美的活动，活动前肯定要做大量的准备工作。话不多说，我们开始吧！

② 首先，我们要做一份计划。

班级野餐活动计划 1

活动人员	全体同学及同学家长
活动地点	塔子山公园
活动时间	
资金来源	班费
班级互动流程	

③ 在大家的团结协作之下，我们共同完成了这份计划。

④ 接下来，我们要想一想野餐都需要哪些物品，写一写，才好安排和购买。四人小组讨论。

班级野餐活动所需物品

讨论人：

物品类	
食物类	
其他	

⑤ 学生汇报，老师相机板书。

班级野餐活动所需物品

讨论人：

物品类	野餐垫、纸巾、湿纸巾、纸碟、筷子、纸杯、大垃圾口袋、保鲜盒、环保袋
食物类	零食、饮料、主食（凉面、寿司等）、水果
其他	交通车、门票

⑥ 大家想得可真周到。有了这样的计划，接下来我们就顺利地联系相关事宜和进行采购了。

（3）感受策划之辛苦：

① 看来要策划一次成功的活动真的太不容易，前期要做太多太多的准备。

② 但是相信有了今天课堂的模拟计划活动，接下来，我们就可以为本学期班级活动出一份力了！

《商业中心大调查》活动方案

【活动背景】

请孩子们走进大型商业中心，鼓足勇气，走进社会，去了解我们周边的生存环境与模式。体会经营之道，感受经营之精髓。

【活动要点】

讨论、计划。

【活动目标】

（1）了解商业经营模式。

（2）提取商业经营之精华，运用到学习、生活中。

【活动对象】

五、六年级学生。

【活动准备】

调查表。

【活动过程】

（1）导入：

周末，请大家利用休息时间走进一家商业中心，通过多方努力，对某商业中心的一些商家进行营销模式的采访和调查。这节课，我们就来交流你们走访调查的结果。

（2）学生展示自己的调查结果：

① 展示此活动调查问卷：

商家运营模式调查问卷

调查人：

您好！我是来自四川师范大学附属实验学校的一名五年级学生。非常冒昧地打扰您的工作。我们班正在进行一项商家运营模式的调查，希望您能协助我完成。谢谢！
1. 请问您是本店的店主还是员工？
请问本店是： A. 直营模式　　　　　B. 代理模式　　　　　C. 联销体商业模式 D. 仓储式商业模式　E. 专卖式商业模式　　F. 复合式商业模式 其他，请注明：
请问本店是： A. 业务模式　B. 渠道模式　C. 组织模式　D. 其他，请注明：
本店有哪些经营的创新之处？
本店有哪些经营特色之处？
您觉得我们的调查表中还应该增设哪些调查内容？
请给我们的调查活动一些意见和建议。

② 四人小组交流。

③ 学生汇报，老师相机板书总结。

（3）总结：

每一项工作都需要细致，更需要创新。在我们的学习和生活中，这些精神都时刻伴随在我们身边。

《爱心义卖活动》活动方案

【活动主题】

爱心无限，快乐奉献。

【活动目的】

（1）通过此次"爱心行动"义卖活动，让全体队员从小树立关爱他人的意识，养成乐于助人、乐于奉献的良好品质。

（2）丰富队员的校园生活，提高队员的组织能力，培养队员的团队合作精神。

（3）帮助更多需要爱来温暖和关怀、鼓舞和激励的同学。

【参与对象】

五、六年级全体师生。

【活动地点】

操场。

【活动准备】

（1）活动前两周，大队部发出活动倡议。

（2）活动前两周至活动开始之间，各中队准备义卖物品，统计定好物品价格，并贴好标签，价格要求合理。

（3）每位队员准备好一定数目的零用钱，参加本次义卖活动，要求学生量力而行，所带金额不超过 50 元。

（4）各中队成立"爱心行动"义卖活动小组。义卖前，辅导员对本中队的售货员、收银员、推销员、卫生小卫士、海报绘制员、顾客等进行上岗培训。

（5）义卖活动前，各班主任要对学生进行一次以"爱心义卖行动"为主题的十分钟晨会教育。教育学生：

- 有序：不跑、不追、不挤。
- 守纪：不大声喧哗。
- 文明：不强买强卖。
- 卫生：不丢、不留（不留下义卖的垃圾）。
- 教给学生必要的生活常识，让他们学会比较、鉴别，教育学生勤俭节约。

【展台设计】

（1）各中队设计一个展台，事先在老师帮助下安排桌椅至指定地点设摊。

（2）各中队根据各班名给自己的展台起个名称，如"爱心超市""红苹果小卖场"等。每班的展台设计新颖、美观，尽量不要雷同。

（3）各中队确定义卖志愿服务者 5 名左右（营业员、收银员、维持秩序的志愿者、环保小卫士等，可佩带自己设计的统一标记，如头饰、帽子等）。

（4）活动前各中队准备好广告宣传标语或招牌，采用各种方法吸引师生目光，吸引顾客光临。

（5）各中队的展台自设一个爱心箱，义卖所得费用全部放在爱心箱中，由专人保管。

（6）物品分类标价（如一元区、二元区、三元区等，简便易操作即可）。

【义卖物品】

（1）可以是自己的书籍、玩具、自制手工艺品、美食等。

（2）义卖物品要求卫生、安全，教师对义卖物品进行验收，合格物品才能进入义卖市场。

（3）所有书要求质量完好，必须保持七八成新，无乱勾乱画、页面残缺现象。

（4）每位学生至少准备 2 件义卖物品，义卖物品需家长同意（向家长说明活动意义与要求）。义卖所得资金将捐献给特殊教育学校。

【活动过程】

（1）15：15—15：45 各中队在老师帮助下布置好义卖柜台。

（2）16：00—16：45 各中队开始进行义卖活动。

（3）16：50 义卖活动结束，各中队整理义卖摊点并打扫场地卫生。

【总结评比】

（1）活动结束后，各班做好爱心义卖的清算总结工作，并上交数据。学校将在各中队总结的基础上，评比表彰活动中的先进集体若干。

（2）评委组对各班的摊位进行评选，设置"特色商铺"奖。

【评选要求】

（1）商铺布置：广告标语醒目，展台布置合理、美观。

（2）商铺气氛：可以运用吆喝、讨价还价、折扣赠送等方法来吸引顾客。

（3）文明服务：服务热情，运用礼貌用语，不与顾客产生争执。

（4）场地卫生：班级"义卖"工作人员必须保持商铺场地的整洁，负责场地的卫生，特别是结束后的卫生清洁工作。

《爱心义卖活动总结》活动方案

【活动主题】

爱心无限，快乐奉献。

【活动目的】

（1）通过此次"爱心行动"义卖活动，让全体队员从小树立关爱他人的意识，养成乐于助人、乐于奉献的良好品质。

（2）丰富队员的校园生活，提高队员的组织能力，培养队员的团队合作精神。

（3）帮助更多需要爱来温暖和关怀、鼓舞和激励的同学。

【活动过程】

填写活动单（见附件）；交流。

附　活动单：

财商活动单——爱心义卖总结

姓名：　　　　　　　班级：　　　　　　　成绩：

我们那些穿不下的衣服、看过了的书本、精心做的手工……都能通过义卖活动，把我们的爱心传递给另一个人啦！在这次活动里，我收获的不只有爱心，还有很多的知识和经验。

1. 选出我最喜欢的义卖摊位：

我最喜欢的摊位	（	）班（			）摊位
我喜欢它的原因（请打"√"）	商品质量好（ ）	商品价格低（ ）	摊位服务好（ ）	围观顾客多（ ）	其他（ ）

2. 问问我的同桌，他最喜欢哪个摊位：

他最喜欢的摊位	（	）班（			）摊位
他喜欢它的原因（请打"√"）	商品质量好（ ）	商品价格低（ ）	摊位服务好（ ）	围观顾客多（ ）	其他（ ）

3. 这次义卖活动中，我有这些收获：

购买的物品	价格	我选择它的原因

4. 我认为这次义卖活动中有这些优点：

价格上：_____

服务上：_____

售卖方式上：_____

其他：_____

5. 我认为这次义卖活动中有这些不足：

价格上：_____

服务上：_____

售卖方式上：_____

其他：_____

《网络营销调查》活动方案

【设计背景】

　　网络营销是随着互联网进入商业应用而产生的，随着互联网影响的进一步扩大，人们对网络营销理解的进一步加深，以及出现的越来越多网络营销推广的成功案例，人们已经开始意识到网络营销的诸多优点并越来越多地通过网络进行营销推广，因此我们有必要让孩子对网络营销有一定的了解。

【活动要点】

通过调查了解网络营销。

【活动目标】

（1）通过调查了解生活中常见的网络营销模式。

（2）初步了解网络营销。

【活动对象】

小学高段学生。

【活动准备】

调查表。

【活动过程】

（1）导入：

① 同学们，你知道生活中常见的网络营销模式吗？

② 把你调查到的和大家分享。

（2）网络营销模式调查：

① 上个周末，大家调查了生活中常见的网络营销模式，请四人一组交流你们的调查结果。

网络营销调查表

模式	大概描述	优势	劣势

② 学生汇报。

网络营销调查表

模式	大概描述	优势	劣势
微商	用户注册微信后，可与周围同样注册的"朋友"形成一种联系，用户订阅自己所需的信息，商家通过提供用户需要的信息，推广自己的产品，从而实现点对点的营销。	1. 微信是一个非常好的客户维护工具。 2. 微信是一个很好的媒体平台。 3. 微信是一个适合"群体销售"的平台。	1. 缺乏流量引导机制。 2. 缺乏店铺信誉和比较机制。

网络营销调查表

模式	大概描述	优势	劣势
搜索引擎营销	通过开通搜索引擎竞价，让用户搜索相关关键词，并点击搜索引擎上的关键词创意链接进入网站/网页进一步了解他所需要的信息，然后通过拨打网站上的客服电话、与在线客服沟通或直接提交页面上的表单等来实现自己的目的。	1. 传播速度快，资金投入相对较小。 2. 搜索引擎在竞价排名推广中见效快，即投即显，想排在哪个位置就会出现在哪个位置，只要你支付足够的费用。	1. 效果不明显，竞价排名的更新速度快。 2. 费用高，靠点击次数每次付费，极有可能遭到同行及其他的恶意点击，不能得到网民的信赖，感觉是在用钱往上面砸。

网络营销调查表

模式	大概描述	优势	劣势
电子邮件营销	以订阅的方式将行业及产品信息通过电子邮件的方式提供给所需要的用户，以此建立与用户之间的信任与信赖关系。	1. 连续推销的机会。 2. 几乎完美的营销渠道。	1. 用户一般视其为垃圾邮件。 2. 不尊重用户权力的情况下强制用户接收邮件。

大家的调查都非常棒，调查得非常仔细。

（3）讨论交流：

① 经过调查，大家对网络营销有了一定的了解，请大家交流你或你的父母接受度较高的是哪种网络营销模式呢？

② 四人一组讨论。

③ 汇报讨论结果。

④ 总结：网络营销正处于飞速发展的阶段，有优势也有劣势。

（4）活动延伸：

和父母一起体验微信购物。

《让我的爱来温暖你》活动方案

【设计背景】

中华民族是一个热情、好施的民族。慈善捐助应该是我们的孩子从小就养成的关爱的品行。只是我们在进行慈善活动的时候，往往只注重了表面，而忽略了背后的意义。孩子们是没有收入的，对于很多捐助活动，孩子们都是从父母那儿拿钱，这就造成了对慈善捐助的困惑和反感。因此，我们的孩子有必要对慈善活动作一个全面的了解。

【活动要点】

体验慈善活动。

【活动目标】

（1）设计并参与慈善活动。

（2）培养良好的品行。

【活动对象】

小学高段学生。

【活动准备】

活动方案。

【活动过程】

（1）导入：

①同学们，你知道哪些慈善活动？

②把你们设计的慈善活动方案与大家分享。

（2）交流分享：

①上个周末，大家设计了慈善活动方案，请以小组为单位交流分享。

②学生交流。

爱心捐助活动

为了培养助人为乐、关心他人的好品质，六 2 班决定开展"爱心筹款"活动，特拟定活动方案如下：

一、活动主题

"生命无价"

二、活动目的

（1）通过活动，为 XXX 筹集善款，献上我们的绵薄之力，帮着他度过生命的难关。

（2）通过活动，让学生进行爱的实践，使学生懂得爱之情的传递，争做一名有爱心的小学生，培养学生助人为乐、关心他人的好品质。

三、活动内容

组织做好宣传、动员工作，让学生自愿为 **XXX** 同学捐款，并附上一张祝福卡片，送上我们温暖的关爱。

四、爱心捐助活动程序

第一项：家委会家长讲话。

第二项：开始捐款。

第三项：学生代表发言。

第四项：班主任总结。

大家设计得非常棒。

（3）讨论交流：

① 经过交流，大家对慈善活动有了一定的认识，你觉得什么是慈善？

② 四人一组讨论。

③ 汇报讨论结果。

④ 总结：慈善是永无止境的活动，我们在帮助别人的同时自身也在成长，乐于助人者，在需要帮助时，别人才会帮助你。

（4）活动延伸：

和父母一起参与慈善活动。

第四章 财商课程的实施

一、财商课程的实施取向

课程实施取向，即课程价值观，指基于不同的课程观、变革观、知识观等形成的对课程计划付诸实践过程的总体认识，具体表现为人们在课程实施过程中的不同倾向和做法。课程实施取向是决定课程实施目标与效果的关键因素，对课程实施取向的认识和研究是通识教育教学改革的起点，也是开展课程教学效果评价的基础性研究。

教育的功能在于发现、成全、引导。教育的理想境界是个性化教育，校本课程的开发就是为了使教育教学更能接近因材施教的个性化教育的理想境界。财商课程的选点与布局主要考虑了以下几个因素：一是培养目标。培养目标是课程选点与布局时考虑的第一因素。二是学生选择。课程是服务学生、发展学生的。理想的课程设计应该给学生"能选择"的机会与平台，同时教学生"会选择"。所以，财商课程在选点与布局上要考虑学生的群体特征、群体需求。三是资源整合。课程资源是课程建构时一个重要的因素。它包括课程实施者即教师资源，包括课程参与者即学生资源和与之相关的家长资源，也包括现有的课程内容即教材资源，等等。有效利用、有效整合这些资源则使课程建设事半功倍，反之要么浪费，要么得不偿失。本研究财商课程的实施主要有三大取向，即学科取向、生活取向以及活动取向。

（一）学科取向

学科取向类课程是世界上产生最早、历史最久、应用范围最广的课程形态之一，它处于不断变化、调整和完善的动态发展过程中。学科取向类课程是课程改革和实践的核心部分，既是诸多课程理论和实践问题的生成点，也是课程改革推进的立足点。学科取向的课程主要是根据国家开设的基础学科，将财商课程在语、数、外、音、体、美、科学、信息技术以及思想品德等学科课程中，进行有意识的拓展。

下面以数学课为切入点，介绍一下本研究财商课程是如何依托数学学科进行财商教育的。小学低段数学中有一章是《认识货币单位：元角分》，在教学此章节时，就可以通过"渗透""嵌入"的方式将财商课程第二单元《关于"钱"的那些事儿》融入进学科教学之中，在学科教学中拓展、延伸。

表 4-1

		低段
财商课程设计	【第二单元】 关于"钱"的那些事儿	1. 货币探秘 2. 货币时间 3. 有趣的硬币 4. 人民币的一生（辨别假币） 5. 世界各国货币博览会 6. 金钱的作用

（二）生活取向

新课程标准针对当今教学的实际，特别强调了"与生活的联系"，重视程度超过了历次教学大纲。课标中的有关要求，都深刻地体现了教学生活化的思想，无论是对课程性质、目标的阐述，还是对课程实施与开发建议的说明，都体现了对社会生活所蕴含的课程价值的关注，以及对学生生活经验的重视。在实际教学中，如何把学科教学生活化，把学生生活经验课堂化，是当前教学改革的重要课题之一。

生活取向理念下的财商课程就是以与学生日常生活为主题，模拟生活与生产中的一些真实情境和实验过程，将财商知识融贯其中，让学生在财商课程学习或活动项目中运用体验成功、提升关于财商的决策能力，同时增强生活风险意识，责任意识。为未来的生活和工作提供科学的视角和选择的依据。本研究财商课程选取此类课程的出发点在于只有与生活紧密相连的课程内容才会赢得学生的认同感，激发学生兴趣，丰富学生视野，引发学生思考，从而赋予我们的教学以旺盛的生命力。

在本书财商课程框架中，很多主题都是以生活为取向的。

表 4-2 财商课程框架

		低段	中段	高段
财商课程设计	【第三单元】 钱从哪里来	1. 金钱来源 2. 劳动创造财富	1. 我们的职业 2. 智慧创造价值	1. 我的职业规划 2. 钱给我的感觉

续表

		低段	中段	高段
财商课程设计	【第四单元】消费的学问	1. 开心购物节 1 2. "想要"和"必要" 3. 购物计划 4. 商品的选择知多少 5. 开心购物节 2	1. 计划消费 2. 商品性价比 3. 讲价钱的学问 4. 消费者的保障 5. 开心购物节	1. 促销活动的奥秘 2. 网购的学问 3. 捆绑消费的陷阱 4. 影响消费的因素
	【第五单元】生"财"有道	1. 零花钱的巧用 2. 我要存钱去 3. 旧物利用巧理财	1. 我的零花钱我做主 2. 我的储蓄计划 3. 还可以储蓄什么	1. 银行产品的保险与风险 2. 现金流的意义 3. 梦想存钱罐
	【第六单元】儿童创业	1. 我的五星服务 2. 买卖扮演 3. 爱心义卖 4. 社会实践：参观公益机构	1. 广告知多少 2. 我们生活的商业世界（上） 3. 我们生活的商业世界（下） 4. 社会公益结构 5. 义卖的学问 6. 爱心义卖活动	1. 创业之路（企业家的精神） 2. 我们的创业方案 3. 项目策划 4. 爱心义卖的活动方案 5. 网络营销 6. 慈善筹款的渠道 7. 社会公益实践

（三）活动取向

活动是课程的载体，除了专门的财商课，在学校、班级、亲子活动中还会延伸相对应的活动课程。此外，我们也会充分利用各种班级或全校性大型活动进行财商教育，开展各种财商综合实践活动。

如表 4-3 所示：

表 4-3

学校活动	财商综合实践活动设计
六一义卖活动	1. 活动筹备，部门分工 2. 商品采购与统计，确定成本（市场调查） 3. 促销方案的撰写 4. 销售人员的培训

续表

学 校 活 动	财商综合实践活动设计
六一义卖活动	5. 成本与利润 6. 义卖心得 7. 购物计划及实际消费 8. 消费的学问
游园活动	1. 游园票使用计划 2. 奖票的使用
感恩活动	1. 算算亲情账 2. 活动奖金的使用计划及实际消费
寒假活动交流	1. 认识压岁钱 2. 压岁钱的管理与使用 3. 投资财商之银行 4. 投资财商之股票、基金
暑期夏令营	1. 消费计划 2. 每日消费记录 3. 夏令营之消费总结 4. 不同国家的钱币与兑换
暑期活动安排	1. 体验社会实践——劳动与金钱
毕业班级活动	1. 二十年后的我们（懂得规划与资源储备）
……	……

二、财商课程的实施过程

　　注重人的终身可持续发展是素质教育的核心。本研究财商课程就是以挖掘潜能、培养个性爱好为基础，同时注重人格塑造和情商开发，张扬个性而又富于团队合作精神的教育理念，归结到底就是以学生发展为本。财商教育作为当今素质教育的有机组成部分，已经纳入学校特色素质教育体系之中。以学生发展为本既是学校财商课程开发与实践的核心理念，也是衡量财商教育是否有效开展和实施的重要依据。因此，以学生发展为本在学校财商课程开展过程中具体蕴含三层含义：一是一切以学生为主，尊重并悦纳学生，以学生实现全面发展为基点，进而达到促进每一位学生发展的目的；二是在实施财商课程的过程中还应结合小学生的年龄特点和心理因素，着眼他们在这一阶段里的思想道德、财商素养以及实践能力的需要，注重他们对知识、能力以及情感、态度和价值观的提升，尤其是要把情感、态度和价值目标观放在突出位置，为学生形成正确的人生观、价值观、消费观和财富观打下坚实基础；三是财商课程要打破传统的统一思想、统一标准、统一模式的方式，以充分发挥学生的主体性为首要任务，让学生在参与财商课程和实践活动中既能提高分析问题、解决问题的能力，又能从中体验、领悟和进步，进而引起共鸣以提升自我教育，最终实现影响他们一生的财商发展的轨迹。

（一）财商课程的实施主体

影响课程实施的主体主要有校长、教师、学生、家长。此外各级各类教育行政部门、社会人士和课程专家等在课程实施中指导、参与对课程实施也有一定的影响。

1. 校长

学校是财商课程实施的主要机构，学校在财商课程开发、实施中的地位不容忽视。校长是学校校本课程的主要领导者、组织者、推动者，校长在学校课程实施中的主要职责是：根据新的课程方案，协调国家课程、地方课程和校本课程，规划学校的财商课程具体实施方案，制定财商课程开发实施的规章制度，如任课规则、教研制度等，促进教师之间的合作。本研究就是由校长积极牵头组织科研小组，参与财商课程科研小组的活动，有效地促进了教师之间的合作，促进财商课程在全校顺利实施和推广。

2. 教师

教师是财商课程的直接参与者、实施者。教师的态度、对财商课程的理解以及教师的知识技能对财商课程的开发实施起着关键的作用。学校教师在财商课程的开发上首先是持积极的态度，并且积极参与培训，学习相关的财商教育知识和科研培训，为财商课程的开发和实施做出自己的努力。

3. 学生

学生作为课程实施的主要参与者，也是一种重要的课程资源，他们对课程实施进程有重要的影响。学生对于财商课程的理解，他们的知识经验和学习态度、财商素养发展情况等均影响财商课程实施。

4. 家长

家长是财商课程实施效果的评价者，也是实施过程的资源。家长和老师一样可以直观或者间接观察了解学生在授课过程中的效果和存在的问题，他们的反馈为课程的实施改进提供了参考的资料。同时，家长在各行各业中，承担各种角色，充分发挥他们的角色资源，可以为财商课程实施提供多种形式、多种类别的重要资源。

5. 社区

将社区内外可用于财商教育的各种教育、文化资源加以整合、开发和利用。有效地统筹协调社区内的各类财商课程资源，并进行优化整合，共建共享，可以使社区与学校财商课程有效运作，形成一种整体的"教育合力"，为学生财商素养培养服务。例如：社区银行、社区市场等进行学习实践和角色扮演，都可以开展实地体验财商课程。

（二）财商课程的实施方式

以财商课程重组、再造为核心，采用主题化、序列化、立体化三种主要方式。

1. 主题化

财商课程主要采用"单元主题式教学"。我们将每个学段的课程分为六个主题：团队建设、"关于钱的那些事儿"、"钱从哪里来"、"消费的学问"、"生财有道"、"儿童创业"。每个主题关注的重点各异。主题单元教学是根据课程实施的水平目标，确立若干个教学主题，教师遵循学生身心的一般规律，以主题为核心，开发和重组相关的教学内容，进行单元主题教学。

开展主题单元教学时为了体现学习领域水平目标达成的针对性、知识技能教学的连贯性和开放性、生活化等特性，将整个教学置于具体的生活情境之中，有利于学生对知识技能的意义建构，重视学生技能的综合运用的实践体验，提高学生理解和运用知识和技能的能力和意识。

主题单元设计可以清晰地解析主题单元教学的学习内容，归纳学习内容。它可以帮助老师指导学生仔细读单元主题，带着单元主题走进每个环节；老师在指导学习每个环节时，紧扣单元主题，让学生从模块中构建思路；学完内容要进行梳理总结时，围绕单元主题，抓住内容引导学生巩固与综合运用，同时能够在学习过程中培养学生的创造性能力，构建创新思维模式，为学生学习、研究及自主发展奠定坚实的基础。

2. 序列化

系统论认为："任何事物越是有序列，其效能就越高。"财商课程的开展也应该避免盲目性、随意性。本课程的序列化体现在两方面。第一是主题单元的序列化。上面阐述到，本课程采用主题单元版块式推进财商课。这些单元的排列不是随意的，这套序列化的课程设置从简单的关于"钱"的正确认识—了解

"钱的来源"—合理消费—生财之道—儿童创业，包括"懂财""理财""生财"三个方面，形成了一套从理论层面到实践操作、从认识到行动、一环扣一环的课程框架。第二是年段课程的序列化。本课程三个年段的课程版块都包括上述六大版块，版块主题单元相同，但是根据年段目标和年段侧重点不同，在三个学段的内容安排上，上一学段的学习为下一学段学习打基础，对于低段的学生，侧重于简单的金融知识、理财意识的培养，初级的理财技巧培训，浅显的实践活动。而对于高段学生，则侧重于一些创业板块项目，注重学生财商综合能力的培养。三个学段的内容存在着一个简单到复杂的序列，层次清楚、螺旋上升、系统完整，符合学生认知规律年段训练框架，使学生财商素养的培养有"序"可循。

3. 立体化

前面说到，财商课程实施有两条主线、三条辅线。这些线的运行并不是单一的、独立的，而是相辅相成、相互补充、彼此促进的。从两条主线来看，在专门的财商课堂上学习相关的财商知识和技能。在对应的班级活动中去拓展和延伸，让学生在各种情景再现或者真实的生活情景中体验和运用。另外三条辅线对学生财商知识和财商技能的习得也起着促进和补充作用。教师充分挖掘学科中的财商教育因素，结合教学内容，将财商教育与学科目标有机结合。比如北师大版语文教材中有些与人物品格有关的主题单元，我们可以拓展延伸，将这些人物品格与框架中第二单元"钱从哪儿来"联系起来，比如学习"尊严"这个单元，可以增加"尊严和金钱"的话题讨论环节，让学生明白，尊严与金钱无关，金钱买不到尊严。比如四年级"金钱"单元，教师可以结合文本充分认识到金钱与劳动之间的关系。在"认识人民币"活动中，让学生了解中国钱币文化，进行爱惜人民币等准确的金钱意识渗透。数学学科最容易设置与学生生活相关的财商活动情境，在解决数学问题的过程中培养财商意识。比如数学课程中也有认识人民币的内容，如果说语文侧重的是一种金钱文化，数学则侧重金钱与生活之间的关系。在这个内容中，学生不仅要明白人民币的面值，同时老师还可以设计一些购买活动，让学生进行简单的等价交易，懂得生活中离不开钱，节约是好品质。数学的各种四则运算，老师都可以设置成一些购买计算活动，还可以将商家常用的一些促销手段纳入课堂情境设置中，让学生计算最合理的购买组合。英语学科也可以渗透不同国家不同的货币文化。美术学科可以从货币的设计延伸到不同民族的审美。计算机学科可以让学生感受一些虚拟的货币世界，认识金钱存在的不同形式。此外，学校的六一义卖、春游秋游等系列活动都可以和我们的财商课教学产生关联，比如在学习"消费的学问"单元，学生学习了写购物计划，培养了规划意识。在学校的春秋游活动中，我们会让学生将这些课堂所得运用起来，对自己春游秋游的金钱消费、活动安排做一个规划，高段同学还会做小组活动方案，包括小组成员分工、各种预案等。课堂上教学"银行储蓄""慈善活动"等，我们会联系相应的社会机构，带学生去亲自参观体验。财商课程"两主三辅"的有机融合，全面、立体推进真正贯彻培养"核心素养"目标，为民族未来打造一代适应现代化竞争与发展的高素质人才。

表4-4　财商课程框架

		低段	中段	高段
财商课程设计	【第一单元】我们的团队	1. 建立团队（明白团队的意义）	建立团队（明白合作的意义）	1. 建立团队（明白组织、计划、规则的意义）
	【第二单元】关于"钱"的那些事儿	1. 货币探秘 2. 货币时间 3. 有趣的硬币 4. 人民币的一生（辨别假币） 5. 世界各国货币博览会 6. 金钱的作用	1. 货币元素与文化 2. 货币的收藏 3. 世界各国货币（汇率） 4. 信用卡的秘密	1. 货币的价值（货币贬值货币增值） 2. 虚拟货币
	【第三单元】钱从哪里来	1. 金钱来源 2. 劳动创造财富	1. 我们的职业 2. 智慧创造价值	1. 我的职业规划 2. 钱给我的感觉
	【第四单元】消费的学问	1. 开心购物节1 2. "想要"和"必要" 3. 购物计划 4. 商品的选择知多少 5. 开心购物节2	1. 计划消费 2. 商品性价比 3. 讲价钱的学问 4. 消费者的保障 5. 开心购物节	1. 促销活动的奥秘 2. 网购的学问 3. 捆绑消费的陷阱 4. 影响消费的因素
	【第五单元】生"财"有道	1. 零花钱的巧用 2. 我要存钱去 3. 旧物利用巧理财	1. 我的零花钱我做主 2. 我的储蓄计划 3. 还可以储蓄什么	1. 银行产品的保险与风险 2. 现金流的意义 3. 梦想存钱罐
	【第六单元】儿童创业	1. 我的五星服务 2. 买卖扮演 3. 爱心义卖 4. 社会实践：参观公益机构	1.广告知多少 2. 我们生活的商业世界（上） 3. 我们生活的商业世界（下） 4. 社会公益结构 5. 义卖的学问 6. 爱心义卖活动	1. 创业之路（企业家的精神） 2. 我们的创业方案 3. 项目策划 4. 爱心义卖的活动方案 5. 网络营销 6. 慈善筹款的渠道 7. 社会公益实践
		学段总结课	学段总结课	学段总结课

表 4-5　班级财商活动方案框架

		低段	中段	高段
班级活动方案	【第一单元】我们的团队	1. 建立团队（班级小组）设计团队任务，明白团队的意义；认识自己在团队中的作用	1. 建立团队（班级小组设计团队任务，体现团队协作作用）	1. 建立团队（设计团队活动，明白组织、计划、规则的意义）
	【第二单元】关于"钱"的那些事儿	1. 货币的成长 2. 人民币的游戏（亲子活动的兑换，班级分享） 3. 世界各国货币交流活动（找找家里有哪些国家的货币，让家人讲讲它的来历，在班队活动中分享） 4. 了解除了钱之间的交易，现在还有哪些交易方式？（调查活动）	1. 货币上的文化（选择一个国家的货币调查货币上的文化） 2. 阅读文章《人民币背面的风景》，交流心得 3. 家里最老的"货币"调查活动	1. 银行货币兑换体验活动 2. 调查家里使用虚拟货币的情况及用途 3. 家里的信用卡账单
	【第三单元】钱从哪里来	1. 爸爸妈妈的工作（调查活动） 2. 我的玩具从哪里来？ 3. 今天我当家（劳动挣钱）	1. 职业调查（3种以上） 2. 职业体验活动（相关机构亲子活动） 3. 我当大管家	1. 社会实践（2小时，我可以挣多少钱？） 2. 家人讨论"金钱观"
	【第四单元】消费的学问	1. 我要买…… 2. 家庭购物计划 3. 超市购物活动（填写记录，怎么选）	1. 家庭购物计划 2. 我是购物小达人（讲价钱） 3. 我的选择（确定三种物品，做市场调查，选择在哪一家买）	1. 市场促销方案调查活动（3种以上） 2. 我会网购（体验活动） 3. 家里办的消费卡（调查来源和作用） 4. 家庭一月收支分析

续表

		低段	中段	高段
	【第五单元】生"财"有道	1. 我的小账本 2. 银行全接触（参观银行） 3. 旧物制作（班级分享）	1. 我的零花钱分配 2. 储蓄体验 3. 我的时间管理	1. 银行产品大调查 2. 家里的投资利润与风险分析 3. 我的一月现金流 4. 我为梦想储蓄
	【第六单元】儿童创业	1. 我的产品（小销售员演示） 2. 社区义卖（班级分享） 3. 关爱山区儿童	1. 我为产品写广告 2. 走进万达广场（逛广场的经历分享） 3. 社区义卖 4. 学校爱心义卖总结	1. 班级活动策划 2. 商业中心大调查（选择一个商业中心调查商家经营模式） 3. 义卖活动策划 4. 爱心义卖活动总结（利润、营销、服务、市场） 5. 网络营销调查（分享） 6. 让我的爱来温暖你（筹集三款对应帮助一个生病需要善款救治的人）
		学段总结课	学段总结课	学段总结课

（三）财商课程的实施准备

1. 学校层面

学校是财商课程开发的倡导者及实施者，课程的开发应该在当前课程目标的倡导下以及社会经济发展的大趋势下进行开发。学校通过组建财商课程的研究小组，聘请课程专家指导财商课程的制定实施，并给予财商课程开发中的相应的人力、物力、财力的资助。本课程的研发团队于2014年9月就成立了儿童财商课程工作坊，通过工作坊的形式，开发研究财商课程，并通过QQ群、每月例会、研究课探讨等方式了解课题研究动向。学校高层主要做统筹安排，组织教师培训；工作坊教师做理论研究与课程开发；更多的一线教师在财商课程实践中提供各种反馈信息，促进课程完善。

2. 教师层面

教师是财商课程开发的主要参与者，教师本身需要熟悉基本的财商知识，对不了解财商课程的教师应该派遣老师参与国内各级财商教育活动及课题培训，以及购买儿童心理发展书籍及优秀财商教育书籍，加深对课题的理解，不断提升自己的专业素养。

3. 家庭层面

父母是学生的第一任教师。在财商活动开展过程中，告知家长本研究的意义及目标，获得家长的认同和配合。同时，设计"我的财商"账本，不定期交流，通过团队影响培养学生兴趣。家庭状况影响着学校财商课程的实施，家长需和学校教师密切配合，培养学生的理财观念，提升学生的理财意识。

在本课程研究中，课题组不定期设计调查问卷，通过调查法，调查学生财商教育现状，并了解家长对财商教育的实施情况，便于确定教学起点，促进课程完善。调查问卷包括学生的财商现状以及家长对儿童财商培养的建议。以此充分发挥家长的参与作用。

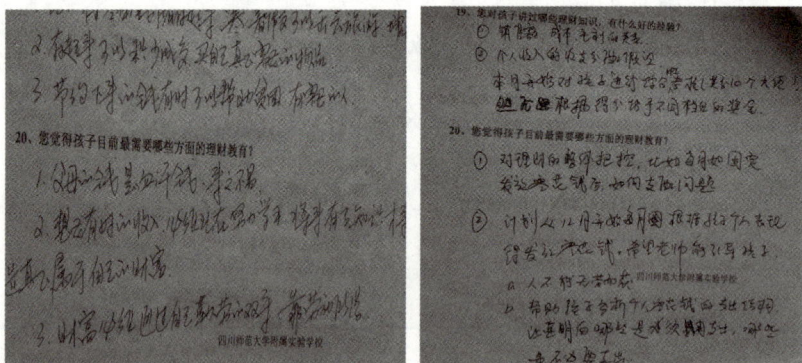

三、财商课程的实施机制

（一）四大保障机制

1. 建立调研机制

把调研指导作为促进课程实施工作常抓不懈、常抓常新的重要举措，不断通过调研和指导教师开展财商课程，发现课程实施和推进中的问题，并通过研究形成改进策略，从而推动问题的解决。调研包括对学生财商发展的调研，通过问卷调查或者项目活动，了解学生在财商课程实施中发展的好的方面和需要改进的地方。另一方面，调研老师在开设财商课程中好的想法和遇到的困难，集结一线教师的对财商课程开展的建议和意见。除此之外，学校也会不定期地了解家长对孩子学习财商课的意见和建议，通过这些调研反馈促进财商课程研究的完善。

2. 建立经费保障机制

学校安排专项经费用于课题实施与教师培训学习。

3. 建构考评、激励机制

将财商课题工作纳入教师年度目标考核任务。制定评价办法，学校课题工作领导小组办公室组织专家团队定期考核课题进展现状，评价结果直接纳入教师评优选模和职称评聘。

（二）财商课程推进机制

在具体的财商课程实施过程中，机制具有一定的先进性和科学性，是对大量教学以及实践活动的抽象和提炼。我校财商课程运行的机制指在一定主客观条件下师生共同开展和实施财商教育的范例。我校财商课程推进机制可简称为"1345"。1——一个中心，3——三支队伍，4——四大原则，5——五条管道，从而构建出我校财商教育运行机制。

一个中心："以学生发展为中心"。学校开展的财商课程中以"挖掘潜能、张扬个性"理念为基础，归结到底就是以学生发展为中心，让学生在财商教育教学开展的实际过程中，能够自主学习、自主体验、自我反思，学会相互合作和理财，促使学生树立正确的人生观、价值观、消费观、财富观，从而形成良好的财商素质，为自身的人生幸福打下良好基础。

三支队伍：学校的财商课程开展队伍主要由负责主持和指导工作的专家团队，课程设计、教学和活动策划的教师团队，以及家长辅助团队组成。其中的教师专业团队在承担财商课程的教学设计工作的同时，还要进行财商课程框架的编写，坚持边试用边修改的原则，力争编撰出既符合学生实际又富于特色的精品课程。

四大原则：一是兼具思想性与趣味性的原则。小学阶段的学生年龄主要集中在 6~12 岁之间，因此，在这个年龄阶段开展财商课程，除了要设计出符合他们思想实际的课堂内容，还应积极探索符合他们心理特点的趣味活动，这样才能够引发他们学习和了解财商有关知识的兴趣，并逐渐养成自我学习、自我提升的良好习惯。这也体现了提高学生的财商意识是开展财商课程的初衷和归宿了。

二是兼具系统性与发展性的原则。财商课程是一个系统的教育过程，而本研究的财商课程也是一个具有完整课程体系的特色素质教育。在课程基础理论方面综合了政治经济学、教育学、心理学以及社会学等学科知识。教育形式包含了课堂、活动、讲座、参观以及社会实践等多种形式。教育领域也涉及了学校、家庭和社会等多个方面。当然，在当今社会和经济不断发展变化的今天，这个课程体系会不断完善和丰富，领域及条件等也会得以扩展和优化。

三是兼具主体性与实践性的原则。本研究财商课程目的是培养学生的财商素质，而目标是通过系列实践活动让其素质转化为经济行为。任何素质的发展和提升都与主体的积极参与是分不开的。主体的观念与素质的培养是通过大量的主题明确、内容丰富的教育活动来实现的，最终少年儿童的财商素养转化为显性的财商实践活动。

四是兼具预设性与生成性的原则。在实施财商课程过程中一定不能偏离其开展的目标，因此，无论是课堂内的教学还是实践活动的开展，都应兼顾预设与生成二者的关系。尤其是在教学中对教学资源的生成，教师应当关注、支持与引导学生主动探索的欲望，使学生亲身参与到财商课程活动中去，内化于心的财商知识与能力才能不断升华为财商意识和财富观，并转化为规划人生财富、打理财富的行为，进而使学生的财富知识、财富观、财商意识、打理财富的行为融合为一体，学生的财商意识进一步得到巩固，从而实现规划人生财富、打理财富的行为习惯化，学生的素养最终得以内在的生成。

五条管道：即本研究中的两条主线和三条辅线实现财商课程的立体化、序列化、系列化实施。

（三）多维共进的财商课程实施机制

财商课程实施机制包括实施主体、实施形式和实施对象。课题组在研究过程中探索出以"学校+社区"为主体、"常规+专题"为形式、"学生+家长"为对象的实施模式。

1. 实施主体：学校+社区

强调学校的主体地位是强化学校在财商课程实施过程中的责任意识，也是基于该课程全面性、实践性和阶段性三个特征。学校在课程建设与实施过程中能更好地把握学生的心智特点，更好地理解学生的发展需要。发挥学校的主体性有利于将财商课程实施与学校日常教育教学工作结合起来，也有利于将财商课程建设与教师责任结合起来。

与此同时，我们也意识到，如果只单纯强调学校主体的唯一性，并不利于财商课程实施效果的最大化。根据学校与社区的特点，课题组认为应该把社区作为财商课程实施的主体。社区是人们定居的一个地理空间，是现代社会中一个最小的管理单位。学校是社区的重要组成部分，对学校和社区关系的探讨逐步成为中国教育改革中关注的重要问题之一，这种关注是基于社区和学校在各自发展中所形成的互补关系。一方面，学校为社会培养合格的人才、开展多种多样的社会服务，才能体现自身的价值；另一方面，良好的社区环境为学校开展教育教学活动提供了丰富的教育资源。

长期以来，学校教育局限于学科课程和书本教材，一方面学校课程资源极度匮乏，另一方面社会大量可供利用的课程资源处于闲置荒废状态。实际上，学校不是真空，还是处在社会复杂的环境中，学校的教育教学活动必然要受到社会环境的影响。学生不仅生活在学校中，而且生活在家庭和社区中。学生的成长离不开学校，更离不开家庭和社区环境潜移默化的熏染。家庭和社区（社会）拥有丰富的财商课程资源有待开发、发掘和利用。比如社区服务站、社区公益、社区活动项目、社区福利等。财商综合实践活动设置的目的就是力图打破学科课程远离学生生活和社会现实的状况，将学校、家庭、社区各种丰富的课程资源整合起来，它也能够而且应该打破教室、学校的界限，把校内课程与校外课程整合起来，把正规教育与非正规财商教育融合起来，将财商课程开放到学生生活的整个空间中。因此，应当积极鼓励学校和学生走出学校，走近社区，走向社会，走进现实生活，开展以财商实践为主题的形式多样的综合实践活动，在现实生活与社会实践中接受财商教育，获得财商素养发展。

活动展示：

（1）学校财商课程：

● 将常规操行管理和财商教育结合。

低段的学生重在习惯养成，因此老师们精心设计好习惯银行、阅读银行，让学生将积分记录下来，并且根据自己的需要兑换相应的班币或者奖品，类似银行的存取。中高段学生采用操行分评比，将操行分转化为相应的班币或者奖金，让学生自主管理，需要消费的时候要写消费计划和消费心得。

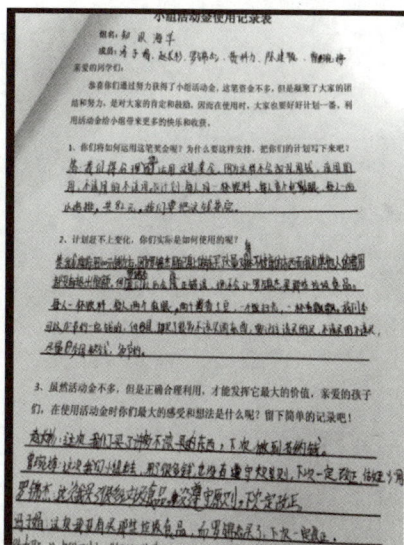

（图为发放小组奖学金，小组计划外出消费活动）

● 感恩活动和财商教育结合。

● 每两年一次的爱心义卖活动。

（宣传部）

（销售部）

（2）社区财商课程：

● 寒暑假的社区义卖。

● 社会公益——敬老院献爱心。

2. 实施形式：常规+专题

本课程几条线多维共进的实施，前面已有叙述，此处不再赘述。这里特别强调，两条主线是我们常规的财商课教学形式，除此之外，还有许多与德育、学科和学校综合实践活动融合的专题。

就德育融合而言，在低段，为了培养学生良好的习惯，我们采用了根据学生习惯表现，开展账本积分换奖品的活动。在高段，结合财商课程，我们把账本延伸到零花钱的消费记账，指导学生利用账本记录自己零花钱的消费和支出，不定期组织同学们交流消费的学问，并懂得为自己想购买的东西进行存钱活动。在这个过程中，我们开展了一系列的活动。在这些常规活动中，学生不定期地在小组中交流自己近期的收入支出，分析自己消费时存在的问题，分享自己的零花钱管理方法。除了常规的活动，在日常的学科教学中，老师们也不断将财商素养培养渗透其中。比如数学学科中渗透消费、财商等知识，语文学科中渗透对于金钱观的培养，英语学科中渗透世界各国货币的知识和文化等。

就专题活动而言，我们探索出了系列的活动：

专题活动名称	活动实施目的
想要与必要	理智消费
算算亲情账，感知父母恩	亲情无价，责任意识
计划与消费	计划消费与合理消费
六一义卖	儿童创业项目和商业世界体验
食材成本调查与采购	了解市场规律与性价比
成本预算和价格拟定	预算与定价
"借"与"贷"	了解银行存取的简单金融知识，了解现金流
成本与利润	了解盈利

续表

专题活动名称	活动实施目的
我的人生规划之 20 年后的我	规划和储备
童言论"金钱"	正确金钱观的培养
我的购物计划	计划消费
消费的学问	智慧消费
压岁钱的管理	钱生钱
班级活动——各类竞赛	儿童创业项目
银行角色体验	角色体验
我是卖报的小行家	销售体验
认识各国钱币	认识货币
假期计划	学会规划

以下是财商课程和班级活动的举例：

（1）课题一：世界各国货币博览会。

这个课程是"关于钱的那些事儿"板块的活动，主要针对中低段同学，介绍货币知识。纸币博览会的课程目标是帮助学生认识各国货币，最终理解到纸币被称为"国家名片"的原因是纸币代表着一个国家的形象，是一个国家的文化、内涵的浓缩精华；了解纸币设计并不简单，而是有不同材质、不同样式和单位的。

在本节课中，学生扮演的是一个博览会馆长的角色，每个小组会通过"学生小老师"并且在老师的帮助下认识许多不同种类的货币，例如美元、英镑、台币、澳元等。在这个过程中，学生要认识并记忆货币的特征，了解这个国家的文化，明白为何他们的货币上面会有这样的图案。最后课堂还有很多小游戏，有奖的知识竞答，也给同学展示了塑胶材质的货币。学生通过本节课更深刻地理解了货币的内涵，对正确认识货币、了解货币都有较大作用。

在课后作业中，课程也注意锻炼学生的自主学习能力，通过让学生回家找外汇的活动，也调动学生自主探索和自主学习的能力，培养其良好的兴趣。

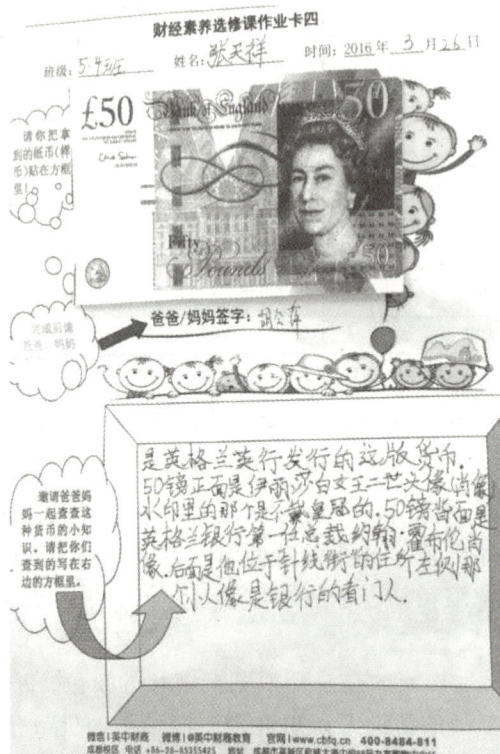

（上图为学生完成的家庭作业）

（2）课题二：零花钱的管理。

在"消费的学问"板块，零花钱的管理是学生财商最基础的一步。本课是围绕着零花钱为主题，让学生了解零花钱的意义、零花钱的由来、零花钱的管理等课题。在课程中，学生们以小组为单位进行工作和游戏，其中一个环节是让学生判断怎样的管理。

课程还教会了孩子零花钱不仅是拿来花的，更重要的是，零花钱还可以用于存钱，用于未来的购物计划。零花钱和工作一样，是我们收入当中的一种。我们不应该把零花钱当成理所应当的，他们是爸爸妈妈辛苦赚来的，我们应该学会感激他们。

最后，课程教会了学生一些基础的管理零花钱的办法，比如按时按价进行一定的储蓄，在以后需要的时候用，学会延迟享受，做一个未来消费的计划等，而不是随意地就去使用零花钱。我们要学会量入为出。

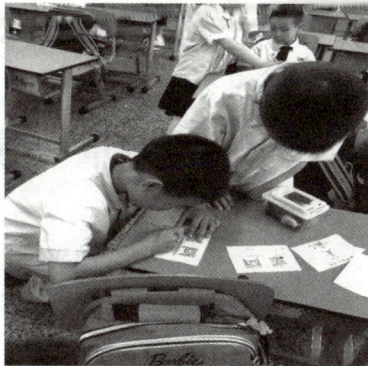

3. 实施范围：学生为主+家长为辅

财商课程教育对象的主要范围固然是学校学生，但是对家长的教育也是非常有必要的。

我校实践研究表明，家长课程有一定的必要性。因为家长普遍缺乏教育子女财商教育的意识，有意愿培养学生财商能力的家长本身缺乏能力或正确理念，还有一些家长缺乏培养学生财商的正确方法。基于此，我们拓展了财商课程的实施范围，把范围由学生扩展到家长。

家长课程可以是由家长单独参加，也可以是以活动的形式由家长、学生共同参加。例如在财商课程实施中，每一学期我们会有 3 节家长课配合学生财商课同步开展。其中一节是配合零花钱管理的家长课，主题是零花钱合同。家长通过参加本课堂，会了解到零花钱管理的相关重要性、理论和方法，并且通过签订"零花钱合同"让学生和家长更近一步，树立一个健康有序的零花钱管理制度。这样既解答了家长的疑惑，也培养了家长的知识技能，对财商课开展有较大的好处。

在教育过程中，部分家长和家庭缺乏相关的财商知识，不了解财商技能，因此为缺乏财商知识的家长讲解、培训正确的财商理念，让家长能够更好地理解财商教育的重要性和意义，也给家长一定的帮助。通过家长课的交流，让家长知道应如何在课外培养学生的财商知识。家庭教育是学校教育外重要的一环，而财商知识的运用更多地是融入到生活当中，因为这样可以真正有所帮助。通过给予家长在课后、生活中对学生财商技能培养的建议以及技巧交流，让学生可以更好地进行财商实践。建议按照不同的主题课程进行不同内容的交流。

第五章　财商课程的评价

一、财商课程的评价理念

学生学习财商课程，就必然会有对学生财商素养发展的评价。课程评价在课程体系中起着重要作用，它既是课程实施情况、学生财商素养发展的全面评价，也为课程的完善和有效运行提供了重要的反馈信息。简单地说，课程评价就是上一阶段效果的测评和下一阶段发展的起点。因此，课程评价的探讨是本研究的重要工作之一。

二、财商课程的评价原则

（一）力求多元化评价

在教学中，我们提倡小组讨论、个性化发言以及创造性地完成各种实践活动、拓展性作业。我们引导学生独立思考问题，呈现出新颖独特的观点。因此，我们评价的方式也不只是用一些固定化的量表来整齐划一地测试，而更多是从学生课堂学习行为习惯、课堂参与度、个人发言及小组活动展示和小组协作情况、拓展性作业等方面进行综合评估。本课程的评价将学生、教师、家长都作为评价的主体，多元化、多渠道地开展财商课程评价。

（二）凸显发展性评价

评价不是考核学生会哪些财商知识，懂得哪些财商技能。本课程评价基于学生的情况，提出符合个体发展的目标，以发展的眼光，关注学生在课程学习过程行为的转变、思想观念的转变。其目的是促进学生也以一种发展的眼光提出自我要求，追求自我的发展，获得成功的体验。

（三）注重持续性评价

对学生的评价不是针对某一时刻或者某一堂课学生的表现，而应该针对学生的情况，持续性地关注和评价，对学生的财商素养水平发展历程有清楚的认识。使评价贯穿学生参与财商课程实施的全过程，强调形成性评价，促进评价的诊断、改进功能。

三、财商课程的评价方法

上面说到，我们的评价途径包括定性的测评和综合的日常考核两个方面。这两种测评模式的相关阐述如下：

（一）财商素养测评

这种模式是参考 PISA 测试（Programme for International Student Assessment），即 "国际学生评价项目"。我们以 2012 年财经素养 PISA 测试样题为例：

（1）消费选择[①]　克莱尔和她的朋友们打算租一套房子。他们都已经工作了两个月了。他们没有任何积蓄。他们拿的是月薪，而且刚刚拿到工资。他们制作了下面的 "待办事项" 清单：

```
┌─────────────────────────────┐
│          待办事项            │
│  • 买有线电视                │
│  • 支付房屋租金              │
│  • 购置户外家具              │
└─────────────────────────────┘
```

问题一：清单中哪项任务是克莱尔他们急需解决的？在每项任务后选择圈出 "是" 或 "否"。

任　务	这项任务是当务之急吗
买有线电视	是/否
支付房屋租金	是/否
购置户外家具	是/否

• 评分标准：问题的意图为意识到在处理预算的时候哪些事需要优先处理。
• 满分答案：三个正确答案为否、是、否，按此顺序作答。
• 不得分答案：少于三个正确答案。

（2）旅费　娜塔莎每周三天晚上在餐厅工作。她每晚工作 4 小时，时薪 10 zeds。娜塔莎每周还能挣 80 zeds 小费。娜塔莎每周把一半的收入作为积蓄。

---

① 2012. PISA 财经素养测试样本试题。

问题一：娜塔莎为了在假日出游准备存 600zeds。她需要几周才能存满 600zeds？

- 评分标准：问题的意图为计算储蓄所需时间。
- 满分答案：6 周。
- 不得分答案：其他答案。

（3）新贷款　琼斯太太在 FirstZed 金融机构贷款 8000zeds。贷款的年利率是 15%。她每月还贷款 150 zeds。一年后琼斯太太仍然欠贷款 7400 zeds。另一家叫 Zedbest 的融资公司给琼斯太太贷款 1000 zeds，年利率 13%。琼斯太太每月需偿还 150 zeds。

问题：

如果琼斯太太向 Zedbest 贷款，可能的消极财务结果是什么？

- 评分标准：问题的意图为认识到大笔贷款可能带来的糟糕后果。
- 满分答案：琼斯太太可能会欠更多债，支付更多利息，还请贷款的时间更长，可能要支付 FirstZed 的销号费。
- 不得分答案：其他答案。

（4）在市场你可以按重量或者按箱购买番茄。

2.75 zeds per kg　　2 zeds for a 10 kg box

2.75 zeds/kg

22zeds/箱（10kg）

问题一：观点：箱装的番茄比散装番茄价格更实惠。请给出一个理由来支持该观点。

- 评分标准：问题的意图为通过比较单价来辨别事物的价值。
- 满分答案：明确或间接指出箱装的番茄每公斤的价钱比散装番茄的便宜。
- 不得分答案：其他答案。

在现场试测中接近 3/4 的学生得分。

问题二：对某些人来说，买一箱番茄可能不是个明智的财务决策。请解释下为什么。

- 评分标准：问题的意图为认识到大量购买可能会导致浪费。

•满分答案：提到根本不需要这么多番茄，会浪费；提到一些人负担不起大量购买导致的更高的绝对成本。

•不得分答案：其他答案。

（5）工资单　简的老板每个月都给简的银行账户支付工资，这是简 7 月份的工资单。

雇员工资单：简·西铁城
职位：经理　　7 月 1 日至 7 月 31
工资总额　　　　2800 Zeds
扣除　　　　　　300 Zeds
实发工资　　　　2500 Zeds
今年迄今为止的工资总额　　19800 Zeds

问题：7 月 31 日，简的老板给银行的账户里打了多少钱

A. 300 Zeds　　　B. 2500 Zeds　　　C. 2800 Zeds　　　D. 19800 Zeds

（6）银行的失误　代维在 Zed 银行存钱，他收到一封电子邮件。

亲爱的 Zed 银行会员：
由于本银行的服务器除了点问题，造成您的网上登录信息遗失。因此，您将无法使用网上银行。最重要的是您的账户将变得不再安全。请点击一下链接，根据提示来恢复使用。http//ZedBank.com/。到时请提供您的网上银行信息

问题：对代维来说，以下哪个观点可能是好建议？
在每个观点后圈"是"或"否"。

观　点	这是个好建议吗
回复邮件并提供他的网上银行信息	是/否
联系银行询问邮件信息	是/否
若该链接和他银行的网址一样，点击链接并根据提示操作	是/否

•评分标准：问题的意图为妥善处理金融诈骗邮件信息。

•满分答案：三个正确答案为否、是、否，按此顺序作答。

•不得分答案：少于三个正确答案。

（7）新银行卡　丽莎住在 Zedland，她收到这张新银行卡。

问题：第二天，丽莎收到银行卡的个人身份识别码。丽莎该怎么做？

A. 在便签上记录下个人身份识别码并收在钱包里。

B. 把个人身份识别码告诉朋友。

C. 把个人身份识别码写在银行卡的背面。

D. 记住个人身份识别码。

• 评分标准：问题的意图为认识到使用含有个人身份识别码的银行卡时应该注意的安全措施。

• 满分答案：D。

• 不得分答案：其他回答。

（8）股票　下图是 RichRock 公司 12 个月的股市行情图。

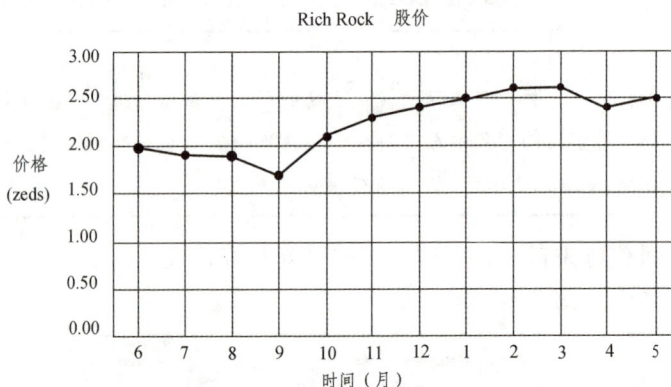

问题：以下是对于该图的看法，哪一个是正确的？在每个观点后圈"对"或"错"。

观　点	这个观点正确与否
购买该股的最佳时段实在 9 月	对/错
该公司股价在一年里涨了 50%	对/错

• 评分标准：问题的意图为解读反映一年的股价折线图。

• 满分答案：两个正确答案为对、错，按此顺序作答。

• 不得分答案：少于两个正确答案。

（9）摩托车险 去年，史蒂夫为他的摩托车在 PINSURA 保险公司购买了保险。保险政策包括赔偿摩托车因意外毁坏和被盗造成的损失。

问题：史蒂夫打算在 PINSURA 重新买一份保险，不过去年史蒂夫家中发生了一些变故。表格中的这些因素可能会怎样影响史蒂夫的摩托车保险？在每个因素后圈出"增加花费"或者"没有影响"。

因 素	这个因素会怎样影响史蒂夫的保险
史蒂夫把旧的摩托车换成了一辆马力更大的摩托车	增加花费/减少花费/没有影响
史蒂夫给摩托车重新上漆换了颜色	增加花费/减少花费/没有影响
史蒂夫去年发生了两次交通事故	增加花费/减少花费/没有影响

- 评分标准：问题的意图为了解影响摩托车保险的因素。
- 满分答案：三个正确答案为增加花费、没有影响、增加花费，按此顺序作答。
- 不得分答案：少于三个正确答案。

PISA 财经素养试题从内容、过程、背景三个维度构架起一个空间立方体来表达。从内容上来说包括了消费学问、规划理财、借贷、财经问题、股票、保险。学生的思维过程有分析、识别、评估、应用等。背景都是放在与人们息息相关的各种经济活动中。本课程的评价测试题也参考这种模式，根据课程框架中各个主体板块的设计意图，通过创设相应的情境，检测学生选择正确的途径或者方法的能力。

（二）日常综合评价

在综合评价的过程中，老师们会设计相应的评价量表，用 A、B、C 等级对上述各方面情况进行记录，综合评价。具体指标包括：

（1）学生的行为习惯考察。包括认真听课、举手发言、倾听、礼貌。

（2）课堂参与度。包括发言、完成各种任务。

（3）个人展示或小组展示。包括汇报展示的积极性、逻辑性、条理性、新颖性、充实度，与老师同学互动等。

（4）拓展新作业完成质量。包括各种书面作业、实践体验、亲子活动、小组演讲等。

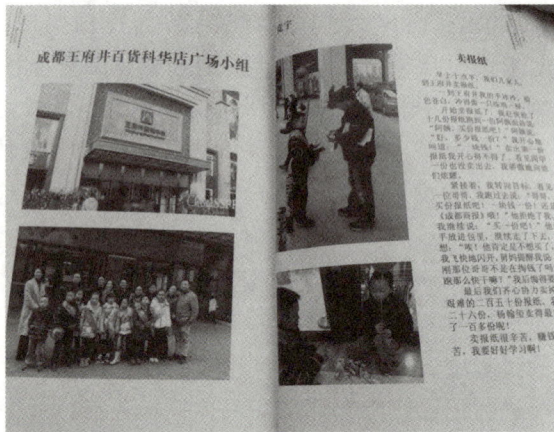

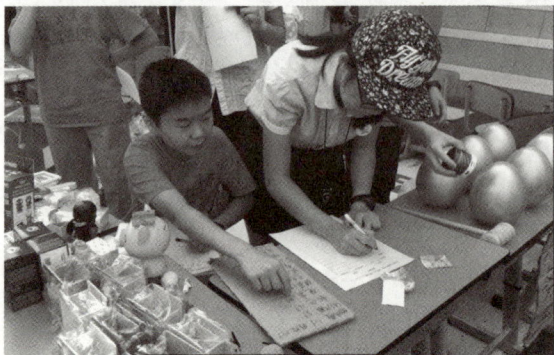

二十年后的我们

1. 二十年后的我将从事的职业。
科学家

2. 我将如何从现在为自己储备创业资金。
① 将压岁钱存入银行
② 多做家务来挣钱
③ 将零花钱存起来
④ 少吃零食，将省下的钱存起来

3. 创业储备还需储备什么。
① 能力
② 不被一点儿挫折打倒的精神
③ 不被困难的品质

学生姓名：赵梓涵　　联系电话：　　　　　　　邮编：610000

关于压岁钱的争论

一提到春节，大人们一般都会想到吃团年饭、放烟花、看春晚等活动，但我们小孩子最为关心的活动却是发压岁钱。

大年初一的晚上，当家家户户都在看电视的时候，我们家却为压岁钱这个话题而争论不休。"来，来，来，发压岁钱了！"爷爷坐在沙发上，手握着2个红包，满脸笑容地大声吆喝着。哥哥听到后像触电一般从电脑椅上弹了起来，小跑到爷爷面前，嘴里喃喃自语道："希望这次的压岁钱多一些…"我也快速地放下平板，冲到爷爷面前，满怀希翼地望着他。"老规矩！先得给爷爷拜年！"爷爷理了理衣领，一本正经地坐在那里。"祝爷爷在新的一年身体健康、一切如意！给您拜——年——了！"我和哥哥一起规规矩矩地站在爷爷面前，对爷爷说着新年祝词，把"拜年了"三个字拖得老长。

爷爷摆了摆手，高兴得合不拢嘴，慈祥地对我们说到："嗯嗯，给，红包拿去！也祝你们新年快乐！愿你们在新的一年健康成长、学习更进一步！"我和哥哥想也不想，眼里只有红包，以迅雷不及掩耳之势从爷爷手里抓过红包。只见哥哥小心翼翼地拆开红包，眼神里充满了期待。"啊！不会吧！只有200元？"哥哥的语气声中透露出深深的疑问和失望。我惊讶地看了看哥哥，同时也加快了手中的速度，只见从红包中只抽出2张薄薄的2张百元钞票，再别无其它。"不行！我一定要给爷爷说，让他再给我们多发一点。"我的手握成拳头状，心里暗暗想到。"爷爷，你就再给我们发点吧！这可不够用！"我拉着爷爷的手撒娇到。"是啊！再多发一些！可不能小气！"哥哥也急忙附和道。

爷爷左右抱着我和哥哥，笑呵呵地问道："你们知道为什么要发压岁钱吗？"我和哥哥对视了一眼，不知道怎么回答。还是哥哥反应更快，沉默片刻便回答道："压岁钱可以让我们买自己喜欢的东西，可以让我们的春节更加快乐！""对，有了压岁钱才能玩的快乐，才能

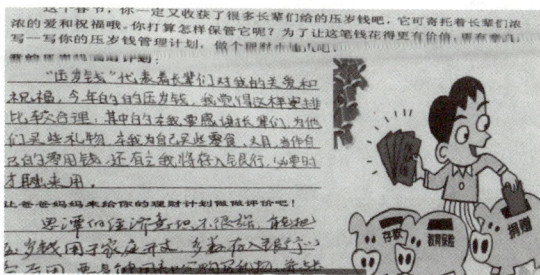

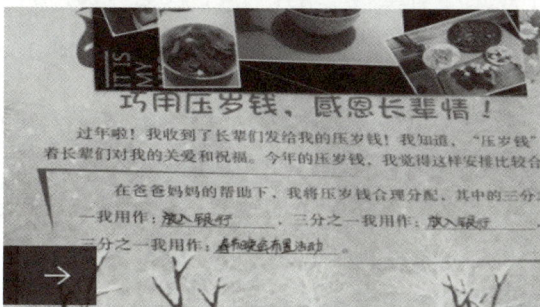

（5）专项任务的完成情况。

在这些个人评价中，会涉及组评、家长评、老师评等多角度评价。除了个人评价，课程中还设计了小组评比，小组评比主要以组员表现加小组完成任务的方式挣得相应的财富币，每月对评比财富榜上前三个小组进行表彰，激励学生们努力学习、认真表现。

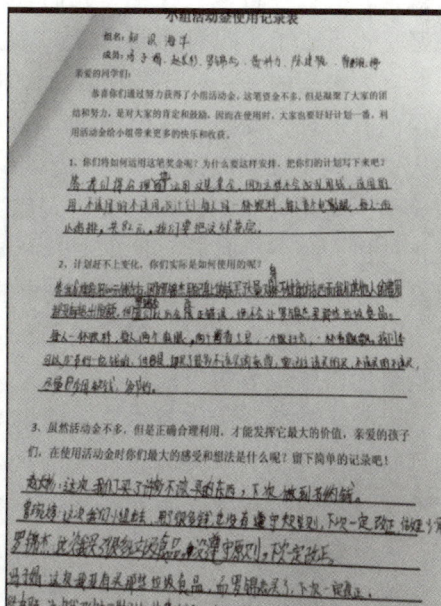

财商活动长见识，有趣体验促成长——小学生发言稿

各位老师：

你们好！我是二六班的王卫嘉。

今天我想向您介绍"彩虹财商，伴我成长"。

在上二年级之前，我对钱没有更多的认识，只知道它是爸爸妈妈钱包里花花绿绿又神奇的纸。它可以为我变来好吃的，好玩的。至于它是怎么来的，又该怎么用，我一点也不知道。直到有一天，段老师说：学生们，从今天起，我们要学习财商，自己挣钱！

自己挣钱，挺新鲜的，一定很好玩。

老师动员大家收集家里的废旧物品去卖，然后卖了当班费。我兴冲冲地回家和妈妈把家里搜了个遍，找了好几大堆旧书报，然后吃力地推去卖，心想，这么多东西，肯定会卖好多好多的钱。当老板给我皱巴巴的三块钱时，我忍不住伤心地哭了。原来，钱这么难挣呀！

不过，大家一起努力，第一个月，我们挣了 147 块 3 毛。我们用这笔钱制作了英语的家校联系本。捧着我们自己挣来的本子，我们兴奋又自豪。在接下来的几个月里，我们用自己挣的钱买了喜欢的书，买了奖品，还给生病的小伙伴买了礼物。挣钱辛苦，但好有意思呀！

后来，为了锻炼我们和帮助别人，我们班还一起去义卖报纸。如果说变卖废旧物品很难，那么卖报纸就是难上加难了。我们第一次走上街头向陌生人推销，我们经常被人拒绝，我们害羞，我们胆怯。在一次次被人拒绝后，我坚持不下去了，妈妈劝导我说："被人拒绝了，没关系，可以再问其他人，总会有人来买的，要对自己有信心，你能行！"我渐渐地平静下来，心想："妈妈说的有道理，我要加油！"刚好一位好心的阿姨走过来，她耐心地教我怎样与人交流和卖报。我逐渐变得自信起来，我开始主动、大方地推销。我的真诚感动了哥哥姐姐们，竟然好些人都主动跑过来买我的报纸，我的报纸卖得越来越快，两个小时后，我在快乐中卖完了 50 份报纸，赚了 50 块钱。天哪，这真是好大一笔收入呀！这次全班申购的 1200 份报纸，卖了 1500 多块。这次卖报纸我收获财富也得到了快乐！同时也明白了挣钱是很不容易的。所以我们要珍惜钱，节约用钱！

义卖活动后，大家都变了，变得节约了，不再动不动就让爸爸妈妈买这买那。有一天，大家吵着让段老师买冰淇淋。段老师爽快地答应了，然后拿起粉笔在黑板上给大家算起账来：一个冰淇淋，三块五，一个塑料瓶子五分钱，买一个冰淇淋得捡 70 个瓶子，全班 38 个冰淇淋得捡 2660 个瓶子。算完了，段老师问大家还要买吗？大伙儿使劲摇头又摆手：不买了！不买了！

有了钱到底该怎么花呢？曾经是上市公司财务总监的妈妈来到年级给大家讲财商。妈妈从专业的角度给大家讲如何正确地对待金钱——君子爱财，取之有道，用之有度。妈妈还给大家讲了好多有趣的财商故事呢。从妈妈的讲座里，我们知道了，合理的财商，可以帮助我们做到不乱花钱，并把多余的钱通过储蓄、投资的方式越变越多，也可以帮助到需要帮助的人。我还从妈妈的讲座里认识了著名的富翁巴菲特，我长大也要向巴菲特学习，长大了做一个拥有财富、富有爱心的人。

大伙儿用妈妈教的财商方法，在班级彩虹大富翁财商活动中大显身手！我们用班币"彩虹币"交易跳蚤市场的商品。瞧，我在班级的跳蚤市场上，开心地买卖呢！六一儿童节，我用自己的彩虹币在妈妈那里兑换了 100 元，用 50 元买自己必需的学习用具，20 元存了起来，30 元买了课外书送给需要帮助的小伙伴。

努力挣钱，我在辛苦中体会到节约；合理消费，我在快乐中学会了财商。有笑有泪，有花有果，彩虹财商，让我快乐成长！

算算亲情账，感知父母恩

四川师范大学附属实验学校　　六三班　李与格

又到了每年十一月的"感恩"活动月。"感恩"这个词让人感到温馨和美好，在学校开展的各种感恩活动中大家都曾真诚向长辈表达自己的感激之情。是的，生活需要感恩，只有懂得珍惜和感恩的人，才能收获真正的幸福和快乐。在我们的成长过程中，父母给了我们最大的支持和鼓励，他们用生命在全心全意地爱着我们，从他们身上，我们索取了许多许多，有精神上的，谁能说得清呢？借着这次感恩活动月，我们六年级开展了 "算算亲情账，感知父母恩"的活动。

周五，老师给我们发了一张调查表，让我们回去调查这一年父母在我们身上花了多少钱。我大致看了看表格中的项目——教育经费、生活支出、医疗保健，三个大项目又由很多小项目组成——学费、培训班、学具、玩具，还有每一天的衣食住行开销，生病或者是保健支出……那一刻我想，父母在我们身上的开销项目还挺多，平时我们并没有注意到，那这一年我到底花了爸爸妈妈多少钱呢?我也很好奇。

回到家，我立刻投入了这项调查工作中。我把今年买的衣服、学习用具、玩具等物品能找到的都找了出来。我仔细回忆着它们的价格，一项一项写在我的记录本上。至于学费和其他一些生活开支、医疗保健，我却不清楚，只好去采访我的爸爸妈妈。他们告诉我，我一年的学费要花一万多，此外还有每个月交给学校的午餐费，家里每个月的生活用品、柴米油盐分摊在我身上的费用，我上的培训班费用，以及今年我因为得肺炎住院的医疗费，和同学去玩耍的开支，等等，加起来算算竟有10万元！天哪，我从来没有想过我一个小学生竟然花去了家里年收入的一半！平时我还怪爸妈给的零花钱太少了，什么又该换新的了，我又看上了什么新玩意儿……那一刻，看着眼前的表格，我真想时间倒转，回去制止自己大手大脚乱花钱，去阻止自己向爸妈抱怨。

通过这次"算算亲情账，感恩父母心"的活动，我算出的不仅是我这一年花了爸爸妈妈多少钱，也更加感受到了他们为了我的成长所付出的爱和心血。正如老师说的，这还只是父母在经济上为我们的付出，他们平时教育我们，辅导我们，陪伴我们的成长，还花费了多少心血和精力，牺牲了自己多少休息时间，这些都是无法用金钱来计算的。

父爱如山，母爱如水！我们欠父母的亲情账一辈子都还不完。看着爸爸妈妈那熟悉而亲切的脸庞，我告诉自己，一定要努力学习，积极向上，决不让父母为我担忧操心。希望同学们也能用心感受父母对我们的恩情，用最好的你去回报他们。

义卖反思总结

四川师范大学附属实验学校　　六三班　　周雨婷

在"义卖"活动中，我与王静姝一组，负责我们班的水果奶昔销售。我小心翼翼把各种水果和牛奶摆在桌子上，准备着马上就要开始的"义卖"。这时，义卖开始了，人群从四面八方涌来，我有些措手不及，王静姝和我面面相觑，不知该干什么。

我回了回神，看了看旁边几个摊位都已经开始热火朝天地销售，心中不觉有些慌，连忙扯开嗓子叫喊道："走过路过千万不要错过，水果奶昔啊，水果奶昔啊！"好在我这一嗓子叫来了4个人排队，粗略看一下，和旁边摊位差不多，我心中有了底，放心地做起了奶昔。

可是好景不长，过了一小会儿，就一个人也没有了。望着其他摊位的忙碌，我们真的心慌了。我急急忙忙在摊位走来走去，王静姝也皱着眉头坐在椅子上，呆呆地望着远方："唉，是不是我们价格太高了？"王静姝猛地站起来。"让我算算……"我在脑子里一粗算："好像是这么回事，快和刘老师说。"我们头脑一热，总算看到了最后一丝希望。

王静姝去问老师了，我心里忐忑着。又急匆匆地做了几杯奶昔，以备一会儿用。王静姝苦着脸回来了，说："刘老师说，我们这个，成本挺高的，她让我们自己算。"我又望了望四周门庭若市的摊位说："不管了，卖出去重要！"我又吆喝了一声："水果奶昔大减价啊，快来看一看。"

你别说，这还真管用。不一会儿，就排起了长队，我们忙得不可开交，放在小盒子的钱越来越多！义卖结束后，我们"胸有成竹"地跑回去，我们赚了两百多，最多呢！虽然还没有卖完，不过不重要了，我心里想。

谁知道刘老师笑了笑，一转身拿出单子，我们一看傻眼了。原来，我们的成本就有 190 多呢，这样算下来，我们只赚了 20 多，而别的组，别看他们只卖了 100 多，他们成本才几十，有的组甚至赚了 100 多。我垂头丧气，失落地说："早知道就不应该降价的……"王静姝拍拍我，说："要不是降价，我们可能连成本都收不回来呢！"

活动后，我总结了一下，我们少赚的原因有：① 成本太高，可适当减少成本。② 天气太热，水果奶昔有些腻。我们应该在卖水果奶昔的同时，配上一些清新的甜点。不过这样价格又要增高了。③ 包装要改，我们用的是纸杯，如果用好看一点的、花哨的，更能吸引顾客。④ 我们的宣传没到位，应该多多叫卖。

这次活动总的来说，我们是盈利了，只是没赚多。综合以上四点，就是我们需要改进的。相信再多几次这样的活动，我就能称为一名合格的"销售员"了。

义卖总结

四川师范大学附属实验学校　　六三班　　廖冰雁

在六一义卖中，我卖的是寿司。成本 42 元，卖出 134 元，获利 92 元，算成功，主要原因在商品的数量和商品的特别。

寿司起源于日本，做法是将煮好的饭放在紫菜上裹着。形状像圆柱，切好后是薄薄的圆片。我在做的时候在饭里添入鸡蛋、黄瓜、玉米，使米饭看起来颜色鲜艳，让人有食欲，吃起来更有味儿。在销售的时候这几点使商品卖得更好，这也就是销售手段。

在卖的时候，我将饭装在一个盆里，采用现做现卖，目的是：① 引起消费者兴趣；② 让他们更深一层明白它的做法。寿司在卖场中十分特别，仅此一家，更让消费者感兴趣。在销售手段上采用买得越多越划算的方法，例如：一个一元，三个两元……以此类推，让消费者感到划算。但做得最好的一点我认为还是宣传，使消费者更加了解自己的商品，为消费者推出方案，例如：几个人一起买，先尝后买……都正对消费者的口味。消费者在意的是实惠、划算，要围绕着这一点展开自己的销售。并且，很幸运的一点是，顾客都是学生，学生不会思考那么多，换作大人就得采用不同的方案。因此，这次销售好是因为运气。

但销售有不足的地方，如没有衡量商品销售出的多少，导致供应不足。在最后剩下很多饭却没有紫菜，便售饭十元一碗，而这一碗的分量可以做更多寿司，这些价钱已经翻倍了。下一次的销售中我会更加注意。

总的来说，情况较好。

（三）学段总结考评

除了上述两种考评方式，我们还根据每个学段学习的内容，设计考评表，检查学生学习情况。这个考评表包括学生对自己的评价和家长的评价。这种考评目的一方面是让学生自查自己这一学段学习效果、学习收获；一方面是检测自己财商素养情况，以便查漏补缺。同时，也让家长明白，我们在生活中，不同时期可以培养孩子哪些财商素养。

四、财商课程的评价设计

上面说到，在评价过程中，课程有专门的记录评价量表，对学生的综合表现进行记录和考评。记录方式为 ABC，分别对应优、中、差。根据等级兑换相应的财富币。其中每学月、半期和期末各统计一次财富币数额，评选财富榜十佳。获得财富榜十佳的同学可以发放相应的个人奖金。不管是小组获得的小组奖金还是学生获得的个人奖金，他们在使用的时候都要有一个规划和反馈。小组奖金的使用由团队共同决定。

第（　）周课堂考评表						
学生姓名	上课习惯	课堂参与	个人展示	拓展作业	专项任务	总评

_____组财富币记录			
周次	项目	收支	余额

班级财富榜					
财富榜	姓名	1学月A等个数	1学月B等个数	1学月C等个数	总财富
1					
2					
3					
4					

个人奖金使用反馈

亲爱的同学：

　　恭喜你通过努力登上财富榜十佳，荣获奖金。这笔资金不多，但是凝聚了你的心血和努力，是对你的肯定和鼓励，因而在使用时，你也要好好计划一番，利用奖金给自己带来更多的快乐和收获。

　　1. 你们将如何运用这笔奖金呢？为什么要这样安排，把你们的计划写下来吧？

　　2. 计划赶不上变化，你实际是如何使用的呢？

　　3. 虽然活动金不多，但是正确合理利用，才能发挥它最大的价值，亲爱的孩子们，在使用活动金时你们最大的感受和想法是什么呢？留下简单的记录吧！

小组活动金使用反馈

组名：

亲爱的同学们：

　　恭喜你们通过努力获得了财富榜三强小组，荣获小组活动金。这笔资金不多，但是凝聚了大家的团结和努力，是对大家的肯定和鼓励，因而在使用时，大家也要好好计划一番，利用活动金给小组带来更多的快乐和收获。

　　1. 你们将如何运用这笔奖金呢？为什么要这样安排，把你们的计划写下来吧？

　　2. 计划赶不上变化，你们实际是如何使用的呢？

　　3. 虽然活动金不多，但是正确合理利用，才能发挥它最大的价值，亲爱的孩子们，在使用活动金时你们最大的感受和想法是什么呢？留下简单的记录吧！

A1A2 财商课程结业考评			
考评项目	自评	家长评	总评
1. 我知道买东西需要花钱			
2. 我知道家里的工作能够赚钱			
3. 即便是我很需要买的东西，如果条件不允许，我也会等等			
4. 我知道"想要"和"需要"是不一样的			
5. 我能说出 3 种以上从古到今人们使用过的"钱"			
6. 我知道如何辨别人民币的真伪			
7. 我能认识 3 个以上国家的货币			
8. 我知道最新版人民币有哪些面值			
9. 很多时候，我在购物前都能做到有计划			
10. 我知道钱可以存在银行，会有利息回报，我去体验过存钱			
11. 生活中，我能利用一些旧物制作自己需要的东西			
12. 我知道钱能够帮助别人			

B1B2 财商课程结业考评			
考评项目	自评	家长评	总评
1. 我知道最新版人民币上各种图案和元素的意思			
2. 我知道哪些东西可以拿来收藏			
3. 我知道信用卡就像贷款，提前消费，但是每个月需要还清，不然就要收取利息，影响信用度			
4. 我能说出 3 个国家以上货币和人民币之间的大概汇率			
5. 我能说出生活中 5 种以上职业和他们需要做的工作			
6. 我购买东西的时候能够做到有计划，并且货比三家			
7. 我能够合理支配我的零花钱			
8. 我有储蓄账户，并且经常关注我的盈利			
9. 很多时候，我在购物前都能做到有计划			
10. 在生活中，我知道哪些消费权益是受到保障的			
11. 我知道广告的宣传作用，我不只凭借广告就判断一个产品好坏，我能在一定程度上判断广告的真实度			
12. 我使用自己的钱做过慈善活动			

C1C2 财商课程结业考评			
考评项目	自评	家长评	总评
1. 我知道在哪些情况下货币会增值或者贬值			
2. 我知道 3 种以上现在生活中使用的虚拟货币			
3. 我对将来做什么职业有一个初步构想，并且有一个发展的计划			
4. 我知道 3 种以上形式的促销活动，并能说出 3 种以上促销的原因			
5. 我体验过网购，我能说出网购的利和弊			
6. 我能理智地面对生活中很多捆绑消费，并且在消费时能够有自己的决断			
7. 我了解 3 种以上投资方式，并且清楚它们的盈利和风险			
8. 我有记账的习惯，能够不定期对一段时间现金流进行总结			
9. 我策划过至少一次活动，有活动方案			
10. 我至少做过一次市场调查，我对调查的项目有清楚的认识			
11. 我知道 3 种开展慈善活动的方式，我做过其中一种			
12. 我体验过不同的支付平台，对网络营销的方式有一定了解			

学段考核说明：对于上述各项考评，如果你做得很好，给自己一个五星奖励，如果还需要进步，用三角形提醒自己。家长根据孩子的情况做考评，做得好的项目打五星，还需进步的打三角形。如果自评和家长评都是五星，总评则为五星。十颗星以上"A"等、7~9 颗"B"等，7 颗以下"C"等。

第六章　财商课程的创新发展

一、财商课程的实施成效

（一）将财商课程纳入学校课程体系

自 2015 年 10 月始学校就尝试开设财商课，并以"我的财富我做主"一课拉开了课程培训的帷幕，当即便引起了媒体的高度关注和社会的良好反响。之后，又相继推出了"我是未来好当家""我是买卖小行家""财商贸易实践活动总结课"等系列课程。这些课程从认识了解财富、家庭开支、如何创造财富等方面层层深入地让学生了解和学习财商的有关知识，从而逐步树立正确的财富观。

与此同时，学校结合各年段学生的特点及课程的需要，还策划开展了丰富多彩的系列活动：财商贸易实践活动、争当"小小理财师"专题讲座、"现金流"游戏、"我的压岁钱故事"征文及演讲比赛等。通过这些活动，学生们更加深切地体会到金钱的来之不易和合理规划金钱的重要性，进一步提升了学生的财商。

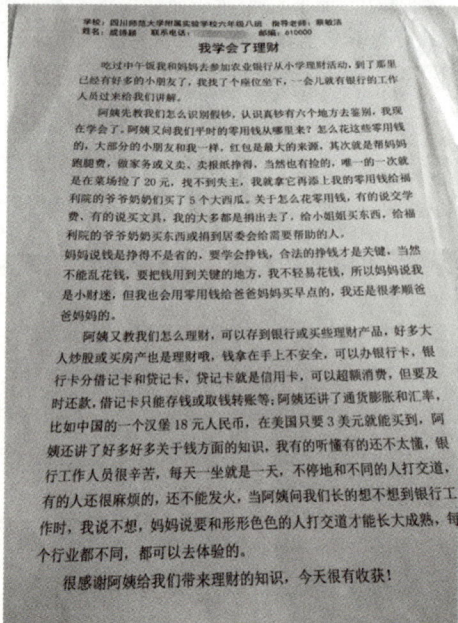

把财商教育纳入学校素质教育之中，使学生快乐、系统地感知和接受知识，这样极大地利于学校对财商教育的开展和推广。这是学校财商教育取得重大成效与影响的一方面。

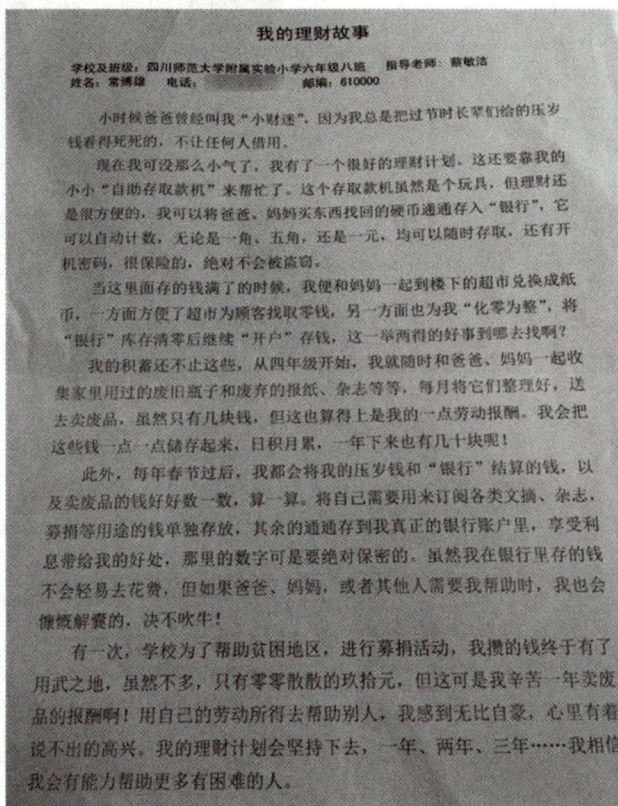

（二）与社会各种力量的有效合作

学校联合各种社会力量进行财商教育，并产生了良好的教育效果。在财商教育培训过程中，学校邀请了某商业银行的经理到学校作专题讲座，同时也和该银行合作开展"争当小小理财师"、参观银行等相关实践活动，让学生从课堂以外尤其是社会中，进一步感受和学习相关财商知识。另一方面，为了使学生将财商知识与现实社会结合起来，学校还和市区某家社会理财培训机构合作，在该培训中心的大力支持下，让学生们切身体验了"现金流"游戏，通过如此生动有趣的活动，也着实将财商课程的影响和效果推进了一个新层面。

所以，与社会各方面力量的联合，一方面可以让学生把所学知识与社会进行结合并更好地感知和领悟财商对个人的长远影响，另一方面又可以扩大学校的力量，使学校的财商教育取得更好的效果。

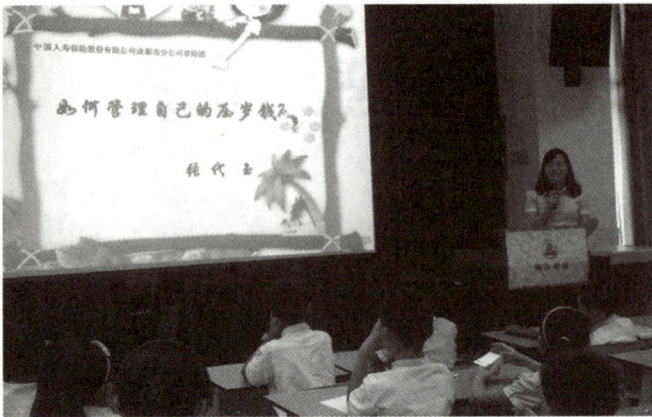

（三）开发相关课程资料和活动方案

在经过两年多的探索实践后，学校财商课程团队编写开发了财商课程的教学设计和班级活动方案，极大地推进了该校初中财商教育实践探索的进程和影响力。在该书籍编撰过程中的第一阶段是由学校主管领导和部分老师对编写的提纲、体例、风格等进行数次讨论，并最终确定。第二阶段进行具体编写任务，在编写的每个故事中既包含了学生身边的事例和生活实际，又涵盖了有关财商的经济学基础知识及理论，诸如人民币、知识产权、慈善、收藏品、理财产品、汇率、保险、黄金等方面内容。第三阶段便是全面的四次修改及插图的创作。此读本可以用作财商教育实施的教案，也可用作学生学习了解财商知识的课外读物。

总之，对于相关课程资源的开发，无论在理论上还是在实践上都对财商教育进行了有益的探索，并取得了一定的成效。学校也还会在此基础上进行进一步深入探索。

二、财商课程的实施限制

（一）国家及政府对财商课程开发重视不足

虽然近年来财商教育已经引起了社会各界越来越多的关注，我国不少的学者也在不断呼吁和宣传财商教育，但财商课程的开发尚未引起国家和政府的足够重视，没有制定相关政策及系统的目标体系。即使部分地区的某些学校也开始尝试财商教育的培训，但由于处于初始的探索阶段，没有系统科学的教材、严密的教学任务及丰富的经验，再加之受传统应试教育和升学率的影响，大部分学校和家长仍然把提高教育质量与学习成绩画等号，对于财商课程也只能虎头蛇尾或流于形式，最终不了了之。虽然我校已尝试将财商课程与其他学科课程放在平等地位，开设专门的财商课，但现阶段很多学校实施的财商课程培训的现实状况是没能够全面铺开进入所有年级的课堂之中，仅仅也就是作为学校选修课。所以，协调应试教育和财商教育之间的关系，也成为学校在未来一段时期中需要进一步思考和解决的问题。

（二）财商师资队伍不够完善

在财商课程实施过程中，教师所起的作用是举足轻重的。但因为没有系统科学的教材和目标及专门系统性培训，现有教师队伍中也不乏自身对财商相关知识和教学经验欠缺等的状况，这也将直接影响到财商课程实施的最终效果。目前财商课程实施教师团队中的核心队伍还需要校外财商机构教师协助指导，教师的财商教育专业发展也尚处在起步阶段。

（三）家长发挥的作用不够突出

在财商课程实施过程中，家长的作用是不容忽视的。因为家庭对学生的成才和发展起着至关重要的作用，家长自身的财商也将直接影响到学生。所以，在财商课程实施中不可或缺的力量就是每个家庭中的家长们了。在学校实施财商课程的过程中，虽然在某些活动和课堂中也邀请了部分家长的讨论和参与，但就大部分家庭中的家长而言，其自身财商欠缺，如何有效地引导学生正确对待、利用金钱等有关财商知识则没有系统全面的宣传和介绍。这样一来，整个财商课程的成效也就会大打折扣了。因此，在发挥家长作用这一环节上学校还需进一步填补空白，以增强财商课程的实效性。

总之，实施财商课程既要结合当时当地的实际，又要以学生现有的特点为依据，开发符合学校实际的财商课程。在实施过程中，绝不能简单地将其等同于节约教育和花钱教育，同时也不能简单化地实施。

三、财商课程的发展方向

（一）注重财商培养的"度"

正在成长的中小学生，并不具备独立固定的经济收入，也不可能自发地形成成熟的金钱和经济方面的意识，但却有着极为强烈的购物要求和消费欲望，一旦得不到外部的有效引导，就有可能导致消费上的盲目、攀比和浪费等不良行为，从而也难以养成熟练的理财技能。

诚然，某些社会因素的负面影响是造成中小学生上述不良行为的一个原因。比如个别媒体对一些富人纸醉金迷生活的津津乐道，社会拜金主义和享乐主义思潮的泛滥，校园外游戏机厅等不良环境的诱惑，对中学生的思想都有一定的腐蚀作用。然而其根本原因，还在于家长和学校对开展财商教育存在认识上的误区。

首先，在财商课程开发与实施中，要注意财商教育的"度"。一方面，我们说要重视学生的财商教育，目的在于培养学生一定的理财意识和能力，但绝不是让学生变为金钱的奴隶，可千万别让学生形成"金钱至上"的意识。任何事物都有两面性，如果一味地强调金钱的作用，而忽视道德上的指引，则会适得其反。过度的财商教育，使学生在金钱问题上过于偏激，或者过于吝啬成为守财奴，或者具有过度的金钱占有欲，等等。比如现在过年封压岁钱给学生，有些学生在家长的不正确引导下，变得过于追求金钱数量，往往以得到的压岁钱数量来评价长辈的爱意。

另一方面，有的家长不愿意和学生谈钱，也不愿意带他们学投资，原因是他们觉得这样会引导学生过度追求金钱。追求财富并不是坏事，但是教孩子们正确地去对待财富才是家长们必做的功课。所以说，我们是要让学生懂得"钱"很重要，钱能"美化"生活，但别让学生以为生活里最重要的就是钱，别让学生以为炒股票比学习、工作都更重要！因为金钱只是一种生活的工具，而不是人们生活的最终目标。

在很多中产家庭中长大的学生们，很少有机会体会到贫困所带来的艰辛。如果家长们能够在这一方面帮助他们有所认识，将对学生未来的成长起到很大的积极作用。从会存钱到会花钱是个飞跃，从会花钱到会让钱"生"钱更是一个飞跃。

通常来说，培养财商、懂得"理财"的目的就是让人在保障财务安全的情况下学会"钱生钱"。小学初中阶段，按照课本上的知识，学生们开始接触什么是货币、什么是价值，进而了解到什么是股票、什么是国债等。尽管这一阶段学生们的年龄还小，但抓住时机，采取理论与实践相结合的方法把他们的财商进一步提高实在是明智之举。因为不论将来他们上什么重点大学或者从事什么工作，都需要"懂财""理财"，会"生财"，这个过程中，还需要明确自己的责任意识。

总之，在小学这个人生观初步形成的阶段，我们在着力培养他们财商。

同时，更要把握住"度"，既引导他们正确地去对待自己可以获得的财富，也教会他们学会分享，学会从精神和物质上给予他人帮助。因为给予也是一种智慧，对社会有所贡献才是个人理财的至高境界。

（二）财商课程多种形式的补充

1. 以班级为单位的创业主体

学校可以考虑在学校、家长的支持下，将每个班作为单位设置创业主体。这一个班就像一个小小的公司，班主任或者邀请家委会成员，甚至学生担任董事长，成立董事会，对下面的部门进行合理的分工。通过市场调查、宣传设计、成本预算等，找到班级可以创业的项目，比如保洁、快递、书店、电影院等，让每位同学在各自的岗位上都能施展自己的才能。班级与班级之间还可以合作，进行业务往来。在这个过程中，学校可以模仿相关机构，用一些代币来作为流通的货币。每个班级主体、每位教师学生都可以通过完成一些任务来获得相应代币。

2. 校园财商主题日

每个学期，学校都会开展各种活动，类似于设立校园开放日，学校还可以设立校园理财主题日，向学生宣传理财知识。邀请在此方面有经验的学生家长来现身说法，把自己家庭中培养子女理财能力的方法介绍给大家。也可请专家来指导，帮助学生提高理财技能。其实，现在许多银行都曾开展过这样的活动，学生和家长也都非常期待这样的机会。

3. 网络财商培训

随着网络技术的发展，大可以利用网络资源，使原本无法实现的想法有了可操作性。比如财智人生网站，理财意识的培养对各种年龄层次的人提供了不同的财商培养项目。主题是：财商训练——开启你的财商智慧，唤醒你的理财天赋；个人探索——了解自己发掘优势，经营自我规划人生；感恩责任——珍惜现在活在当下，敢于承担勇往直前。具体内容有：培养认识财富先机的能力，财商入门观念和知识的积累，模拟现实的实战游戏体验，驾驭幸福人生的初次认识课程，等等。

网络记账也是当下时髦的理财方式，不论年龄、学历、收入，都可以将自己的支出和进账记录在网络提供的平台上。记账能对自己的收支作出分析，了解哪些支出是必需的，哪些支出是可有可无的，从而更合理地安排支出。人气较旺的记账网站像中国账客网 http://www.jizhangla.com/、钱宝宝 http:

//www.bbcash.com/等都提供这样的服务。我们可以将这些记账方式介绍给学生，学生在网站上记账后，很快就能发现自己平时的一些不合理的消费习惯，并通过网上其他账客的介绍，接受到许多理财方面的经验，从而得到理财观念的迅速提升。

课程的研究还处于一个起步摸索阶段，不同的地区因为学校特色和家长、学生情况不同，财商课程开发与实施的经验推广也会具有一定的限制性。但是本课题组将围绕着"核心素养"目标，重视学生财商素养的培养，力图培养适应社会经济时代发展的合格公民。

附录 教师论文

中小学开展财商教育的思考和策略

四川师范大学附属实验学校　黄伟

财商教育在我国教育界是一个崭新的研究领域，从宏观层面看，学校许多教师本身既缺乏科学财商知识，又缺乏相应的财商教育教材和经验，不知从何入手。因此，着力开展具有系统性、层次性的财商教育就成为一项十分有意义的工作。

一、我国中小学生财商教育的现状

1. 学校财商教育苍白

在我国的中小学教育中，勤俭节约历来是学校德育的重要组成部分，并且也是平时思想品德课、主题队会的教育内容。但是作为具有时代特征的"财商教育"，在学校德育中却很少涉及。有些城市虽然开展了如"红领巾小银行"存储等活动，但只是银行增加存款，学生压岁钱得以存储的一项活动，远远没有达到德育教育的目标。到目前为止，还没有学校把学生财商作为一门课单独开设，教师在课堂中渗透财商教育更是少得可怜。教师对学生中存在乱花钱等不正常消费现象，也仅仅是草草教育一下而已。究其原因，最主要是广大教育工作者对财商知识了解甚少，对财商教育理解出现偏差，甚至有教师认为财商教育不是自己的教育范围。这就难免导致财商教育在实施德育教育中出现严重失衡。

2. 家长财商意识缺乏

家庭教育往往对学生的成长中起着至关重要的作用，父母的思想言行往往影响着孩子的生活习惯。长期以来"视钱如粪土"的思想，使我国家长的财商意识总是显得消极或者有失偏颇。很多家长把财商与存银行、按计划花钱等概念等同起来，很少注意财商还是累积存储和投资再生的元素。正因为如此，家长很少在这方面教育学生，培养他们的财商意识。就学生的压岁钱为例，据调查，有 1/3 学生的压岁钱是由父母代为保管；大概 1/3 学生的压岁钱由父母操办，以学生的名义存储，由父母留一大部分，再由学生自己支配一小部分；而真正完全让学生自己单独支配存储的不到 10%。当然，钱不让学生经手，学生就没有机会锻炼自己的财商能力。

3. 学生财商能力低下

在我国的中小学生中，有了钱如何计算着花，在很多学生头脑中很少去考虑。比如，一次性花光了家长给的所有钱；家长给的早饭钱，刚出门便买了冰激凌、口香糖等；不顾自家的经济能力相互攀比、任意挥霍浪费等，这些现象普遍存在。据了解，大部分学生从来没有做过花销计划和花钱记录，能够有节制地花钱的学生往往是因为家庭经济拮据，并没有真正懂得勤俭节约的道理。分析其原因，因缺少对学生的计划钱财、管理钱财、投资钱财的教育，学生没有树立起正确的金钱意识，更没有学会一些花钱的艺术和挣钱的本领。

二、国外中小学生财商教育的启示

1. 英国财商教育理念为"能省的钱不省很愚蠢"

英国人给人们的印象是过于保守，这种作风体现在财商教育方面则表现为：英国人更提倡理性消费，鼓励精打细算。所以，英国人善于在各种规定里寻找最合适的生活方式。作为发达国家的国民，英国人的这种精打细算不完全是为生活所迫。虽然英国税率和物价都很高，但是人们的生活水平并不低。英国人的平均工资折合人民币计算，每人每月能挣3万多元。尽管如此，他们认为能省的钱不省很愚蠢。尤其善于财商的英国女性，年轻的时候，她们积蓄钱财，省吃俭用，热衷于在各地购买房产。退休后，将多余的房产出租或出售，获得大量收入。

英国人把他们这种财商理念通过家庭、学校和社会传授给了下一代。财商教育在英国中小学的不同阶段有不同的要求：5岁至7岁的儿童要懂得钱的不同来源，并懂得钱可以用于多种目的；7岁至11岁的儿童要学习管理自己的钱，认识到储蓄对于满足未来需求的作用；11岁至14岁的学生要懂得人们的花费和储蓄受哪些因素影响，懂得如何提高个人财商能力；14岁至16岁的学生要学习使用一些金融工具和服务，包括如何进行预算和储蓄。

2. 美国财商教育信条是"要花钱打工去"

现在，给学生讲授财商之道已经成为美国中小学教育及家庭教育的热门话题。美国人认为，在市场经济和商品社会中，一个人的财商能力直接关系到他一生的事业成功和家庭幸福。为此，美国父母希望学生早早就明白勤奋与金钱的关系，把财商教育称之为"从3岁开始实现的幸福人生计划"。一般的美国人都没有"铜钱臭"的思想，他们鼓励学生从小就工作挣钱，并教导小孩通过正当的手段赚取收入。美国每年大约有300万中小学生在外打工，他们有一句口头禅：要花钱打工去！这样能使学生认识到：即使出生在富有的家庭里，也应该学会自立，应该有工作的欲望和社会责任感。

现代美国家庭的儿童越来越少，但父母投资在子女身上的费用却愈来愈多。有感于学生未来面临的挑战有增无减，美国的大多数家长形成了这样一种共识——要让学生赢在起跑线上。因此，除了让子女具有良好的学历与一技之长外，更重要的是要提高子女的财商智商，培养一个可以经济独立、财务自由、创造财富、面对未来的成功者。在美国，即使非常富有的家庭也不会随意给学生零花钱。洛克菲勒家族是世界上第一个拥有 10 亿元财富的美国富豪，尽管富甲天下，但从不在金钱上放任子女。洛克菲勒家族认为，富裕家庭的子女比普通人家的子女更容易受物质的诱惑，所以他们对后代的要求比寻常人家更加严格。家族中流传的"14 条洛氏零用钱备忘录"，即家长每周给学生零花钱 1 美元 50 美分，最高不得超过每周 2 美元，而且每周核对账目，要他们记清楚每笔支出的用途。领钱时要交给家长审查，如果钱账清楚、用途正当，下周增发 10 美分，反之则减。洛克菲勒通过这种办法，使学生从小养成不乱花钱的习惯，学会精打细算和当家财商的本领。他们的学生成年后都成了企业经营的能手。

3. 日本的财商教育着重在"小鬼当家方知柴米贵"

在日本，财商教育是从娃娃开始。战后，日本经济飞速发展，日本人疯狂投资、投机、拜金，一度被人们揶揄为"经济动物"。20 世纪 90 年代，随着泡沫经济崩溃后，日本经济一蹶不振。在饱经风霜之后，财商、持家、经营方面的常识已深入人心。日本人认为，国民素质的提高取决于教育，所以他们十分注重培养青少年的财商意识，使学生们熟悉财商、亲近财商和热爱财商。日本人讲究家庭教育。父母从小要求学生遵守原则，比如自立求生、不给别人添麻烦等。在金钱管理方面，他们教育学生不能随便向别人借钱，主张让学生自己管理自己的零用钱。在给学生买玩具时，无论高收入的家庭，还是低收入的家庭，都会告诉学生玩具只能买一个，如果想要另一个的话就要等到下个月。等学生渐渐长大后，有些家长会要求学生记录每个月零花钱的收支情况，那叫"零花钱小账本"。在日本，每个学生都有自己的小钱包，如果他们节省使用，加上每年得到的压岁钱，那么几年下来，就是一笔不小的储蓄。

日本的学校不仅把财商教育摆在了重要的位置上，而且率先将它付诸实践。世界最大的民间非营利机构——青少年成长中心，在日本教育部、品川区政府和世界顶级金融机构——花旗集团的资助下，首次在日本办起了一个"学生城"。繁华的商业街被搬到了学校里，学生们在城中的银行、便利店、公司中努力"工作"，作为社区一员，一丝不苟地履行着自己应尽的义务和责任。在工作中让学生们对大人的世界、赚钱的甘苦有了初步的了解，为将来的健康财商打下坚实的基础。

三、对我国中小学生财商教育的思考

1. 提倡财商教育进课堂

据了解，我国大中城市的中小学校已开始注意到青少年财商教育的必要性和重要性。如上海市，小学思想品德已开设"不乱花钱""商店购物""储蓄和保险"等课程内容，中学社会学科内容也已涉及消费、金融等领域。但就总体而言，情况不容乐观。一是普及面窄，受教育的人数有限；二是没有形成系统的财商教育；三是起步迟、起点低，如娃娃财商教育、幼儿财商教育基本无人关注。我国中小学财商教育应规范、有序地开展。首先，要编写出图文并茂、事例生动的财商教材。教材内容可包括储蓄小知识、怎样购物、如何退货、支票、信用卡、个人所得税、保险、股票等知识。其次，开设财商教育课，使财商课程化、经常化。最后，在实践教学的基础上，不断完善教学内容，还可以吸收国外中小学财商教材中的一些有益内容。

2. 鼓励财商教育与生活实践相结合

财商教育的理论如果能够与实践结合起来，往往能达到很好的教学效果。有条件的学校可以在这几方面努力：一是开办"财商实习小银行"。学校鼓励学生把零花钱存入银行，缺钱买学习必需品的学生可向小银行贷款，从而培养学生节约用钱的好习惯。二是组建少儿环保公司。鼓励学生把收集到的废品卖给少儿环保公司，经公司分类集中后，再卖给社会上的废品收购站。这样既培养"钱要靠自己挣"的观念，又培养了环保意识。三是设立"证券公司"。开设"模拟股市"课，学习股票发展史、开户、交易、印花税、佣金等知识，并进行实际操作，搞模拟炒股，按每个交易日股市行情进行交易。每周结算一次，算出"股民"收益和亏损。

3. 把财商教育融入社会生活中

国外财商教育的经验表明，社会生活是财商教育的大课堂，在财商教育中应该充分利用好这块资源。一是让学生参与家庭财商。家长可以告诉学生家中的钱是怎么花的，帮助学生了解该如何掌管家庭的"财政"。甚至可以利用周末，每周让学生当家一天，掌管家庭"财政"。二是参与勤工俭学活动。鼓励学生外出做一些力所能及的工作，如帮助广告公司、商家散发广告单，参加一些公益演出活动等。三是参与社会投资。帮学生尝试购买一些债券，让学生体验一下做债权人的滋味。当学生上初中和高中以后，可以鼓励他们把课堂上学到的股票交易知识运用到实践中去，既可以做父母炒股的参谋，又可以自己亲自炒股，从而对投资与报酬之间的关系产生一些感性认识。

（2014 年 11 月发表于《华中科技大学学报》社会科学版教学研究卷 2014年第三期〈独著〉，刊号：ISSN1671-7023）

立足班级开展财商教育

四川师范大学附属实验学校　　刘燕

　　儿童财商教育应从小培养，家庭教育起着重要的作用，我所教的学生处于小学高段，他们收到的财商教育如何呢？在班级管理中，我发现班上学生每天都有带零花钱的习惯，他们是走读班的学生，在学校不用花钱，放学又直接回家，这些零花钱怎么花呢？为了避免学生乱花钱，我经常了解他们一般都用于干什么。有部分学生是放学要坐车，或者买学习用具；有的学生要在外边买一些零食，还曾出现向同学买小玩意儿的情况。因为学生们家庭都比较富裕，对于金钱，没有珍惜节约的概念。我印象很深的是有次义卖中，有个同学竟然花了50元买了一个小飞机模型，玩了一会儿弄坏了，直接丢进垃圾桶了。针对这些现象，我在班级中开展了一次家庭零花钱调查，了解家庭教育中学生是否获得过财商方面的教育。调查显示，这个阶段的学生绝大部分有自己支配的零花钱，能够独立消费。对于我们毕业班来说，这种情况尤为明显。但在家长意见一栏，大家都觉得目前学生需要在勤俭节约、合理规划钱财方面来进行财商教育。我将财商教育纳入了日常班级管理中，并抓住各种班级活动的契机，开展财商教育。

　　结合班级活动开展财商教育。① 学校活动——感恩活动月。2013 年 11 月是我校感恩活动月，以前都是从情感上引导学生感恩父母为我们付出的爱，结合着本研究财商课程实践，我们围绕着感恩开展了"算算亲情账，感知父母恩"的活动，让学生们回去算一算这一年父母在自己身上花了多少钱，并写下自己的感受。从反馈表情况看，学生们一年在教育、医疗、生活等方面的开销少则几万，高的竟有10余万，六年级的学生对金钱数量也有一定概念，也知道父母挣钱的辛苦，可是平时零散的小数额的开销没有注意，通过这个统计活动，纷纷表示很惊讶，通过他们的反馈，可以看出这个活动让学生明白了"积少成多"的概念。根据学生的调查反馈表我们设置了一、二、三等奖，结合着这个活动的契机，我们把奖品定为奖金，分别为15元、10元、5元，用以为父母购买感恩礼物。"如何利用奖金"是我们接下来开设的财商活动。第一步：引导学生明白金钱是有限的。第二步：思考这笔有限的奖金可以买到什么，并进行规划，让学生明白"计划消费"的意义。第三步：记录和分享。通过社会实践，总结一些消费的学问——货比三家、打折、优惠方式，除了要考虑实惠以外，还要尽最大限度考虑家长的需求，明白影响消费的一些隐性因素，并努力发挥这笔奖金的最大价值。② 班级活动——乒乓球联赛。我们班的班队会活动一般都由学生来承担策划，上学期，他们热衷于打乒乓球，于是便组织策划了一场乒乓球联赛。结合这个契机，我将奖品金额的预算和购买纳入了他们的策划方案中，奖品的设置一等奖、二等奖、三等奖各一名，参与奖若干名。奖品总金额的预算，资金的规划，奖品的购买。这个活动和感恩活动奖金的利用优点类似，需要计划消费，运用平时交流的消费的学问，去购买性价比最高的奖品。通过这个活动，培养了学生分配资金、计划消费的意识。③ 学校社会实践活动——六一义卖。利用学校这个大型的社会实践活动，我们对于六一义卖进行了非常详密的活动策划。我们把这个定义为卖场经营，我们班就像一个小小的公司。我们分为了几个部门，每个部门有相应的职能。食材成本调查与采购培养了学生市场调查的能力，并且提高了在消费的时候分析商品性价比的能力，同时也明白不是价格最低就能获得最高利润，还要考虑到食材的新鲜度、质量等，都会对商品的营销产生影响。成本预算和价格拟定，根据商品的市场行情拟定价格。这个活动也让他们明白，成本的预算、价格的拟定不能只看原材料的价格，还要看中间一些隐性的投资，比如人工投资、损耗等。财务部记账，他们并不陌生，因为在我们调查了学生们家庭零花钱财商后，就给学生们推荐了账本记录零花钱的方法。通过这次的财务记账，他们明白了会计账务中"借"和"贷"的含义，也更加体会到账本记账对财商的意义。销售部设置了几个区，并且几个区要进行比赛，看看哪个区盈利最多。这个环节让他们明白什么叫作"利润"。通过这个大型的义卖活动，从采购到营销，学生们学到了很多东西，明白了创业投资不仅要规划资金，还要了解市场各方面行情，计算成本与利润。④ 毕业班会课——我的人生规划。快毕业了，学生们对未来充满了向往。为此，我们开展了"我的人生规划之 20 年后的我"班级活动，他们除了规划自己今后会走什么路，成为什么，还要明白在这个过程中需要投资什么。投资财商通常指对于钱财方面的，对于实现理想的投资有显性和隐性两方面：一方面是父母为他们投资的教育经费，除了这些显性的投资，我们还有一些隐性的投资。现在付出的努力，就是为我们的梦想投资。对于即将毕业的学生来说，懂得规划自己的人生，为自己的梦想投资是一个重要的课题。

创业需要投资，还需要储蓄，活动中，我们假设了一个问题，10 年后，很多学生就要面临大学毕业，学生们思考：从现在开始，我如何为 10 年后的自己积蓄创业基金。活动第一步：学生们先统计了自己的零花钱数量。第二步：通过什么方式，能够不断地积蓄自己的创业资金。学生们自然谈到了银行储蓄，我以当前中国银行的利率为例，让学生们计算十年后的盈利。再拓展学生们的眼界，使他们了解余额宝等新型储蓄方式，以及基金、股票等投资方式。

（2014 年 11 月发表于《华中科技大学学报》社会科学版教学研究卷 2014 年第三期〈独著），刊号：ISSN1671-7023）

关于小学低段儿童财商与数学学科整合的思考

四川师范大学附属实验学校　　　周霞

【摘要】财商是继智商、情商后，现代社会所必备的又一大基本素质，关系到树立正确的财富观和价值观，适应和驾驭现代社会经济发展生活。而财商教育并不仅仅是成人所需要的，更应从学生抓起。我国的儿童财商教育尚不及欧美等国家发展成熟，应结合社会、学校、学生的实际情况，从已有的课堂学习中，以数学为例，整合儿童财商课程，发展学生的财商素养。

【关键词】小学低段；儿童财商；数学学习

随着社会经济的不断发展，财商能力就是生存能力。财商教育越来越被重视，什么是财商呢？财商是指一个人认识和驾驭金钱运动规律的能力，是财商的智慧，包括观念（想不想）、知识（怎样想）、行为（怎样做）三个层次，三者相辅相成，缺一不可。而财商教育是转变对财商的观念，教给财商的相关知识和方法，提高人们的财商手段和能力。根据目前国内财商教育的发展，儿童财商是比较缺失的部分。为什么财商教育要从儿童抓起呢？

一、儿童财商教育的必要性

1. 青少年犯罪的诱因之一

调查显示，未成年罪犯的零花钱明显高于普通未成年人。在零花钱的用途上，未成年罪犯犯罪前零花钱越多，出入歌舞厅、游戏厅、网吧等场所的频率越高。在所有未成年人的罪犯中，因抢劫、盗窃等与"钱"有关而锒铛入狱的占到全部未成罪犯的 70% 以上。这些未成年人之所以走上犯罪道路，在很大程度上是因为他们从小没有得到良好的财商教育，没有树立正确的金钱观。造成的原因是：第一，家庭因素。父母总想给学生创造优渥的环境，在物质上尽量满足学生，而忽视对学生进行家庭实际经济情况、金钱来之不易的教导，导致学生对钱财的获取、使用都抱着无所谓的态度。第二，社会因素。现代社会中对于"拜金主义"的渲染潜移默化地影响了学生的金钱观、消费观，在攀比或商品促销中迷失自己，甚至当对金钱的膨胀没有得到满足时，采取不合法的方法获取。

随着家庭收入的增加，学生的压岁钱或零花钱也在"水涨船高"，这虽然是父母长辈对学生爱的一个体现，但无疑也给了学生一个巨大挑战：钱用来做什么？怎样合理安排钱？而对于年龄更小的小学一、二年级的学生来说，钱意味着什么？怎样看待金钱？这些问题都成了一个刻不容缓的教育问题，青少年因为金钱犯罪的问题也急需在儿童时期得到良好的财商教育来加以缓解。

2. 素质教育的要求之一

国家教委《关于当前积极推进中小学实施素质教育的若干意见》中指出："素质教育以全面提高学生的基本素质为根本宗旨，着眼于受教育者及社会长远发展的要求。"《中共中央国务院关于深化教育改革全面推进素质教育的决定》（1999年6月全国第三次教育工作会议讨论通过）鲜明指出素质教育的内涵：以培养学生的创新精神和实践能力为重点，做到德、智、体、美育的有机统一，促进学生全面和健康成长。《国家中长期教育改革和发展规划纲要（2010—2020年）》更是提出"坚持以人为本、全面实施素质教育"的教育改革发展战略主题。总体来说，素质教育重视人的能力培养和个性发展，旨在提高受教育者的综合素质，而财商教育是培养人的财商素养，关系到人一生的发展，其内在本质和最终目的是跟素质教育一致的。

财商教育能培养儿童正确认识金钱，了解财富，尊重和善用财富，形成正确的财富观和价值观；财商教育能根据儿童的认知和经验教给学生适当的财商知识，使他们学会通过自身努力创造财富；财商教育能引导学生养成"君子爱财，取之有道"的习惯，勤俭节约。这些都符合素质教育培养学生全面发展的理念，素质教育下，儿童财商教育的实施是顺应时代发展的。

二、儿童财商与数学学科整合的必要性

儿童财商教育虽然逐步得到社会各界人士的重视，但是实施过程中不可能完全照搬国外的经验，除了家庭中实施财商教育以外，学校教育也是开展儿童财商教育的主要途径，应结合我国的实际情况，有针对性地设计合理的学校课程。我认为，整合数学学科是开展低段儿童财商教育的有效方法之一。原因如下：

1. 我国儿童财商教育的现状

受传统"士农工商""君子喻于义，小人喻于利"等思想的长期影响，我国的儿童财商教育起步晚，对金钱的认识本身就存在偏颇。虽然随着社会经济的发展，大家的理念有所转变，但仍然只停留在财商方法的传授，而忽视对财商理念、价值观的引导。基于以上种种，大部分学校要么没有开展财商教育，要么将开展中小学财商教育等同于财商方式方法的传授，只注重课堂教学而忽视了活动教学，空洞说教多，实际操作少。财商教育具有较强的实践性和社会性，不能脱离于日常生活以及已有经验和相关知识，再加上中小学生的年龄特点，封闭式的课堂教学方法很难奏效，必须寓教于乐，开展形式多样的财商活动，让学生在活动中消化和巩固财商知识。

2. 我国教育投入和学校课程设置

《国家中长期教育改革和发展规划纲要（2010—2020 年）》中提出，2012年国家财政性教育经费支出占国内生产总值的比例要达到 4%，但这一比例仍低于 4.5% 的世界平均水平。国内整体教育投入水平偏低，用于财商教育的投入自然就更短少了。另外，我国学校长期追求高分教学，受升学模式的挤压，学校教育的主要精力用于培养学生的智育而忽视财商教育和人际交往能力等方面。基于以上两点，学校开展专门的财商课程资金投入、师资力量都有待进一步提高，而将财商课程与学校已有学科整合，是在不增加课程数量的前提下，将财商课程渗透到现在学校课程中，既降低教育成本，又能使各科教师根据学科自身特点，适时在教学中渗透财商教育，操作性强，学生易于接受，从而培养学生的财商素养。以一、二年级数学为例，教材内容中包含了对人民币的认识、运用等方面的知识，可整合低段儿童财商课程应达到的目标，在教学中渗透，具体做法在后面会主要介绍。

3. 儿童的认知能力发展

著名儿童心理学家皮亚杰把认知发展视为认知结构的发展过程，以认知结构为依据区分心理发展阶段。他把认知发展分为四个阶段：

第一阶段：感知运动阶段（0~2、3 岁）；

第二阶段：前运算阶段（2~6、7 岁）；

第三阶段：具体运算阶段（6、7 岁~11、12 岁）；

第四阶段：形式运算阶段（11、12 岁至以后）。

小学低段儿童正处于具体运算阶段，这一阶段儿童的认知结构由前运算阶段的表象图式演化为运算图式。具体运算思维的特点是：具有守恒性、脱自我中心性和可逆性。皮亚杰认为，该时期的心理操作着眼于抽象概念，属于运算性（逻辑性）的，但思维活动需要具体内容的支持。这一阶段儿童的认知发展特征正是接触财商内容的重要时期，教师应着眼于抽象概念的形成，重视数学知识与财商课程的整合，将具体与抽象结合，在实践活动中，运用数学知识，寓教于乐，知行结合，既掌握了相应的数学知识，又提高了财商课程。

三、如何整合

小学低段的财商课程不是以传授财商知识为目的，更重要的是引导学生认识金钱，合理消费，树立正确的财商观念。小学低段的数学知识具有基础性、趣味性的特点，鼓励学生通过发现、讨论、合作、交流等方式学习新知，从两者的内容、目标和获取知识的途径来看，有共同的地方。因此在不增加儿童学习负担的情况下，将两者整合，梳理一、二年级财商与数学学科交叉内容与学习方法，设计合理的数学财商活动，在做中学，在做中玩，既运用了数学新知，又促进了低段儿童应具有的财商能力的发展。

具体做法如下：

（一）设置小学低段儿童财商课程教学目标与内容

第一阶段：认识钱的来源和用途。

了解货币的职能→货币的产生以及发展→认识货币（包括人民币、国外货币、纸币硬币等）→使用人民币购买物品→参与家庭部分开支的讨论。

第二阶段：获取和合理消费零花钱。

获取：与父母协商零花钱的申领额度；

制定一定的家务报酬清单，通过完成某些家务获取零花钱；

设计和参与某些力所能及的获取零花钱的活动。

合理消费：区分想要和需要；

制作收支表；

制作某次活动的预算；

申领儿童银行卡。

（二）梳理小学低段数学课程中与财商相关的内容

一上：20以内进位加法，不退位减法

一下：20以内退位减法，100以内加减法 ┤计算开支、结余等

二上：乘除法

二上：认识人民币 ┤生活中的购物以及合理消费

二下：调查与记录

（三）整合方法

结合低段儿童财商的内容与目标以及一、二年级的数学教学内容，发现两者是相互渗透的，使得学生在学习学校必修课程的时候能接触到基础的有价值的财商课程，同时生活中财商知识的运用也有助于数学知识的巩固与加强。可以两种方式整合低段儿童财商与数学学科：

1. 教学设计整合

通过设计实际课例整合。寻找两个课程中共通的地方，结合数学课程标准以及儿童财商目标，设计主题突出、目标明确、过程清晰有趣的教学案例。其次，通过磨课、讨论、修改、反思，收集学生的各项反馈以及形成高效的

可操作的典型课例。可根据实际教学内容将课例分为：① 两节课，同一主题，如：第一节课设计为"认识货币"（财商课程），第二节设计为"认识人民币"（数学课程），两节课存在着一定的包含关系，货币的认识包括其职能、发展史等的认识，人民币属于一种货币，数学课可以引导学生区分每一种面值的人民币，并进行简单的换算。② 一节课，同一方法，如：数学课学习"100以内加减法"中可渗透财商课程关于钱的价值，并用钱进行计算的练习。又如：关于合理消费，可以与数学课中的"统计与概率"整合，通过统计得出哪些物品需要购买，哪些物品购买多少等结论，设计预算，合理开支。课堂学习是学生接受知识的重要手段，将数学知识与财商知识在课堂上有效结合，促进学生的全面发展。

2. 实践活动整合

结合儿童的认知发展，具体的操作实践活动更有利于儿童发现和掌握知识。因此在设计数学操作活动时，可将儿童财商内容渗透其中，开展形式多样的特色活动。比如：二上数学课程"班级旧货市场"，邀请学生将自己的旧玩具、旧书、旧文具等物品带到学校，自己标价买卖，既运用到数学知识——人民币的计算，又感受到市场经济，体会到货币职能，更有学生在其中巧妙买卖，赢得收入，培养商品意识。又如：组织班级学生记录班级费用收入与开支，用到"统计与记录"的数学知识，从中分析收支比例，对比需要买与想买，逐渐培养学生的用钱意识和合理消费意识。除了课堂上的实践活动，也可延伸至校外，比如：组织学生卖报纸、做一月家庭财商小达人等。这些活动既结合了学校所学知识，又联系了实际生活，学生乐在此中并有所收获，数学知识与财商知识齐头并进。

儿童财商教育是实现全面教育的重要方面，学校教育中整合数学学科发展儿童的财商能力，是符合当前实际情况的。同时，也可以借鉴国外财商教育，发动社会和家庭积极参与，提高学生的财商能力，培养学生正确全面的价值观。

（2016 年 6 月发表于《华中师范大学学报》自然科学版教学研究卷 2016年第三期〈独著〉，刊号：ISSN1000-1190）

小学数学教学中渗透对学生财商课程教育的探究

四川师范大学附属实验学校　杨紫伶

【摘要】伴随中国社会经济的飞速增长和人们素质的不断提高，"财商教育"已成为人们关注的话题。但金融知识的教育和传播，财商技能的培养，并没有得到与之相适应的发展，这些问题都是值得我们每个人去思考、去探索的。提升学生的财商素养，使之更好地适应未来生活，知道如何聪明地花钱，做好财务规划，养成健康的财务习惯，已成为当前小学教育的重要课题之一。因此，对学生进行财商教育有着不可估量的潜在作用，应当作为一项必要的生活技能和终身学习的课题，从小抓起。

【关键词】小学数学；财商课程；财商教育

在经济高速发展的当今社会，越来越多的父母对儿童的财商指数愈来愈重视，家长希望自己的小孩在成长过程中能够掌握必要的金融基础知识，树立良好的财商观念，并奠定下财富基础。不论是数学还是财商，最终目的都是为了生活服务。注重财经教育，能使学生更好地树立正确的价值观和生活观，在活动中锻炼培养数学与财商思维也就卓有成效。

PISA2012 对财商课程的定义是："财商课程是关于财经概念和风险的知识和理解力，以及运用这些知识和理解力的技能、动机和信心，以便在广泛的财经背景中做出有效决策，提高个人和社会经济利益、参与经济生活。"财商课程与学生的数学素养密切相关（当然学生在财商课程评估中的表现，是多种学科教育结果的体现），一定级别的数学能力对于财商课程是必需的。

小学数学教育的终极价值，不仅要传授知识与技能，还有培养能力。这种能力从根本上说，是培养学生提出问题、分析问题和解决问题的能力，开拓学生头脑中的数学空间，进而促进学生的全面发展和提高。具体而言，义务教育阶段的数学"强调从学生已有的生活经验出发，让学生亲身经历把实际问题抽象成数学模型进行解释与应用的过程，进而使学生获得对数学理解的同时，在思维能力、情感态度与价值观念等多方面得到进步与发展"。如何在数学教学中渗透对学生财商的培养呢？我做了以下几点探索。

一、让学生了解什么是"财商"

先看个发人深省的小故事——美国小孩问爸爸："我们家有钱吗？"美国爸爸说："我有钱，你没有。"中国小孩问爸爸："我们家有钱吗？"中国爸爸回答："我们家有很多钱，将来都是你的。"

在美国人的心里，有一个共识——在诸多成功中，赚钱最能培养一个人的成就感和自信心。只有鼓励学生依靠自己，才能让他们尊重劳动，不坐享其成。

难道学生明白要努力赚钱就一定财商高？并不如此。《富爸爸，穷爸爸》作者罗伯特·清崎就说过："若不具备足够的财物智商，不了解金钱运转规律，就没有准备好进入现实世界，因为这个世界里会花钱将比会省钱更受到重视。"

也就是说，所谓财商，是指创造财富的能力、掌管财富的能力。通过创造和管理让自己的人生更幸福、更健康、更快乐，拥有更多选择权的能力。

少儿财商则是青少年儿童与生俱来对价钱的识别和认知能力，从少儿时代开始培养财商意识，对金钱的分配、使用、管理能力都可以通过多方面来实现。

作为现代数学教育工作者，应当在平时的互动教学过程中，潜移默化地、有计划、有目的地对学生进行财商教育。尤其是财商素养和财商能力的培养。财商教育是一种综合生活素质能力教育，它不仅是财富能力的教育，更是一种品格教育和责任教育。通过对学生进行财商家庭教育和学校教育的结合，培养学生正确的金钱观念和基本的财商技巧，这种教育最务实、最实际，它能够解决学生在实际生活中面临的关于金钱与财富的问题，使学生在成年后能迅速找到社会和个人之间的平衡点，适应商品社会的要求，逐步实现个人事业和生活的完满。

二、让学生区分"需要"和"想要"

在数学教育的初期，应当帮助学生初步建立财富观念，让学生体会到底什么是自己需要的，什么是自己想要的，从而指导自己理性消费。我们通常所说的"需要"是指日常维持人们正常生存的物质条件，是人们赖以维持生命延续的必需品，它是促使人们产生购买行为的原始动机，是市场营销活动的源泉。人类需要是丰富而复杂的，主要包括生存需要，如食品、服装、房屋、药品、安全等；社会需要，如归属感、影响力、情感、社交等；个人需要，如知识、自尊、自我实现等。这些需要不是由企业营销活动创造出来的，而是客观存在于人类本身的生理组织和社会地位状况之中的。而"想要"则是建立在不同的社会经济、文化和个性等基础之上的需要，是自身认为要拥有的物质上的和精神上的需要，是对消费者个体而言的，具有特性。

学会区分想要和需要是学生财商教育的一个重点，从生活中和学生有关的物品开始思考，让学生在理性消费的基础上自主决定自己的消费选择，明白"资源有限、欲望无穷"的道理。也就是俗话说的：把好钢都用在刀刃上。

三、让学生学会怎样理财

新课程理念要求："教学活动必须建立在学生已有的认知水平和已有的生活经验基础之上，尤其是数学。"因此，课堂教学要联系学生的生活实际，把学生的生活经验作为一种重要的课堂资源加以开发，以丰富课堂教学，使之与教学内容、教学目标产生良性互动。由此看来，在小学数学教学中渗透对学生的财商教育，能更好地实现数学知识与财商素养二者的畅通、互补与融合。

财商教育归根到底是培养学生的思维方式，更是一种人格和责任感的教育。在小学数学教学中渗透对学生财商课程的教育，就显得尤为重要。因此，为了更好地提升学生的财商课程，就需要父母和老师在生活中一点一滴用心引导，从而让学生拥有正向积极的幸福人生。用金钱奖励成绩，久而久之学生会习惯用金钱衡量一切，导致拜金主义，与财商教育初衷背道而驰。

数学教材是教师教与学生学的重要依据，它虽不是唯一的课程资源，但仍是主要的课程资源。而现在的数学课本对于学生财商意识和财商能力培养的内容相对较少。所以，不能机械地再现数学教材，被动地适应数学教材，而应做教材的开发者、创造者，让教材更贴近学生，以此强化学生的财商意识和能力。

那么，如何在小学数学教学中渗透对学生财商课程的教育呢？为此我做了如下一些思考与探索。例如在数学开放性教学中，对于低段的学生：

（1）可以引导学生认识货币，包括大额人民币和小额人民币；

（2）学会元角分之间的兑换关系，能观看商品价格标签，和自己的钱比较，确认自己的购买能力；

（3）明白钱是通过劳动得到的报酬，并正确进行钱货交换活动。

对于中高段的学生：

（1）可以引导他们了解有关储蓄的知识，懂得在银行开户存钱，理解什么是本金、利息、利率等；

（2）想办法自己挣零花钱，如卖旧报获得报酬，能够制订简单的一周开销计划，购物时知道比较价格；

（3）懂得每周节约一点钱，留着大笔开销时使用，比如买遥控汽车、滑板等；

（4）学会发现价廉物美的商品，并有打折、优惠的概念；

（5）懂得"资源有限、欲望无穷"的道理，有节约观念；

（6）12岁以后，可适当进行股票、债券等投资活动的尝试，以及商务、打工等赚钱实践。

除此之外，课堂上教师还可引导学生讨论利息的多少与哪些因素有关，通过开展学生存钱、计算利息、计算利息税及税后利息与本金等教学活动，组织学生主动探索和构建利息计算的教学模型，让学生经历财商知识的形成过程。整合财商教育与学科教育，让"数学育财商"更加合理有效放光彩！

综上所述，在数学教学中渗透对学生财商课程教育的问题上，我们不仅仅需要培养儿童了解金融的基础知识，鼓励学生用劳动赚取相应的报酬，记录收支、储蓄财商，我们还要培养学生合理消费的理性思维，培养有计划管理资产的能力。创设教学情境，让学生体验学会赚钱、花钱、存钱、与人分享钱财和让钱增值为主要内容的财商教育，使学生能够感受到一种具有强烈财商意识的环境氛围，逐渐形成善于财商的品质和能力。

（2016年6月发表于《华中师范大学学报》自然科学版教学研究卷2016

年第三期（独著），刊号：ISSN1000-1190）

儿童财商教育初探

四川师范大学附属实验学校　刘燕

【摘要】正如培养学生学习能力、生存能力那样，财商素养也将成为当前和将来人们必不可少的一种基本素养，对于培养儿童财商意识，合理规划和管理金钱具有教育的现实意义。作为培养人才的主要阵地，教师应该结合日常班级活动开展财商教育，根据学科特点渗透财商意识。学校还应该根据本校特色和学生特点着力开发本土财商课程，为培养学生成为具有良好生活能力的社会主义合格公民奠定基础。

【关键词】财商教育；初探

在现今社会，财商教育越来越被人们所重视，在国外，财商教育从小就在家庭中开展，学生从小就学会积蓄、投资，而且在他们财商教育中更注重学生的责任与智慧。他们的财商教育甚至由政府牵头，在家庭和学校中以家庭公约、财商故事、设立储蓄账户、儿童劳动等方式开展。在国内，有很多培训机构也针对儿童开设了财商培训课程，通过一系列的活动来提高儿童财商，比如"阿福童财商课程""真爱梦想"中的财商课程板块，都设计了很多财商活动培养儿童财商。但就我国儿童财商教育现状来看，儿童财商教育主要在家庭中进行，在国内一些书籍或者刊物中，财商教育的出发点大都是从父母角度，该如何培养学生的财商意识。这些财商教育的推行范围都比较局限。虽然在我国财经教育还未纳入学校课程，但是学校作为大规模培养学生的机构，应该积极地探索财商课程如何在学校实施，让学生将来能在着日益复杂的国内和国际经济环境下做出明智的经济决策。因此，我校也开始着力于探索儿童财商课程，在儿童财商教育本土实践中，不断总结一些经验策略，力求探究出符合我校特色的财商课程体系。

一、本校儿童财商教育现状

1. 家庭财商教育的缺失和片面性

家庭教育往往对学生的成长起着至关重要的作用，父母的思想言行影响着孩子的生活习惯。我校是一所有 60 多年历史的名校，在校学生两千余人。通过对不同学段学生家庭财商教育现状调查分析，我们发现学生家庭条件普遍都非常优越，家长非常重视学生成绩和能力的发展。随着经济发展，家长们自己的财商意识在提高，财商方法也多样化，但是对于学生的财商教育却是一片空白。虽然有些家长也越来越重视学生综合能力的发展，各种技术型、艺体型培训班成了他们热衷的选择，但是很少有涉足对学生的财商能力进行培养。另一方面，通过调查显示，学生一年的消费数额越来越高，培训班、吃穿住行、各种活动……家长们在学生身上高额消费的同时，没有对学生进行必要的财商教育，包括对金钱进行管理和规划，培养节俭的意识，等等。在这些过程中，学生不会考虑消费的合理性、价值化，甚至还会出现攀比、从众、浪费的现象。

有些思想比较前沿的家长，有意识地带学生参加一些金融机构开展的财商活动，或者给学生拓展一些投资财商的途径和方法，但是在这些过程中，学生获得更多的是一种理论或者技巧的指导，很难形成一种稳定性的财商意识。

2. 学校财商课程的缺失

国家课程在不断改革，在学校的课改中，不少学校关注到了学生财商能力培养的重要性，很多学者开始涉足中小学财商教育研究。学校作为人才培养的聚集地，应该承担起公民财商教育的重任。可是反观我国学校教育，只有为数不多的一些学校在财商教育上有所研究，学生财商教育缺失严重。

就我校的课程设置看，财商教育板块也比较空白，有些学科老师有财商培养的意识，在学科中不时渗透一些财商技巧；在语文教材和品德教材中也渗透了一些金钱观、价值观的培养，但这些财商教育渗透都是零散的，甚至联系不大，缺乏系统性与整体建构性，学生的财商意识很难形成。

二、开展学校财商教育的价值与意义

（1）从教师层面看，我校部分教师已有对学生进行财商教育的意识，但是在这过程中比较盲目，许多教师本身既缺乏科学财商知识，又缺乏相应的财商教育教材和经验，不知从何入手。加上这些活动是零散的，甚至是无联系的、重复的，因而很难帮助学生形成财商意识。因而结合我校学科特色以及活动特色开展符合学生学情财商教育实践研究，对老师们的财商教育有示范和借鉴意义。

（2）从学生层面看，进行财商教育有很强的现实意义。第一，在小学阶段进行财商教育的必要性。已有研究表明，6~12岁是财商观念培养的黄金时期，在这个阶段，学生的金钱价值观和消费尚未形成稳定的习惯。正如培养学生学习能力、生存能力那样，财商素养也将成为当前和将来人们必不可少的一种基本素养，对于培养儿童财商意识，合理规划和管理金钱具有教育的现实意义。同时小学阶段也是儿童习惯养成的关键期，培养儿童规划管财物的意识，也是引导学生学会规划梦想和管理人生的生命教培育。第二，财商教育对儿童财商能力培养的重要性。学生在自己密切相关的生活实践相互作用中不断增强财商意识与财商能力，从小就培养学生节约，合理消费，储蓄投资，珍惜劳动成果，正确处理金钱与生活、情感的关系等财商教育，为培养具有独立人格和良好生活能力的社会主义合格公民奠定基础。

三、儿童财商教育的本土实践经验

学校作为培养人才的主要阵地，对儿童进行财商教育就如培养学生品格一样，每一个教育者都应该对学生进行财商意识渗透与财商技能的培训。我们可以从以下几个途径开展儿童财商教育。

（一）立足班级活动，开展财商教育

班级活动是学生活动的主要形式，也是对学生进行财商教育的主要阵地。作为班级的管理者，可以根据班级学生学情，整合学校活动等开展一系列的班级财商活动。

1. 将习惯养成和财商意识的培养相结合

我们可以根据学生的习惯表现，开展账本积分换奖品的活动，建立好习惯银行，设置积分兑换的规则，学生在努力表现挣得积分的过程中，渗透所有财富的获得都需要付出努力和劳动的意识，同时在积分的累积和兑换的过程中，使学生学会储蓄，管理积分，兑换自己"需要"的物品。这对他们管理自己的零花钱意识有很强的指导作用。

2. 结合学校主题活动开展财商教育

教师要善于抓住学校活动的契机，寻找开展财商活动的契机。比如学校每年都会举行的一些固定的大型活动，如感恩活动、义卖活动，老师可以设计一些财商活动环节作为固定的内容。比如我校感恩活动，每个学段可能举行的活动形式不同，比如自己制作卡片或者画画、开展学校后勤职工体验活动，做家庭亲情账调查，等等。教师在开展感恩活动的同时，对于自己做的礼品可以对应设计列出购买物品的计划，计算经费成本；体验活动可以从珍惜劳动成果、体会劳动与金钱的关系等开展讨论；亲情账调查可以让学生了解家庭的开支，从直接的金钱付出感受父母的爱，同时引导学生思考除了金钱外，父母在精力和心血上对自己的投资。义卖活动更是进行财商教育的好时机。一个班级经营的义卖点其实就是一个小型的公司，这个组织里需要有营销策划、市场调查、价格拟定、利润清算等各个部门，学生在活动过程中可以感知市场运行的模式，渗透创业的意识。

3. 根据学段开展不同主题的班级财商活动

每个学段的学生教育侧重点不同，班级管理者在开展班级活动时也可以根据学段的重点开展相应的财商活动。比如低段的学生重点是习惯养成，老师应主要从珍惜物品、勤俭节约方面渗透财商意识。毕业班学生可以开展"20年后的我们""储蓄与投资""童眼论金钱""金钱对于人生是最重要的吗？"

等系列活动。培养他们正确的价值观，并使他们初步感知金钱管理的一些常用方法，以及明白今后的成功需要今天的投资，包括金钱、精力、时间、情感等。

4. 利用家长资源开展各种班级财商活动

每个班有几十个学生，他们的家长就是开展各种班级活动最好的资源。班级管理者应充分利用这些资源开展财商实践活动，比如邀请金融系统的家长到班级中开展讲座，或者带学生到相关的金融机构参观，等等，让校内外财商教育有机结合，形成家校一体的财商教育模式。

（二）学科渗透

教师要充分挖掘学科中的财商教育因素，结合教学内容，将财商教育与学科目标有机结合。比如北师大版语文教材中有些与人物品格有关的主题单元，我们可以拓展延伸，将这些人物品格与金钱联系起来。比如学习"尊严"这个单元，可以增加"尊严与金钱"的话题讨论环节，让学生明白，尊严与金钱无关，金钱买不到尊严。比如四年级"金钱"单元，教师可以结合文本充分认识到金钱与劳动之间的关系。在"认识人民币"活动中，了解中国钱币文化，懂得爱惜人民币等准确的金钱意识渗透。数学学科是最容易设置与学生生活相关的财商情境的，在解决数学问题的过程中培养财商意识。比如数学课程中也有认识人民币的内容，如果说语文侧重的是一种金钱文化，数学则侧重金钱与生活之间的关系。在这个内容中，学生不仅要明白人民币的面值，同时老师还可以设计一些购买活动，让学生进行简单的等价交易，懂得生活中离不开钱，节约是好品质。数学的各种四则运算，老师都可以设置成一些购买计算活动，还可以将商家常用的一些促销手段纳入课堂情境设置中，让学生计算最合理的购买组合。在英语学科中也可以渗透不同国家不同的货币文化。美术学科可以从货币的设计延伸到不同民族的审美。计算机学科可以让学生感受一些虚拟的货币世界，认识金钱存在的不同形式。

（三）根据学段财商目标，开设持续性、螺旋上升的财商课程

除了在教师日常教育教学活动中开展财商教育，我们还应该开设专门的财商课，根据学生的年段的不同，设置不同的课程体系。这一模式在国外中小学已经得到普及。教师设计专门的财商教育活动，通过丰富的活动形式，或演讲辩论，或情景模拟，或角色体验，或社会实践，或财商知识学习等，让学生在专门的课程中学习财商知识，获得财商技能。这是一个比较浩大的工程，财商课程体系的开发需要一个专门的研究团队，学校应定期组织对财商教师进行培训，完善其知识结构、提高能力素养，并建立相应的考核与评价机制，还可以设立专门的财商教师岗位，并加大对于财商教育的投入。

财商是一门学问，更是一种生活技能，这是教会学生今后如何生存的大课程。小学生财商教育对于学生的全面发展有着十分重大的意义，作为教育的主要阵地，学校教育应该立足本校的特色和学生的学情，通过班级活动、学科渗透的形式在日常教育教学中开展财商教育。同时，学校还要注重财商课程体系的建构，力图通过专门的财商教育课，培养学生的财商意识，让学生获得相应的财商技能，提高他们的社会适应能力。

以活动为载体的儿童财商教育研究（主要部分）

四川师范大学附属实验学校　　刘燕

一、课题研究背景

在现今社会，财商教育越来越被人们所重视，在国外，财商教育从小就在家庭中开展，学生从小就学会积蓄、投资，而且在他们财商教育中更注重学生的责任与智慧。他们的财商教育甚至由政府牵头，在家庭和学校中以家庭公约、财商故事、设立储蓄账户、儿童劳动等方式开展。在国内，有很多培训机构也针对儿童开设了财商培训课程，通过一系列的活动来提高儿童财商，比如"阿福童财商课程""真爱梦想"中的财商课程板块，都设计了很多财商活动培养儿童财商。但就我国儿童财商教育现状来看，儿童财商教育主要在家庭中进行，在国内一些书籍或者刊物中，财商教育的出发点大都是从父母的角度，该如何培养学生的财商意识。这些财商教育的推行范围都比较局限。虽然在我国财经教育还未纳入学校课程，但是学校作为大规模培养学生的机构，应该积极地探索财商课程如何在学校实施，让学生将来能在着日益复杂的国内和国际经济环境下做出明智的经济决策。因此，我校也开始着力于探索儿童财商课程的研发和推广。

我校开设了儿童财商工作坊，本研究是在学校大课题"儿童财商实践研究"大课题下的一个子课题——以班级活动为载体开展儿童财商教育。我作为一个班主任，对学生的财商意识培养更多是立足班主任工作，结合班级活动来开展。通过边研究，边实践，边总结的方法整理出一些结合学校特色活动开展的财商教育方案。

二、课题研究的工作过程

（一）确定研究主题

2014 年 9 月，学校儿童财商工作坊成立，并确定研究主题——"儿童财商课程实践研究"，在这个大课题下，作为研究成员之一，着力寻找符合班级学情的切入点。在通过研究思考后认识到，作为一名班主任，对学生的教育不是一味地知识传输，而应根据儿童心理发展特点，他们更喜欢寓教于乐，在生活中学习，在活动中成长。班主任正是通过一系列的活动来达到教育学生的目的，因而确定了子课题"立足活动的儿童财商教育实践研究"。

（二）寻找活动出发点

确定主题后，研究者就要思考如何开展财商活动，什么时候开展，需要达到什么目标。针对这一系列的问题，我们首先想到，学校每一年都有一些固定的大型活动，这些活动全校学生都会参加，如果要使财商活动能够在全校推广，那么结合这些大型活动来开展，更具有推广意义。同时，活动的对象是学生，对于学生的学情分析必不可少，因而对学生财商现状的调查是确定学情的方法之一，同时也可以通过调查了解家庭财商教育的情况，以便设计出符合学生学情的财商活动。

（三）理论与实践相结合

一个研究的开展，离不开理论的支撑。国内外有许多财商教育经验值得我们学习和借鉴，正所谓：站在巨人的肩上，我们会看得更远。因而在研究初期，研究者深入分析了国内外教育研究现状，寻找可以借鉴的地方，在实践中运用。

（四）组织策划活动方案，开展班级财商活动。

活动的开展需要有明确的目的和精心的策划，因而每次活动都要认真撰写活动方案，并在班级中开展。通过实践研究来进行财商活动的推广。

（五）反思和完善

每一个研究都不是一蹴而就的，它必定会经历许多修改和完善。同样，本研究在实践开展过程中，也会发现一些问题。因而活动反思和完善是必不可少的。通过反思，发现活动中策划不够完美的地方，发现学生问题，进而修改完善活动方案。

三、课题研究的具体措施与做法

（一）参与财商课程研究小组，通过 QQ 群、每月例会、研究课探讨等方式了解课题研究动向

2013 年 9 月，本校黄伟校长就提出成立"儿童财商教育工作坊"，经过一年的财商教育尝试，2014 年 9 月，工作坊正式成立。本人是工作坊成员之一，并担任管理者。在工作坊里学习了解一些财商教育知识，寻找理论支撑。目前工作坊大课题已立项为省级课题，在大课题的引领下，本人立足班级开展子课题研究。

（二）参加各种培训，学习他人经验

这期间，我们参与了很多相关的财商教育培训，学习他人经验，并尝试

用到自己的实践研究中。比如：2013 年 9 月，我们全校老师都参与了"阿福童财商课程"培训，为期三天，通过亲身体验感受财商活动形式。2014 年 7 月，我们参加上海真爱梦想公益基金组织的培训，其中的财商板块也给我们的活动设计提供了很好的学习。2015 年 3 月，我们参加了成都市校本课程交流会，学习了成都市其他学校在财商课程上的经验，深受启发。

除此之外，本人也积极关注社会上一些面向小学生的财商活动，比如一些机构组织学生参观银行，了解银行交易操作流程，体验银行里工作人员角色等。从中寻找一些资源来丰富班级财商活动形式。

（三）获得家长的支持，激发学生参与活动的兴趣

在财商活动开展过程中，告知家长本研究的意义及目标，取得家长的认同和配合。同时，设计"我的财商"账本，不定期交流，通过团队影响培养学生兴趣。

（四）设计调查问卷，调查学生财商现状

本研究通过调查法，调查学生财商教育现状，并了解家长对财商教育的实施情况，便于确定教学起点。调查问卷包括学生的财商现状以及家长对儿童财商培养的建议。充分发挥家长的参与作用。

（五）梳理学校每学年大型活动，寻找切入点

通过梳理学校每年度的活动，寻找到一些可以融合财商教育的活动。比如六一义卖、游园活动、感恩活动以及寒暑假活动等。

（六）结合班级情况，并开展相应的财商活动

1. 由班级"好习惯银行"到"我的账本"

在低段，为了培养学生良好的习惯，我们采用了根据学生习惯表现，开展账本积分换奖品的活动。本人所带学生处于高段，结合财商教育，我们把账本延伸到零花钱的消费记账，指导学生利用账本记录自己零花钱的消费和支出，不定期组织同学们交流消费的学问，并懂得为自己想购买的东西进行存钱活动。在这个过程中，我们开展了一系列的活动。

（1）常规活动：不定期地小组交流自己近期的收入支出，分析自己在消费的时候存在的问题，分享自己的零花钱管理方法。

（2）专题活动一："想要与必要"。指导学生规划近期想购买的物品，并梳理出哪些是自己想要的，但不是必要的；哪些是必要的。学生从小到大几乎都是在"想要"中度过的。由于父母、长辈们的疼爱，看到新的玩具就会赶快购买给学生；随着年龄增长，看见周遭同学、朋友有了新的文具、玩具、衣服、鞋子等，就会要求也想要拥有。很多学生要不到就哭、闹，而许多父母本身也存在着错误的观念，认为要给子女最好的一切，才叫作"爱"。因此

想方设法地尽一切力量去满足子女想要拥有的物品。在这整体大环境普遍存在的错误价值观及父母溺爱式的关怀下，很多学生逐步养成攀比、浮华、爱炫耀的虚荣心。慢慢地分不清是否"需要"，而只有不断的"想要"。要让学生知道，"需要"是滋养生命所必需的；而"想要"只是内心的贪执，只是欲望的显现。因此，想要的心理经常造成许多不必要的资源浪费以及金钱浪费。我们看到有些人买了一大柜的衣服，而经常穿的也就那么几件而已，多数衣服都挂在衣柜里孤芳自赏。喜欢新衣的女性只要市场上有新的款式出现，自己就像完全控制不住一样，不断贪婪地想要购买和拥有，而造成过度的消费浪费。因而，通过活动，让学生分清自己的"想要"和"必要"，不盲目攀比，培养理性消费的意识。

2. 学校活动——感恩活动月

在调查中发现，学生的现状的形成是由于家庭条件普遍比较好，自己花钱的要求家长基本上都能实现，因而对于财商没有认识。对于这种现象，以前都是从情感上引导学生感恩父母为我们付出的爱，要珍惜他们劳动换来的钱财。但上一次的感恩活动月，结合着本研究财商课程实践，我们围绕着感恩开展了的系列财商活动。

专题活动二："算算亲情账，感知父母恩"。

活动中，学生们回去算一算这一年父母在自己身上花了多少钱，并写下自己的感受。这是同学们的反馈表。从反馈表情况看，学生们一年在教育、医疗、生活等方面的开销少则几万，高的竟有10余万，六年级的学生对金钱数量也有一定概念，也知道父母挣钱的辛苦，可是平时零散的小数额的开销没有注意，通过这个统计活动，纷纷表示很惊讶，通过他们的反馈，可以看出这个活动让学生明白了"积少成多"的概念。对于消费来说，他们知道了一些不必要的消费看似少，但是长时间下来，也是一笔很大的开支；同样，节约消费，一次看似很少，但是积少成多，能聚成一笔不小的财富。

专题活动三：计划与消费。

根据学生调查反馈表我们设置了一、二、三等奖，结合着这个活动的契机，我们把奖品定为奖金，分别为15元、10元、5元，用以为父母购买感恩礼物。"如何利用奖金"是我们接下来开设的财商活动。

第一步：引导学生明白金钱是有限的，我们的消费要根据金钱的多少来计划。

第二步：思考这笔有限的奖金可以买到什么，并进行规划，让学生明白"计划消费"的意义。

第三步：记录和分享。通过社会实践，总结一些消费的学问——货比三家、打折、优惠方式，除了要考虑实惠以外，还要尽最人限度考虑家长的需求，明白影响消费的一些隐性因素，并努力发挥这笔奖金的最大价值。

3. 学校社会实践活动——六一义卖

利用学校这个大型的社会实践活动，我们对于六一义卖进行了非常详密的活动策划。我们把这个定义为卖场经营，我们班就像一个小小的公司。

和公司一样，我们分为了几个部门，每个部门有相应的职能。我们的目的就是最大限度地获得经营利润，筹得更多的爱心善款。这是一个比较大型的财商活动，它集创业、规划与投资、成本与利润的预算等于一体。

专题活动四：营销策划及分工。

要使一个大型活动对学生们起教育作用，就得让他们参与活动的全过程。虽然营销对于学生们来说比较陌生，但是我们可以让学生初步感知策划创办一个活动需要考虑的各方面因素，培养他们的创业能力。

专题活动五：食材成本调查与采购。

它培养了学生市场调查的能力，并且培养学生在消费时分析商品性价比的能力，同时也让学生明白不是价格最低就能获得最高利润，还要考虑到食材的新鲜度、质量等，都会对商品的营销产生影响。

专题活动六：成本预算和价格拟定。

这个活动和数学结合在一起，让同学们根据食材成本的调查和商品采购数量，拟定商品的总成本，并根据商品的市场行情拟定价格。这个活动也让他们明白，成本的预算、价格的拟定不能只看原材料的价格，还要看中间一些隐性的投资，比如人工投资、损耗等。

专题活动七："借"与"贷"。

活动中，财务部门直接关系到"财"，他们要管理从家委会处预支作为活动开销的资金，并且记录各部门的预支。有些学生的家人就是会计，对这个资金统计的活动比较熟悉。其实对于记账，他们并不陌生，因为在我们调查了学生们家庭零花钱财商后，就给学生们推荐了账本记录零花钱的方法。通过这次的财务记账，他们明白了会计账务中"借"和"贷"的含义，也更加体会到账本记账对财商的意义。

专题活动八：成本与利润。

我们的"销售部"专门负责产品销售。我们和商场一样，设置了几个区，并且几个区要进行比赛，看看哪个区盈利最多。这个环节让他们明白什么叫作"利润"。当他们拿着"挣来的钱"互相比较的时候，我们又进行了"成本与利润"的讨论活动。活动中，同学们计算了总金额除去成本后的剩余，在他们看来，这就是最后利润。但我告诉他们，真正的公司还需要除去人力投资、物力损耗等，当然，这个计算起来比较复杂，学生们只需要做了解。

通过这个大型的义卖活动，从采购到营销，学生们学到了很多东西，明白了创业投资不仅要规划资金，还要了解市场各方面行情，计算成本与利润。

4. 毕业主题活动系列

专题活动九：我的人生规划之 20 年后的我。

快毕业了，学生们对未来充满了向往。为此，我们开展了"我的人生规划之 20 年后的我"班级活动，活动中，我设置了几个问题：① 20 年后的我从事什么职业？② 从现在开始，我要如何为自己储备创业资源？③ 创业储备仅仅需要资金就够了吗？第一个问题类似于"我的梦想"，与学生们的兴趣有关。在第二个问题中，学生们都谈到最直接的创业储备就是创业资金，如何来储备创业资金呢？很多学生会谈到自己的压岁钱、零花钱以及父母购买的一些财商产品。

自己今后会走什么路，成为什么，还要明白，在这个过程中需要投资什么。投资财商通常指对于钱财方面的投资，而对于实现理想的投资有显性和隐性两方面：一方面是父母为他们投资的教育经费，除了这些显性的投资，我们还有一些隐性的投资。现在付出的努力，就是为我们的梦想投资。对于即将毕业的学生来说，懂得规划自己的人生，为自己的梦想投资是一个重要的课题。

创业需要投资，还需要储蓄，活动中，我们假设了一个问题，10 年后，很多学生就要面临大学毕业，学生们思考：从现在开始，我如何为 10 年后的自己积蓄创业基金。活动第一步：学生们先统计了自己的零花钱数量。第二步：通过什么方式，能够不断地积蓄自己的创业资金。学生们自然谈到了银行储蓄，我以当前中国银行的利率为例，让学生们计算十年后的盈利。再拓展学生们的眼界，使他们了解余额宝等新型储蓄方式，以及基金、股票等投资方式。

活动专题十：童言论"金钱"。

开展了多种财商活动后，学生们对于"财"有了更多的认识，很多学生能坚持使用账本记录自己的收入和支出，对于花钱也开始有计划消费的意识。可对于高年级学生来说，树立正确的金钱观也同样重要，在了解了钱的很多功能后，学生们开始思考生活中钱不能买到的东西。我们不能只凭金钱的多少来衡量一件事的价值，要正确处理金钱与情感、金钱与时间、金钱与人生价值之间的关系。

活动专题十一：我的购物计划。

2014 年六一义卖活动时，我带的班级是毕业班，我们的义卖活动主要针对班级营销活动开展。而 2015 年所接班是四年级，让他们开展营销整套活动比较困难，于是我们就开设了另外的财商活动。住校班的学生周一到周五都在学校，他们在消费中比较盲目，周末的时候花钱父母不会有任何指导，于是，我们尝试指导学生消费。首先就是在义卖中进行"购物计划"的撰写，每个学生带的钱都是有限的，让他们根据自己的钱，计划自己想要购买的物品，并且合理分配金额。

活动专题十二：消费的学问。

活动完了后，学生们来总结购物计划的好处，他们说道："有了购物计划，在买东西的时候就没那么盲目了，会想想自己在这一类物品上只能花多少钱，还需要留着买其他什么物品，再也不会前面买一样东西把钱花光了，后面就没有钱买了。"当然，也有学生的实际与计划发生了很大的变化，比如她特别喜欢一样东西，但是价格很贵，她只有放弃其他事物才能买这样东西。这也是允许的，这就是消费中的选择。另外还有学生为了显示自己会节省，什么都没买，其实这也是不好的。根据这些问题，我们又开展"消费的学问"主题活动。结合生活中很多常见的现象，通过体验、示范，让学生们明白消费的学问：计划消费、货比三家、合理消费、理性消费。

5. 财商教育活动

根据学校其他活动和班级情况，我们还开展了很多财商教育活动。

活动专题十三：压岁钱的管理。

每到过年时，同学们都会得到很多压岁钱，我知道大家的压岁钱都是上千，甚至上万。前几次活动中，大家总结了一些管理零花钱的财商方法。可零花钱数额比较小，可压岁钱数目很大，平时同学们也花不了这么多钱，那他们通常使用什么方式来管理这么大数额的压岁钱的呢？针对这个话题，我们开展了"压岁钱"的主题活动。从中初步了解银行、股票基金、保险等多种投资渠道，并鼓励学生参与家庭财务的管理。

活动专题十四：压岁钱专题讲座。

除了班级活动，我们也有幸邀请到了中国人寿的高级财商专家张代玉为学生进行了一场以"如何使用压岁钱"为主题的讲座。在活动中学生们不但亲身测试了自己的财商，还学习了如何合理分配自己的零花钱。张代玉姐姐不仅告诉同学们要懂得节约，合理有益地花钱，也可以适当地通过管理和投资来积攒物质财富，她还告诉同学们可以通过使用压岁钱去帮助那些需要帮助的人来积攒精神的财富。活动结束后，同学们都非常兴奋，都跃跃欲试，想做自己的"财商专家"。

活动专题十五：班级活动——各类竞赛。

我们班的班队会活动一般都由学生来承担策划，上学期，他们热衷于打乒乓球，于是便组织策划了一场乒乓球联赛。结合这个契机，我将奖品金额的预算和购买纳入了他们的策划方案中，用竞争的机制，选择最好的方案。

对于奖品预算和购买的策划也分为几步：

① 奖品的设置：一等奖、二等奖、三等奖各一名，参与奖。

② 奖品总金额的预算。（我们打算只从家委会预支100元作为奖品资金）

③ 资金的规划。

④ 奖品的购买。

当然，这个活动流程不只针对这个比赛，很多班级比赛活动都可以让学生们按照这样的方式来策划组织，学会计划分配金钱。这类活动和感恩活动奖金的利用优点类似，需要计划消费，运用平时交流的消费的学问，去购买性价比最高的奖品。通过这个活动，培养了学生分配资金、计划消费的意识。

6. 近期即将开展的主题活动

专题活动十六：银行角色体验。

除了在学校开展活动，我们还将在家委会的协助下，带学生走出去，真正体验活动。比如目前我们正在策划带学生们到银行了解银行工作流程，去学习辨别真假钞，了解银行财商产品，学习如何财商。

专题活动十七：我是卖报的小行家。

班上有的同学在家长的支持下已有了类似的体验，我们还可以更大规模推广，在家委会协助下组织学生体验卖报经历，了解劳动与金钱的关系。

专题活动十八：认识各国钱币。

在今年暑期夏令营中，我们前往新加坡旅游，学生们在消费的时候将新币当成人民币用，虽然知道有汇率，但是消费起来就没有概念。有个学生的新币里不知怎么混进了一张缅甸币，但当时没有引起重视，以为是新币的另外版本，在消费时才发现。因而我们需要开展各国钱币的认识，理清钱币的兑换活动，普及外币知识。

四、课题研究的结果与结论

（一）课题研究的效果

从教师层面看：对于开展财商教育活动的教师本身，也对"财商"教育有了更深的认识。财商教育不一定要用专业的课程来实施，在教师日常管理教育活动中也可以通过班级活动推进。同时，通过与学校活动的整合，也为老师们提供了财商活动的切入点，降低了老师们开展财商教育的难度。

从学生层面看：本研究以儿童的社会生活实践为载体，将财商教育与学校活动、班级活动有机结合，让学生在自己密切相关的生活实践相互作用中不断增强财商意识与财商能力，在财商教育和财商体验过程中不断丰富和发展学生的情感、能力、知识，加强学生对自我、他人和社会的认识和理解，使他们具备参与现代社会财商意识、财商能力和良好财商品质。比如很多同学已经将账本记账使用起来，在购物时写清单，学会计划消费；还有很多同学参与到家庭财商的管理中。

（二）课题研究的成果

（1）总结出符合学校特色、班级特色的一些财商活动方案，可以推广。另外，本研究认为，基于班级情况开展的财商活动更加贴近学生生活，学生在活动中潜移默化地加深了对"财商"的认识，同时也初步培养了学生的财商意识。

（2）前期的班级活动在论文评选中获得二等奖。

（3）相关财商论文在《华东师范大学学报》社会科学卷上发表。

（三）问题与讨论

本研究主要是通过结合学校、班级等各种活动开展的财商教育，在研究过程中是边摸索边修改，还有很多需要完善和进一步思考的地方。比如此研究是根据本人所带班级情况开展，主要针对中高段，但是每个学段的目标是不一样的，那同样的专题，不同学段该有什么不同的目标？此外，这些活动的开展都是以主题形式推进，但是每个主题之间应该以什么联系层层深入？工作坊正在做这个研究，本专题也将继续深入下去。

（2015年获成都市锦江区小专题研究成果"二等奖"）

小学大"才"还要学会从小理"财"
——学前教育阶段儿童财商课程建设初探

四川师范大学附属实验学校学前班　　张海燕

财富之道，在于如何平衡，在于是否和谐。赚钱有方，不如守财有道……所以创富固然有方，守财之道，才是必修之课程。

——李嘉诚

培育小学大"才"，就要引导学生学会从小理"财"，而在学前教育阶段开设符合同年段儿童发展需求的财商课程，这将是我们着力整合"大小之学"校本课程资源，积极创设富有实验学校学前教育特质的校本课程的有益尝试。

——学前班

据有关研究表明：少儿金钱观的萌芽期主要是 6 岁以前，形成期在 6~12 岁，而发展期则是 12~18 岁。因此，在处于萌芽期的学前教育阶段进行财商教育，将会对他们对待金钱的态度与财商的能力产生积极而深远的影响，并能为学生们的幸福人生奠定智慧之根基。在幼儿时期进行财商教育，其主要目的是教给学生足以受用一生的好习惯——学会理财、快乐生活，这既是基础教育学校实施素质教育的内在要求，也是现代学校课程建设的应然选择！其实，当前很多国家和国际组织都已对儿童财商教育这一课题进行了大力探索和深入研究，并取得了可资借鉴的成效与经验。例如美国儿童从踏进幼儿园起，就会接受有关财商概念。他们会知道钱是什么以及钱在生活中是何等重要；英国儿童从 5 岁开始就要接受财商教育，要求这一年段的学生能够搞清楚硬币和纸币的区别，要懂得钱的不同来源，并指导钱可以用于多种目的；而犹太人的财商教育最主要的内容还是教授学生们关于钱的最核心的理念，那就是责任，学生知道钱是怎么来的，也就更进一步地知道了节俭。另外，由国际非营利组织国际儿童储蓄基金会赞助的公益性项目——阿福童"Aflatoun"财商课程无论在内容设置还是实践操作方面，都值得我们参考与借鉴。该课程（包括教材）的基本特点就是强调儿童的中心和主体地位，教学互动性强，课程内容和实施方式容易被儿童接受。然而，我国在儿童财商教育方面的发展水平则相对滞后，其学前教育阶段的课程表里更是缺失"钱"这一事关生存与生活的财商课程。

对此，在开设学前教育阶段儿童财商课程之前，根据学生们成长与发展的实际需要，我们首先就有关儿童财商的相关问题对（学前 1 班）家长进行了问卷调查，其调查的主要项目包括：

1. 学生定期有固定数目的零花钱吗？

    A. 有   B. 没有

2. 学生的零花钱或是压岁钱有没有让学生知道具体数目？

    A. 有   B. 没有

3. 学生的零花钱和压岁钱是学生自己保管吗？

    A. 自己保管   B. 家长保管

4. 学生的压岁钱以何种方式来保管的？

    A. 家长保管   B. 银行储蓄

5. 学生平时的零花钱或压岁钱都是学生自己规划的吗？

    A. 是   B. 不是

6. 平时有给学生使用零花钱或是压岁钱的建议和指导吗？

    A. 有   B. 没有

7. 平时学生的零花钱和压岁钱在使用前有一定的规划吗？

    A. 有　　　　　　　　　　　　　　　B. 没有

8. 您平时的工作情况和工资收入有和学生简单地交流过吗？

    A. 有　　　　　　　　　　　　　　　B. 没有

9. 您平时有和学生谈谈家里的日常开支和经济状况吗？

    A. 有　　　　　　　　　　　　　　　B. 没有

10. 您有让学生直接或间接参加家庭的经济规划和日常事务吗？

    A. 有　　　　　　　　　　　　　　　B. 没有

通过对本班家长的问卷调查和对儿童的行动研究，我们发现班上 80%以上的家长平时没有足够地引导学生怎样财商，学生花钱往往也是大手大脚，消费具有很大的盲目性。显然，不会引导学生财商几乎成为学前儿童家庭教育的通病。同时我们还在对家长的现场随访中了解到很多家庭也没有较为明确的购物计划，带领学生购物时所遵循的准则主要是——喜欢就买。学生想买什么基本都要得到满足，而不管或很少考虑其实际需要和消费是否合理，当然也几乎没有家庭在意让学生参与到家庭的财务管理之中，这样下来，学生们往往就容易乱花钱，并逐渐滋生出养尊处优的不良习性。根据我们对本班学生压岁钱的调查得知，压岁钱在四五千元以上者非常普遍，且数目过万也有好几个。可见，学生的压岁钱确实不是一个小数目！那么这些钱平时都放在哪里了呢？最后又到哪儿去了呢？在如何正确处理学生们的这些压岁钱的财商问题上，家长和学生们往往都具有很大的随意性和盲目性。当前我们对于学前教育阶段儿童财商的有关认识，归纳起来主要存在两大误区：一是认为学前教育阶段的儿童还很小，财商应是大人的事情；二是认为财商是一门非常专业和深奥的学问，学前教育阶段儿童无法开设财商课程。

鉴于此，根据学生的成长需要，在学前教育阶段合理开设相应的财商课程就势在必行。

一、学前教育阶段儿童财商课程的教学目标

首先让幼儿认识钱币，并在买卖的过程中体验金钱的价值，从而具有财商意识；其次，通过激发财商兴趣，合理计划，学会储蓄，方能导正消费观；再次，参与家务劳动，体会报酬的不易，继而了解家里的经济状况，体恤父母挣钱的不易；最后，学会节俭，珍惜有限的资源。通过游戏活动等方式引导学前教育阶段儿童热爱劳动，反对铺张浪费，逐步树立勤俭节约的消费观和科学合理的财商观。

二、学前教育阶段儿童财商课程的主要内容

不同年段的财商课程所涉及的内容不尽相同，学前教育阶段儿童财商课程的主要内容是消费与储蓄，其具体内容包括：

（1）引导儿童合理消费。

（2）引导儿童初步认识储蓄的意义。

（3）引导儿童初步掌握财商的基本方式和维权的主要方法。

（4）引导儿童适当参与家庭简单的财务事务。

三、学前教育阶段儿童财商课程的实施策略

根据学前阶段儿童的认知心理特征，立足于"为学生的幸福人生奠基"和学生成长的实际需要，我班在有关财商课程建设方面主要坚持以"序列化的游戏活动为载体"，采取老师、家长"互动共育"的形式开展学前教育阶段儿童的财商课程，其实施步骤主要包括：

1. 第一步：合理消费

游戏活动之一：购物。

在我们班，设立了一个超市角叫作狮山超市。超市里摆放着各种的商品，每个商品用数字编码。发给每个学生一张购物清单，我给了每个学生"87块钱"（所有商品的总额是87块钱），到超市去选购商品，在自己想买的商品下面打钩。在没有任何暗示的情况下，让学生充分参与，根据自己的个性来购物。学生第一次选购时，出现了三种情况：第一种是商品全部买了，钱花完了；第二种是没有买完，但只剩了较少钱的；第三种是买了一些，还剩了比较多的钱。这时消费差别就出来了。接下来，学生们就开始分享买了哪些东西，买东西的原因是什么。

我们做了一个统计：

喜欢（理解喜欢的但不一定是真正需要的——即不需要）。

需要（理解需要是什么意思）。

调查结果是，百分之九十的学生在选择商品时都是以喜欢为主，很少学生有想过购物时是买自己需要的。

（我们的狮山超市）

（学生们拿着购物清单在选择商品）

（学生们第一次填写的选购清单）

游戏活动之二：购物。

承接上一次的购物游戏，接下来进行第二次购物：用你剩下的钱来买走这些东西。当然，剩的钱越多的学生，能真正买走的东西就越多。结果有好几个学生由于第一次购物就把钱用完了，所以就没有条件来参与第二次购物。

接下来就是讨论交流你第二次购物的感受。这一次就远比第一次感受要真、要深得多。我们其实最想听的就是没有买到东西和只买了一点东西的学生的感受。他们都说很失落，上一次把钱用完了，如果上一次节约一点就好了。那接下来，就直入主题，说说怎样才能节约。引出选购商品时的购物理念——"需要和不需要"，然后请学生们把第一次的购物清单拿出来，无论你是买得多的还是买得少的，参照我们购物时的节约法宝"需要和不需要"进行修改。看看哪些是需要的，保留下来，不需要的就删去。

（学生们第二次玩购物游戏后对购物清单进行了修改）

活动反馈：学生们知道了购物时要买自己需要的，而不是一味考虑喜欢的。让学生们在家里和父母一起拟定购物清单，然后自己亲自到超市体验自主购物的乐趣！

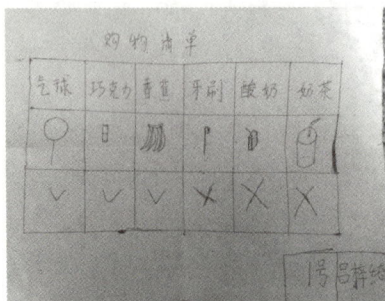
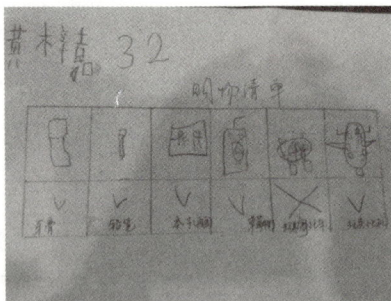

（这是吕梓绮小朋友在家写的购物清单）　（黄梓嘉小朋友在家拟定的购物清单）

（这是王诚麟小朋友拿着自己写的购物清单在购物）

（两位小朋友根据自己写的购物清单在认真的选购商品）

2. 第二步：认识储蓄的意义，了解简单的储蓄常识。

游戏活动之三：儿童剧。

让学生演绎《蚂蚁和蚱蜢》的儿童剧。该剧讲述的是蚂蚁为过冬储藏食物，而蚱蜢却嘲笑其不会享受快乐。结果到了寒冬，蚂蚁们都有足够的食物过冬，而蚱蜢却只有忍受饥寒，默默地后悔流泪。学生们从故事中理解了什么是储蓄，并让学生们讨论储蓄食物的意义——为了以后更好的生活！明白了储蓄的重要性。

（蚱蜢嘲笑蚂蚁这么早储藏过冬的食物）

（冬天了，蚂蚁有足够的食物吃）

（蚱蜢因为没有储藏食物而忍受饥饿）

游戏活动之四："我来存钱了！"

谈谈你们的零花钱或是压岁钱都是如何存储的？引出关键词——银行。普及关于银行的一些简单的储蓄知识。接下里就是展开游戏：我来存钱了！

我们有一个狮山银行，学生们可以模仿银行里的一些简单的操作进行游戏。学生中的一部分扮演银行里的职员，一部分学生扮演存钱的顾客。学生们可以根据自己的压岁钱的数目来存，并知道存储中的定期存款和活期存款有什么区别，并知道可以将压岁钱分两种形式来存储。

（狮山银行正在营业）

（"银行的工作人员"正在清点客户的存款）

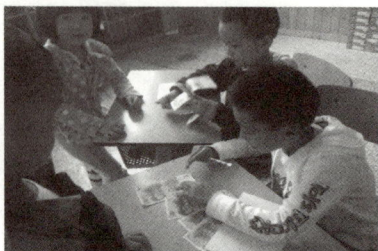

（工作人员正在认真地数钱）

（工作人员正在给客户填写存折信息）

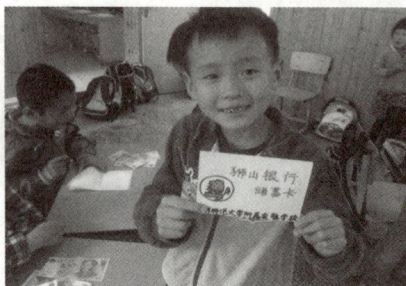

（客户拿到了存折很高兴）

3. 第三步：正确财商与合理维权

游戏活动之五：购物。

学生们又一次购物，购物之后请学生们仔细检查商品，问：仔细看看你的商品外观，你发现了什么？很多学生发现商品有破损。接下来就是讨论：当你发现商品有质量问题怎么办？引出主题——"维权"。让学生们知道消费者权益日是每年的 3 月 15 日。知道在消费时，自己的利益受到侵害，可以拨打消费者投诉电话"12315"进行合理维权。

（学生们发现商品有破损）

4. 第四步：引导儿童适当参与家庭简单的财务事宜

游戏活动之六："爸爸妈妈辛苦了!"

讨论：根据自己事先在家里与父母的交谈中，你知道爸爸妈妈是做什么工作的吗?爸爸妈妈一天工作多少个小时?都做些什么?（看图片，了解爸爸妈妈的工作）简单了解父母的工作薪酬。了解家里日常的开支，需要多少，还剩多少。让学生体会挣钱不易，知道家里的具体情况。参与家庭规划，为家庭的幸福生活共同努力。

（学生们看看自己父母认真辛苦的工作状态）

四、学前教育阶段儿童财商课程的实施成效

通过对学前教育阶段儿童进行财商课程的教学与实践，学生们能初步养成购物时本着节约的原则来选购商品，并且知道了数目较大的零花钱存入银行的方法和好处，也在消费时有了维权的常识和意识。家长在家中使用金钱方面基本能做到以身作则，并给予学生较好的财商指导和训练。能让学生参加家里的一些简单的财务管理，让学生懂得钱的来之不易，要珍惜!

五、问题与反思

儿童财商教育是一个极为专业而细致的课题，需要花费大量精力和时间进行深入研究，而我们学前班的财商课程建设尚处于起步阶段，无论是课程内容的设置还是教学方式的使用都还不够成熟，在理论构建与实践探索中还面临着诸多问题与困境，其主要表现在：一是学前班学生只能接受一年的学前教育学习，然后步入小学阶段，这就容易导致财商课程体系出现割裂与断层；二是当前适合学前教育阶段儿童发展要求的财商课程资源还不够丰富，对庞杂多样的财商课程内容实施有效整合的能力和水平还很有限；三是在构建家校合力、互动共育的财商课程实践体系尚有相当难度，这些也都是我们学前班老师亟待改进和不断完善之处。

财商教育是一门科学，也是一门艺术。在"为每一个学生的幸福人生奠基"的教育理念指引下，我们的"大小之学"的百花园中又将培育出一朵有关财商课程的智慧之花，并在学生们的成长道路上散发生命的色彩，润泽快乐的童年!

参考文献

[1] 期刊编辑部. 美国财商教育概况[J]. 思想理论教育，2011（12）.

[2] 杨洋. "财商"教育在国外[J]. 社区，2010（24）.

[3] 何芳. 青少年财商教育的哲学思考[J]. 山东青年管理干部学院学报，2010（2）.

[4] 耿银平. 学生奢侈消费需要财商教育[N]. 山西日报，2005-10-21.

[5] 钱雅文，石成奎. 青少年财商教育的现状与对策[J]. 教学与管理，2009（1）.

[6] 吴文前. 儿童财商教育方法应用探析[J]. 教育与教学研究，2011（5）.

[7] 牛晓萍. 财商教育之我见[J]. 新课程学习，2012（06）.

[8] 王倩. 经济生活，成就财商高手——开展青少年财商教育的原因和方略[J]. 新课程（教师），2010（1）.

[9] 白鑫刚. 我国青少年财商教育问题当议[J]. 青年探索，2007（4）.

[10] 康建中，段含斌. 国外的财商教育[J]. 社区，2009（2）.

[11] 魏冬. 国外财商教育那些事[J]. 理财，2012（6）.

[12] 肖璐. 浅析如何促进我国个人财商教育[J]. 全国商情（经济理论研究），2006（11）.

[13] 土国华，夏义勇，胡勤涌. 初中财商校本教育的探索与实践[J]. 学校党建与思想教育，2012（12）.

[14] 土卫东，信力建. 中小学财商教育的认识与探索[J]. 教育研究，2003（7）.

[15] 乔晓丽. 当代中小学校的财商教育探析[D]. 济宁：曲阜师范大学，2007.

[16] 龚洁. 初中生金钱观现状及教育探讨——以南昌市某中学为例[D]. 南昌：江西师范大学，2011.

[17] 林永乐. 试论财商[J]. 泉州师范学院学报（社会科学），2006（6）.

[18] 方正泉，崔荣国，姚剑英. 大学生消费现状的理性分析[J]. 广西青年干部学院学报，2002（2）.

[19] 许爱青. 大学生时商教育刍议[J]. 河北青年干部学院学报，2002（1）.

[20] 胡涛. 大学生财商教育浅议[J]. 和田师范专科学校学报，2007（3）.

[21] 林玲. 论高校大学生财商教育[J]. 现代农业，2010（9）.

[22] 谢杭. 大学生"财商"教育必要性研究[J]. 黑龙江教育，2007（2）.

[23] 乔晓丽. 国外中小学校的理财教育及其启示[J]. 教学与管理，2006（10）.

[24] 李真. 美国中小学理财教育及课程研究[D]. 上海：华东师范大学，2008.

[25] 乐多多. 胡小闹日记：我将来是个有钱人[M]. 北京：朝华出版社，2012.

[26] 卢嘉瑞. 消费教育：理论意义和现实意义[J]. 南方经济，2003（8）.

[27] 赵骏. 论青少年健康财富观的培育[J]. 当代青年研究，2003（5）.